미완의 해방

: 한일관계의 기원과 전개

아연동북아
총서 _ 11

미완의 해방
: 한일관계의 기원과 전개

| 이동준 · 장박진 편저 |

아연출판부
고려대학교 아세아문제연구소

| 차 례 |

아연동북아총서 발간에 부쳐

탈냉전 이후 동아시아의 역동적 발전은 역내의 정치-외교, 경제 질서뿐만 아니라 문화, 사상, 종교 등의 제 영역에서 새로운 변화를 추동하고 있다. 이런 변화는 일국적 차원의 고찰로는 해명될 수 없는 복잡하고도 민감한 초국가적(transnational) 현상을 낳고 있다. 특히 동북아시아는 지리적 인접성, 공통의 역사-문화적 경험, 협력과 공존의 필요성 등으로부터 연유하는 초국가적 사고와 움직임이 활성화되고 있다. 이런 동북아에 대한 이해를 심화, 확대하고 새로운 해석과 전망을 제공하기 위해서는 국가별 연구나 학문 분과의 분절적 연구를 넘어 동북아시아를 분석의 단위로 삼는 다학문적·학제적 연구가 요청된다.

동북아시아 연구가 갖는 실천적 의미는 매우 중요하다. 주지하듯이 동북아시아는 세계의 어느 지역보다도 급속한 변화와 발전상을 보여 주고 있음에도 불구하고, 여전히 근대성의 문제와 냉전의 구도에 얽매여 있는 곳이다. 20세기 전반기의 제국주의 침략과 식민 경험은 오늘에도 국가적·민중적 기억을 지배하고 있다. 냉전의 산물인 남북 분단과 북한의 핵 위협은 동북아시아의 커다란 불안 요소가 되고 있다. 국가 간 역사 및 영토 분쟁 또한 동북아의 평화로운 발전에 장애로 남아 있다. 그러나 우리는 불편한 역사적 경험과 현재의 불안정이 다른 한편으로 동북아시아의 여러 구성 요소들을 상호 긴밀히 연결시키고, 그로부터 문제 해결을 위한 공통의 기반이 마련될 수 있음에 주목한다. 동북아시아는 대립과 갈등의 무대이기도 하지만 평화와 공존의 모색을 위한 토대이기도 하다. 이제 동북아 연구는 동북아가 처한 현실을 객관적으로 진단하고, 평화로운 미래를 건설하는 시대의 요청에 부응하지 않으면 안 된다.

고려대학교 아세아문제연구소(이하 아연)는 대표적인 동북아시아 지역 종합 연구소로서 학제 간 연구를 통한 동북아 지역 연구를 이끌어 왔다. 1957년 설립된 이래 아연은 구한국 외교문서와 공산권 연구 총서 및 동아시아 연구 총서, 중국 연구 총서, 한일 공동 연구 총서, 민주주의 총서 등 연구 성과의 체계적 집성을 통해 학문적 차원에서 현실을 진단하고 바람직한 미래의 방향을 전망하는 대학 연구소의 역할을 충실히 수행해 왔다. 2008년부터는 한국연구재단의 '인문 한국'(HK) 사업 해외지역학 분야의 지원 기관으로 선정되어, '동북아시아의 초국가적 공간: 사상·사회·문화·제도의 교류와 재구성'이라는 연구 어젠다를 중심으로 10년 기간의 대규모 프로젝트를 진행하고 있다. 이제 아연은 지난 50여 년 동안 축적된 연구 경험과 현재 진행 중인 '인문 한국' 사업의 성과, 각종 동북아 지역 연구 지원, 국내외 소장 학자 교류 지원 프로그램 등을 기반으로 해 〈아연동북아총서〉를 발간한다. 이 총서의 성과가 동북아 공동의 문제를 해결하고 조율하며 바람직한 미래를 모색하는 장이 될 수 있기를 기대하면서, 관심 있는 분들의 격려와 질정을 바란다.

2013년 8월

아세아문제연구소장 이종화

서론

해방인가, 분리인가

이동준·장박진

1945년 8월 15일 한반도는 35년간에 걸친 일본의 식민지 지배로부터 '해방'(liberation)되었다. '해방된 자' 한반도가 빼앗긴 주권의 회복과 불법적인 일제 강점에 대해 배상과 사과를 요구하는 것은 당연했다. '해방된 자'는 제국주의의 불법과 억압을 뚫고 일어선 자이기에 그에 합당한 권리와 이익, 명예의 회복이 보장되어야 했다. 하지만 우리가 갈구한 '해방'이 곧이곧대로 국제적으로 수용된 것은 아니었다. 일본의 식민지 지배는 합법인가, 불법인가, 한반도의 발전에 기여했는가, 아니면 수탈이었는가. 이 같은 역사 인식 문제를 둘러싼 논란은 지금도 한일 관계를 옥죄고 있다.

한일 관계의 발목을 잡고 있는 것은 역사 인식의 차원만이 아니다. 해결은커녕 아예 과거 청산의 논리를 상실한 채 공전(空轉) 중인 북일 관계, 한일 관계에서 가장 예민한 화약고가 된 독도 영유권 문제 등 동북아시아 질서 재편과 직결되는 거시적인 과제로부터, 2011년과 12년 한국 사법부의 종군 위안부 및 강제징용자에 대한 판결을 계기로 다시 불거진 개인청구권 문제까지 일제 식민지와 관련해 청산해야 할 숙제는 산더미처럼 쌓여 있다. 이 같은 의미에서 식민지 지배 관계를 청산하고 새로운 관계를 열고자 하는 탈식민지화의 과제는 아직 '미완'(未完)이며, 현재진행형이다. 우리는 아직도 '해방 후'를 살아가고 있는 것이다. 도대체 한일 관계는 왜 이 같은 질곡에서 헤어나지 못하는가?

이 질문에 대한 직접적인 실마리는 한일 간의 과거사를 처리하기 위해 1951년부터 1965년까지 약 14년 동안 진행된 한일 국교 정상화 교섭(한일회담)을 통해 찾아야 할 것이다. 이 회담에서는 식민지 조선이 일본과 일체화됨으로써 안게 된 다양한 과제들의 처리를 둘러싸고 치열한 논쟁이 전개되었다. 때문에 한일회담은 '해방 후' 한일 관계의 '원점'(原點)이라고도 불린다. 다만 한일회담은 아무런 구속이 없는 진공상태에서 전개된 것이 아니었다. '해방된 자'라는 자긍심과 대일 피해자라는 국민감정을 반영하기는 커녕, 한일회담은 국제법과 정치 역학, 지역 안전보장의 동학 등의 영향을 강하게 받는 가운데 전개되었다. 그리고 이런 요인들을 관통하는 잣대가 바로 1951년 9월에 서명되어 이듬해 4월에 발효된 샌프란시스코강화조약이었다.

샌프란시스코강화조약과 해방의 의미

그러나 대일 교전국이면서도 각각 식민지를 보유했던 연합국들에 의해 추진된 대일강화조약은 일본제국과 식민지 간의 과거 청산이라는 과제에는 그다지 충실히 대응하지 못했다. 이 조약은 어디까지나 제국주의 전쟁으로서의 2차 세계대전의 종전 처리 절차에 불과했다. 스스로 제국주의적 속성을 짙게 간직한 식민지 종주국들이 또 다른 제국주의의 유산을 해체하길 기대한다는 것 자체가 모순이었다. 강화조약은 승자(미국)와 패자(일본)를 가렸으나 일본 제국주의의 '최대' 희생자인 구 식민지 국가들과의 관계를 세계사적인 흐름에 따라 말끔히 청산하겠다는 의지를 갖지 못했다.

주지하는 바와 같이 대일강화조약 제2조는 한반도 독립과 관련해 "일본은 조선의 독립을 승인하고(recognizing the independence of Korea), 제주도, 거문도 및 울릉도를 포함한 조선에 대한 모든 권리, 권원 및 청구권을 포기한다"고 규정했다. 독도가 일본이 '포기한' 지역에 포함되지 않아 오늘날 독도 영유권 문제를 둘러싼 갈등의 직접적인 원인을 제공한 점이 우선 눈에 띈다. 그러나 그 이외에도 이 조항이 일본과의 식민지 관계의 청산에 미친 영향은 너무나 중대했다. 이 조항은 한반도의 독립이 일본의 승인을 얻은 후 이뤄졌음을 명시함으로써 한국의 독립이 억압으로부터의 '해방'이 아니라 국제사회에서 흔히 있어 왔던 교전의 결과에 따른 단순 '분리'(separation)에 불과했음을 시사하고 있다. 이로써 한반도는 식민지 피해를 청산해야 할 대상이 아니라 제국주의 전쟁의 '전후' 처리 대상으로 전락한 것이다. '분리'된 한반도에 대해 '전후' 일본이 배상하거나 사과해야 할 이유는 없어졌다. 이것이 '전후' 한일 관계를 왜곡시킨 근본 원인이다. 이 같은 '전후' 한일 관계의 성격은 강화조약 제4조를 통해 보다 구체적으로 표현되었다.

세계적 차원의 냉전(冷戰)이 본격화하고 한국전쟁이라는 지역적 열전(熱戰)이 한창 전개되는 가운데 구축된 샌프란시스코강화조약 체제는 한반도에 대해 식민지 피해에 대한 보상은 물론 교전에 따른 피해 보상의 권리조차 부여하지 않았다. 애초부터 논외로 취급된 북한은 물론 미국의 우방으로 자리매김 중이던 대한민국도 연합국 지위로부터 소외되긴 마찬가지였다. 한국은 연합국에게 주어진 제14조의 추가 '배상'(reparation) 교섭권을 부여받지 못한 채, 결국 이른바 '재산'(property) 및 '청구권'(claims) 교섭의 권리만을 규정한 강화조약 제4조의 수혜국으로 전락했다.

한일회담은 이상과 같은 제약 조건 아래서 전개되었다. 따라서 탈식민지화를 위한 몸부림이 왜 미완에 그쳤는가라는 물음에 대한 답은, 한일회담에 관한 실증적 연구와 더불어 대일강화조약 체제의 성립과 이것이 미친 영향에 대한 탐구를 동시에 병행하면서 찾아야 할 것이다. 왜 식민지 관계의 청산이라는 민족적 과제가, 식민지 당사국도 아닌 미국 등 연합국 주도의 샌프란시스코강화조약 체제하에서 다뤄졌는가? 그리고 이것이 전후 한일 관계에 미친 영향은 무엇인가? 이 같은 질문에 답하는 과정 속에서, 1945년 8월 울려 퍼진 뜨거운 환성과 달리 한반도가 실제 맞이한 '해방'의 이면(裏面)을 살필 수 있다. 이 책에 실린 논문들은 이상과 같은 문제의식을 공유하는 가운데 집필되었다.

전후 한일 관계사는 '분리'의 논리가 '해방'의 논리를 봉인(封印)하고 배제하는 역사였다. 그 위에 냉전의 논리와 경제의 논리가 새롭게 덧씌워졌다. 한일 관계가 미국을 매개로 한 의사(擬似) 동맹의 관계로 발전하고, 경제적, 인적 교류가 강화되었음에도 불구하고 '분리'와 '해방'의 틈새는 좀체 메워지지 않았다.

해방인가, 분리인가. 이 책은 전후 한일 관계의 근원을 따진다. 일본 제국주의가 해체되고 한국이 독립하는 과정에서 과거 일본제국의 틀 속에 갇혀 있던 권리와 재산, 국민은 어떤 사상적, 정치적 ,법적 논리로 '분리/해방'되었는가, 그리고 그 귀결은 무엇인가. 이 같은 본질적 의문을 실증적으로 규명함으로써 '해방'의 의미를 되새기는 것이 이 책이 지향하는 바이다. 이 책은 크게 주권의 해방/분리(제1부, 제1~3장), 재산의 해방/분리(제2부, 제4~6장), 국민의 해방/분리(제3부, 제7~8장)의 3부로 구성되었다.

주권의 해방/분리

제1장 나가사와 유코(長澤裕子)의 "전후 일본의 잔여주권과 한국의 독립 승인: 대일강화조약의 '한일 분리' 논리를 중심으로"는 한반도가 1945년 8월에 '해방'되었다는 한국 사회의 상식에 대한 국제사회 및 일본 측의 반론을 소개하며 수정을 요구하고 있다. 그에 따르면 일본제국의 일부였던 한반도의 '분리'는 비록 패전국이 되었지만 일본이 그 주권을 포기할 때 비로소 가능하다는 것이 일본 정부의 입장이었다. 한반도에 '해방'을 가져다 준 전승국 미국도 미국-스페인 전쟁의 국제법적 해석과 영토 불확장의 방침에 기초하여 사실상 일본의 해석에 동조했다. 신탁통치 제도는 영유권의 포기 절차 없이 적국의 식민 영토를 분리시키기 위한 방법이었다. 남은 영토주권에 대해서는 대일강화조약에서 포기 조항을 삽입하는 방향으로 정책을 재조정했다. 한국 사회에서 통용되는 자명한 인식과 달리, 한반도는 1945년 8월에 '해방'된 것이 아님은 물론 '분리'라는 의미에서의 독립도 애초부터 얻지 못한 것이다. 따라서 나가사와의 분석 결과에 의하면 한반도의 독립은, 적어도 법적으로는 1952년 4월의 샌프란시스코강화조약의 발효에 따라 완결된 셈이다. 불법적인 강점으로부터 자유로워졌다는 한국 사회의 '해방' 인식과는 대조적으로, 오히려 한반도의 독립이란 전쟁에서 패

한 일본이 스스로 그 주권을 포기함에 따라 이뤄지게 된 원만한 '분리'에 불과하다는 것이 국제사회의 논리였다는 것이다.

제2장 오오타 오사무(太田修)의 "식민지주의의 '공범': 두 개의 강화조약에서 초기 한일교섭으로"는 1947년 체결된 이탈리아강화조약과 대일강화조약의 성격을 비교 검토하면서 2차 세계대전 후의 전후 처리에 대한 국제사회의 공통적인 문제점을 부각시키고 있다. 그에 따르면 2차 세계대전 처리의 과정에서 체결된 이탈리아 및 대일강화조약에는 식민지에 대한 피해의 청산이라는 시각이 결여되어 있었다. 강화조약 체결 과정에서 공히 식민지 지배 문제가 제기되었지만, 조약 체결 당사국이었던 이탈리아와 일본, 그리고 연합국 측은 전쟁 책임과 식민지 지배 책임을 분리하여 식민지 지배에 대한 책임은 일절 묻지 않는다는 인식과 대응을 보였다. 즉 연합국과 이탈리아, 일본은 전쟁 책임의 측면에선 대립적이었지만, 식민지 지배 문제에서는 '공범 관계'였다. 이 같은 '공범 관계'는 한일회담에 결정적인 영향력을 미쳤다. 오오타에 따르면, 한일회담은 미국을 중심으로 한 연합국이 주도한 전후 처리의 틀 안에서 전개된 만큼 애초부터 식민지 지배에 대한 책임 추궁이 사실상 불가능했다.

제3장 김창록의 "한일 과거 청산의 법적 구조"는 국제법적 관점에서 '해방'과 '분리'의 간극이 남긴 한일 관계의 취약성을 분석하고 있다. 그에 따르면 한일 국교 정상화 이후 형성된 이른바 '1965년 체제'는, 태생적으로 한일 간의 식민지 지배를 둘러싼 관련 규정에 대한 해석의 차이를 노정하는 불안정한 것이었다. 이 불안정한 체제는 1990년대에 들어서면서 일본 정부가 잇달아 발표한 식민지 지배 관련 담화, 선언들을 통해 균열을 노출하게 되었고, 결국 2011년의 종군 위안부, 2012년의 강제 동원 피해자와 관련된 판결에 의해 붕괴 직전에 이르렀다. 김창록은 특히 2011년, 2012

년 판결의 법적 의미를 해석함으로써 바야흐로 '1965년 체제'가 그 수명을 다했다는 사실을 공식적으로 선언하고, '식민지 지배 책임'을 전면적으로 청산하는 새로운 법적 구조를 구축할 필요성을 강조하고 있다.

재산의 해방/분리

제4장 장박진의 "전후 한국의 대일 배상 요구의 변용: 미국의 대일 배상 정책에 대한 대응과 청구권으로의 수렴"은 샌프란시스코강화조약의 성립 과정, 특히 미국의 대일 배상 정책의 변화에 대응해 한국 정부의 대일 '배상' 요구가 어떻게 변용되었는지를 실증적으로 조명하고 있다. 그에 따르면 당초 한국이 구상한 대일 배상 요구는 창씨개명에 따른 정신적 피해 요구가 포함되는 등 식민지 피해에 대한 보상적 요구의 성격을 지니고 있었다. 그러나 미국의 대일 배상 정책이 초기의 생산력 억제 정책으로부터 무배상 원칙으로 전환됨으로써, 결국 1949년 무렵 한국의 대일 배상 요구는 '반환'적 성격으로 변용되었고, 이는 사실상 한일회담 시의 '청구권' 개념과 유사했다. 즉 장박진은 한국의 탈식민지화를 위한 대일 피해 보상에 있어서의 한계는, 대일강화조약의 법적 효력이라기보다 한국의 대일 처리가 결국 미국의 대일 정책과 연동해야만 했던 조건에 기인한 것임을 밝히고 있다.

제5장 아사노 토요미(浅野豊美)의 "제국 청산 과정으로서의 한일교섭: 샌프란시스코강화조약과의 관련성을 중심으로"는 전후 동아시아 체제의 기초를 마련한 샌프란시스코강화조약과 한일회담과의 관계, 즉 국제조약

으로서의 강화조약의 한일관계에의 적용 방식을 둘러싼 법리 논쟁을 다각적으로 재검토하고 있다. '청구권 문제'가 정치 문제화한 배경에는 한일 쌍방이 각각 만들어 낸, 상호 용납하기 어려운 강화조약에 대한 해석과, 이에 의거한 자기 정당화의 법적 논리가 있다. 이것이 바로 국민적 감정이나 역사 인식까지도 외교상의 정치 문제가 되어 버린 주원인이라는 것이다. 아사노는 특히 미국이 점령 비용을 매개로 '자금 이니셔티브'를 활용해 신생 대한민국의 국제법적 자격을 둘러싼 한일 간의 논쟁에 개입했고, 이 '자금 이니셔티브'가 전후 한일 경제 관계의 기본 구조를 태동시켰다고 주장하고 있다. 요컨대 아사노는 한일회담이 미국의 정치적, 경제적 영향력 아래서 전개된 결과, 일본 식민지의 청산이어야 했던 회담의 주제가 점령 비용을 매개로 한 '자금 이니셔티브'를 통해 경제협력 문제로 변용되었다는 점을 지적한다.

제6장 이동준의 "'해방'의 이론과 실제: 병합조약에 대한 초기 대한민국 정부의 인식과 행동"은 초기 한국 정부의 1910년 한일 병합조약 무효에 대한 법 이론적 판단과, 이와 연동된 식민지 피해 보상 요구와의 상관성 등을 살펴보고 있다. 그에 따르면 병합조약 무효에 대한 애매한 인식은 초기 한국 정부 내부에 이미 노정되어 한일회담에서 구체적으로 표출되었다. 1952년 2월의 제1차 한일회담 기본관계위원회에서 한국 측은 병합조약에 대해 '확실한 무효'가 아니라 '어쨌든 무효'라는 입장만 되풀이했다. 식민지 지배와 관련된 과거사 청산은 '냉전의 논리'와 '경제의 논리'로만 봉인된 것이 아니라, 한국 정부 스스로 봉인하길 원했던 것이다. 초기 한국 정부의 병합조약 무효 문제에 대한 이 같은 태도는 식민지 지배 무효의 소급 적용을 포기한 무효론으로 귀결, 이에 대한 청산 요구를 사실상 포기하는 이론적, 현실적 모순에 직면하고 만다. 이 같은 분석에 근거해 이동준은, 한일

회담의 결과만을 주목해 박정희 정권의 '친일성'과 이승만의 '반일성'을 강조해 온 기존 해석의 수정을 주장한다. 식민지 지배에 대한 피해 보상을 포기한 것은 대한민국 정부 수립 초기부터 구축된 법적, 정치적 판단이었고, 정책이었기 때문이다.

국민의 해방/분리

제7장 장박진의 "대한민국의 국가 정체성과 '재일성'(在日性)의 기원: 해방 공간에서의 한국 정부의 재일 한국인 문제에 대한 대응"은 한국이 맞이한 '해방'의 내용이, 탈식민지 과제의 하나인 재일 한국인 문제에 미친 영향을 검토하고 있다. 해방 후 일본에 남게 된 재일 한국인들은 동일한 역사성을 가지는 같은 겨레이지만, '한국'과 '조선' 국적으로 분열되면서 같은 재일 한국인 간에도 그 법적 지위가 달라지는 등 특수한 '재일성'을 띠게 되었다. 장박진은 이 같은 '재일성'의 형성에 결정적인 영향을 미친, 해방에서부터 한일회담 개시까지 한국 정부의 인식과 대응을 분석하고 있다. 그는 한국 정부의 엇갈린 대응의 이면에, 8·15 이전에도 국가가 존재했다는 지상 명제와, 한반도에서 대한민국이 유일한 합법 정부라는 두 가지 국가 정체성이 복잡하게 얽혀 있음을 지적한다. 전후 처리의 하나로 많은 문제를 남긴 재일 한국인 문제의 기반에는 두 가지 국가 정체성을 지상 명제로 해야만 했던 한반도 '해방'의 내용이 깊숙이 관여하고 있었음을 밝혔다.

제8장 토노무라 마사루(外村大)의 "일본의 전후 민주주의 질서 형성과 재일 조선인 배제"는 전후 체제의 확립 과정에서 일본에 남게 된 재일 한국

인들에 대한 배제 논리를 고찰하고 있다. 통상 전후 재일 한국인들에 대한 차별 문제는 동서 냉전의 격화에 따른 일본 내 보수층의 재집권과 연동하여 고찰되어 왔다. 토노무라는 이 같은 논리의 중요성을 인정하면서도, 재일 한국인에 대한 배제 논리가 그에 그치는 것이 아님을 주목하고 있다. 치안 등을 이유로 전후 재일 한국인의 배제를 주장한 보수층은 물론, 이른바 '사회 민주' 계열이나 노동운동의 현장에서 나온 논리 역시 기본적으로 경계와 배제였다. 그 역사적 특수성에 주목해 재일 한국인에 대한 배려를 주장한 담론 역시 고작 동화정착론이었다. 즉 전후 일본에서 재일 한국인이 '한국인'이라는 민족적 정체성을 갖고 살아 나갈 여지는 극도로 제한될 수밖에 없었다. 재일 한국인들에게는 '일본인'이라는 지위에서 '해방'되고 자신의 민족성을 회복하여 살아갈 권리가 '미완'에 그친 것이었다.

해방의 완성을 지향하며

이상 여기에 모인 논문들은 우리에게 절대적인 이념인 '해방'을 국제적 잣대였던 '분리'의 문맥을 고려하며 재해석하고 있다. 물론 이 같은 재해석은 결코 '해방'의 이념을 폄하하기 위한 것이 아니다. 오히려 이것은 '해방'을 국제사회의 논리 속에서 상대화함으로써 그 밑에 숨어 있는 참뜻을 찾아내기 위한 작업이다.

과거 식민지 지배 형태가 세계적으로 아무리 보편적이었다고 하더라도 어떤 민족이 다른 민족을 지배한다는 역학의 논리를 정당화하는 것은 역사의 흐름에 역행한다. 우리의 '해방'은 정의였다. '해방'은 일본 제국주의의 식민지 통치에 반대하고, 불법적이고 부당한 지배로부터 민족적 자유를 회복하기 위한 외침이었다. 또한 우리의 '해방'은 제국주의 시대가 낳은 '불편한 (혹은 부당한) 논리'에 저항하고, '분리'라는 미명하에 이뤄진 전후 처리의 문제점을 세계적인 공유 인식으로 승화시키는 데 보다 미래지향적이고 보편적인 가치를 포함하고 있다.

그러나 이 같은 해방의 논리를 정비하기 이전에 선행해야 할 과제가 있다. 그것은 원래 탈식민지 과정에서 청산됐어야 했던 과제들이 왜 미완에 그칠 수밖에 없었는가라는 의문에 대한 냉철한 역사 인식이다. '미완의 해방'은 세계사적인 '분리'라는 프리즘을 통해 상대화할 때 비로소 객관적 사실로서 그 실체를 드러낼 것이다. 이를 직시함으로써 우리는 '분리'의 논리에 맞서는 보다 강력하고 정교한 대항 논리를 얻을 수 있다. 이 책이 '미완의 해방'을 완성하기 위한 과정에 일조할 수 있다면 편저자로서 그 이상의 보람은 없다.

마지막으로 많은 분들의 도움으로 이 책이 세상에 나오게 되었음을 밝혀 두고자 한다. 고려대 아세아문제연구소는 본 연구팀의 연구 계획을 〈아연동북아총서〉 지원 과제로 선정, 연구에 필요한 물적 기반을 제공했다. 동북아역사재단은 필자들이 연구 결과를 검증받기 위해 2012년 9월 개최한 국제 심포지엄을 후원했다. 필진으로 참여한 아사노 토요미 선생님과 국가기록원의 노기영 선생님은 각 장에 삽입한 사진을 제공하거나 관련 정보를 제공해 주셨다. 모두에게 진심으로 감사드린다.

2013년 8월

제1부

주권의 해방/분리

1장

전후 일본의 잔여주권[1]과 한국의 독립 승인

대일강화조약의 '한일 분리' 논리를 중심으로(1945~52년)

나가사와 유코

I. 문제 제기

2013년 3월 12일 일본 정부는 각의(閣議)에서, 대일강화조약이 발효한 1952년 4월 28일을 기해 일본이 완전한 주권을 회복하고 독립국가로서 국제사회에 복귀했음을 기념하기 위해, 4월 28일에 정부 주체로 기념식전을 개최한다고 결정했다. 그러나 일본 정부는 이 조약 제2조 (c)항을 통해 치

● 이 글은 『아세아연구』 150호(2012년 12월)에 게재된 졸고 "일본 패전 후의 한반도 잔여주권과 한일 '분리': 신탁통치안 및 대일강화조약의 '한국 포기' 조항을 중심으로(1945-1952)"를 가필, 수정한 것이다. 가필한 과정에서 새로 검토한 자료는 이 책 말미의 참고문헌 목록에 * 표시를 했다.

1_잔여주권(殘餘主權, residual sovereignty)은 잠재주권(潛在主權) 또는 영토주권(territorial sovereignty)으로 규정된다. 자세한 논의는 이 글의 본론에서 한다.

시마(千島, 쿠릴) 열도를 포기하고 제3조에서 류큐(琉球)와 오가사와라(小笠原) 제도를 비롯한 남서 제도 등에 대한 미국의 신탁통치를 승인했기 때문에, 당시 오키나와 등 각지에서 기념행사에 대한 반대 의견이 대두되고 있었다.

1951년 9월 8일 조인된 대일강화조약은 동년 10월부터 대한민국과 일본국 간에 개시된 한일 국교 정상화 교섭(이하, 한일회담)의 기본 틀을 제공했을 뿐 아니라, 전후 동아시아 국제 질서의 근간인 샌프란시스코 체제로서 기능했다. 특히 이 조약은 한국과 관련해 제2조 (a)에서 "일본국이 한국의 독립을 승인하고 제주도, 거문도 및 울릉도를 포함한 한국에 대한 모든 권리, 권원 및 청구권을 포기한다"(Japan, recognizing the independence of Korea, renounces all right, title, and claim to Korea, including the islands of Quelpart, Port Hamilton and Dagelet)고 규정했다.[2]

샌프란시스코 체제의 기초가 된 대일강화조약에서 일본이 한국의 독립을 승인하고 한국에 대한 모든 권리를 포기한다고 규정한 것은 어떤 의미가 있는가. 한국의 독립에 대해 대한민국 건국 초기의 지식인들은 어떻게 인식했는가. 대한민국이 탄생한 지 6개월쯤 후인 1949년 초에 발간된 『신천지』(新天地) 2월호의 설문 조사 결과에 따르면, 당시 지식인들은 한국이 아직 완전히 독립하지 못했다고 생각하고 있었다. 이 조사에는 30명 이상이 응했으며, 연희전문대 윤태웅·민원규 교수, 성균관대 나세진 교수, 『신조선보』(新朝鮮報)의 양재하 주필과 정치 평론가 함상훈, 그리고 임화· 이

2_Treaty of Peace with Japan. "The World and Japan" Database Project Database of Japanese Politics and International Relations Institute of Oriental Culture, University of Tokyo (http://www.ioc.u-tokyo.ac.jp/~worldjpn/documents/texts/docs/19510908.T1E.html).

태준 작가 등이 포함되었다. 그들은 입을 모아 한국의 독립에 대해 국제적, 법적으로 공식 승인을 받지 못했다는 점을 강조했다. 아울러 그들은 국제법 우위를 지적하면서, 독립에는 국제적 지지, 특히 연합국의 동의가 필요하다는 해석을 피력했다(『新天地』 1949(2월호), 70-73, 138-139).

한국의 완전한 독립이 국제적 승인에 의해 좌우되는가 하는 문제는 건국 직후 제헌국회 제1회기 중에도 논의되었다. 1948년 12월 4일 제121차 회의에서는 유엔에 의한 한국 정부승인이 지연됐을 뿐더러 한국 문제가 유엔총회에 상정되지도 못했다는 점이 지적되었다. 이날 의원들은 유엔에서 한국 정부승인이라는 안건 자체가 보류된 것이 아닌지, 그리고 유엔의 승인이 불가능할 경우 한국의 독립은 어떻게 되는지에 대해 장택상 외무장관을 추궁했다. 결국 국회가 나서서 유엔에 한국 문제를 상정하도록 촉구하는 결의안을 송부하는 안을 채택할 만큼, 신생 대한민국에게 유엔에 의한 정부승인은 시급한 문제였다(『第1回 國會速記録 第121号』 1948.12.4, 1-10).

사실, 한국 정부는 정부 수립 직후인 1948년 9월 9일부터 유엔총회와 세계 각국에 조병옥과 장면을 포함한 한국 대표단 8명을 파견한 상태였다. 그 대표단의 일원인 장기영(張基永)[3] 유엔총회 특사는 귀국 후 국회에서, "빈손으로는 김포공항과 인천 부두로 돌아오지 않겠다는 각오로 한국을 떠난 뒤 무려 5개월 동안 파리에서 각국 대표들과 만나 정부승인을 위한 공작을 전개했다"고 보고했다(『第2回 國會速記録 第18号』 1949.1.31, 6-11). 그 해 12월 9일 장택상이 국회에서 한국 정부가 유엔 정치위원회에서 조선의

3_독립운동가·정치가였던 석정(石正) 장기영(1903~81)의 해방 전 경력과 미 군정청(USAMGIK, 정식 명칭은 '재조선 미국육군사령부 군정청')에 의한 고용에 대해서는 나가사와 유코(2007, 146-147)를 참조.

유일한 독립 정부로 승인되었다고 보고하자, 국회 회의장에서는 기립 박수가 연발했다(『第1回 國會速記録 第125号』 1948.12.9, 1-2).

한국 정부의 국제 승인 문제는 유엔에 의한 승인 이후에도 거듭 거론되었다. 예를 들어 한국은행 부총재 장기영(張基榮)[4]은 1951년 7월에 유진오 고려대 총장 등이 모인 자리에서, 한국의 독립과 한국에 대한 일본의 권리 포기와의 관련성을 지적하고 카이로선언의 문구인 '한국 독립 승인'을 어느 시점으로 해석할지가 대일강화조약 체결의 쟁점이라고 강조했다(『民主新報』 1951/07/23).

장기영의 지적처럼 1951년 10월부터 1965년까지 개최된 한일회담에서 일본 정부는 한국의 독립 시점이 일본 정부의 승인과 연결된다고 주장하며, 한국에 정부가 수립된 1948년 8월이 아니라 일본이 한국에 대한 주권과 이권을 포기한 대일강화조약이 발효된 1952년 4월 28일로 한국 독립의 시점을 설정했다. 1953년 10월의 소위 '구보타 망언'에도 "대일 강화(對日講和) 이전의 한국 독립은 국제법 위반"이라는 언급이 있다(長澤裕子 2011, 145-146). 일본 정부는 유엔 및 제3국에 의한 한국 정부승인과 일본 정부에 의한 한국 정부승인 사이에 수년간의 간격이 존재하는 '예외적 사례'로 간주했다(『日韓国交正常化交渉の記録』 総説 3, 204-205). 이에 한국 측은 "한국은 1948년에 독립하고 일본은 1952년에 독립했는데, 후생국인 일본이 한국의 독립을 승인한다는 것이 이상하다"고 반박했다.[5]

4_금융인·언론인·정치가였던 백상(百想) 장기영(1916~77)을 의미하며 위의 각주에 거론된 인물과는 다르다.

5_"日韓会談時における韓国獨立の時期についての論議"(일본 외무성 공개 문서, 일한 회담, 제6차 공개, 결정번호 1186-문서번호 1858). 일한 회담 일본 정부 공개 문서의 자료 정보는 참고문헌 목록에 제시했다. 예로 6-1176-1915라고 표시했을 경우, 제6차 공개의 개시

왜 한국의 독립 문제는, 일본의 태평양전쟁(1941~45) 패배 이후에도 국제적 승인과 함께, 패전국 일본에 의한 한국 주권의 포기 및 정부승인이라는 맥락 속에서 논의되었는가? 이 의문에 대해 이 글은 일본의 패전과 한국의 독립 문제에 대한 미국의 대한(對韓) 및 대일 정책을, 대만을 비롯해 일본 식민지에 대한 일본 정부의 자세와 함께 검토함으로써 해명하고자 한다. 특히 한국의 독립 문제를 미국의 신탁통치안과의 정책적 관련성에서 분석하고, 대일강화조약 제2조 영토권의 포기에 '한국 주권 포기' 조항이 삽입된 과정을 살펴본다. 분석 대상 시기는 1945년 일본의 패전 직후부터 1951년 대일강화조약 체결까지이다.

II. 한반도 주권에 대한 미국과 일본의 해석

1. 군사점령에 의한 주권 이양의 부정

패전 직후 일본 정부는 한국 문제와 관련된 외교정책을 미국을 매개로 전개했다. 이는 패전 직후 일본의 대소 교섭이 좌절된 것과 관련이 있다. 일본 정부는 1945년 8월 패전 직후, 북한 지역(이하, 지리적 개념으로 북한 지역이라는 용어를 사용함)에 대한 일본의 권익을 보장받기 위해 대소 직접 교

(開示) 결정 번호 1176번 문서철에 있는 문서번호 1915번 문서임을 의미한다.

섭을 시도했다(阿部信行旧藏 1945, 7). 일본의 대소 교섭 책임자는 엔도 류사쿠(遠藤柳作) 조선총독부 정무총감(政務摠監)과 외무성의 카메야마 카즈지(亀山一二) 참사관이었다. 엔도는 주한 소련군 사령관 치스차코프(I. M. Chistyakov)와의 직접 교섭과 재(在)경성 소련 영사를 북한 지역에 파견하는 간접 교섭을 구상했으나, 모두 실행시키지 못했다. 소련은 일본이 요청한 직간접 교섭 제의에 아무런 답변도 하지 않았던 것이다(阿部信行旧藏 1945, 6-8).[6]

반면 미국은 남한에서 일본 측과 직접 면담까지 실시했다. 미국은 전후 대일 정책을 결정하는 과정에서 강대국 중 절대적 우위를 점했다. 1945년 12월 모스크바삼상회의의 대일 점령 정책에 관한 결정 사항을 보면, 미국이 연합국 가운데서도 압도적으로 우세했음을 알 수 있다. 결정 사항 중에서 특히 주목할 만한 점은 극동위원회(Far Eastern Commission)와 대일이사회(Allied Council for Japan)의 설립 결정이다. 극동위원회는 1946년에 활동을 개시하여 대일 점령 정책을 수행하는데, 더글러스 맥아더(Douglas MacArthur) 지휘하의 연합국군 최고사령관 총사령부(General Headquarters, the Supreme Commander for the Allied Powers, 이하 GHQ)로 대변되는 미국이 주도했다. 아울러 도쿄에 있던 대일이사회는 극동위원회와 마찬가지로 소련·중국·영국 대표로 구성되었는데, 역시 미국이 최고사령관을 맡았다(天川晃 1999, 79).

미국이 국제적으로 우세한 지위에 있었던 것은 일본의 대한반도 정책에 유리하게 작용했다.[7] 특히 한반도의 주권(sovereignty over Korea)에 대

6_일본의 대소 교섭 실패 과정에 대해서는 나가사와 유코(2007, 109-115)를 참조.

7_미국은 태평양전쟁 중에 전후 대한 정책을 일본 중심이 아닌 한국을 중심으로 수립하는 방안도 고려했으나, 결국 일본을 중심으로 정책을 수립하는 방식을 선택했다(나가사와 유코

해 미국과 일본이 같은 해석을 했다는 점이 주목된다. 1945년 8월 31일자 미 국무부의 문서 "한국에 대한 권원의 이양"(Transfer of Title to Korea)에 따르면, 미국은 적국(敵國)의 식민 영토에 대한 주권이 승전국에 자동적으로 이전(移轉)되지 않다는 입장이었다. 미 국무부는 한일 병합(1910)으로 일본이 보유하게 된 한국의 주권은 미국이 일본과의 전쟁에 승리했다고 하더라도 미국에 이양(移讓)시킬 수 없다고 생각했다. 국무부는 주권의 이동에는 법적 조치가 필요하다는 견해를 갖고 있었기 때문이다.

> 점령 자체는 영토에 대한 주권의 변경을 초래하지 않는다. 제1차 세계대전 중에 전쟁으로 인해 점령된 영토에 대해서도 점령이 아니라 평화조약처럼 적절한 법적 조치가 있을 때까지 법적으로 변화가 없었다. (…) 일본이 항복문서에 조인하고 연합국이 한국에 대해 군사적 점령을 시작한 것이 일본으로 하여금 한국에 대한 주권을 상실하게 하거나 연합국으로 하여금 한국 신탁통치 실시에 필요한 법적 권한을 갖게 하지는 않는다. 일반적으로 영토주권의 이동은 공식적 조약에 의한 양도에 의해 성립된다.[8]

미 군정청 법무부도 미 군정청 자체가 영토주권을 결정하는 권한을 보유하지 않는다고 해석했다(나가사와 유코 2007). 또 종전 이전에 일본 정부가 보유한 한국에 대한 이권이 전후에도 유효하다고 해석했다. 미 군정청은 패전 후에도 일본 정부가 한반도에 대한 이권을 포기하지 않았기 때문

2007, 39-54).

8_(Secret)"Transfer of Title to Korea," Discussion 2, August 31, 1945, *Records of the office of Assistant Secretary and under secretary of State, Dean Acheson, 1941-48, 50,* RG 59, Box 12, NARA.

에 일본의 대한 정책 개입 여지가 전후에도 존재한다고 판단했다. 이에 따라 미 국무부는 한반도에서 일본의 영향력을 제거할 법적 근거를 새로 마련해야 한다고 결론지었다.[9] 미 군정청도 일본의 영향을 제거함으로써(eliminating Japanese influences from Korea) 미국의 입장을 강화시키고자 했다. 미국 측의 '한일 분리'(separation of Korea from Japan) 정책은 일본의 영향력 제거와 남한 점령에 대한 미군의 법적 정당성 확보를 목적으로 한 것이었다.

국무부와 GHQ 간에도 '한일 분리'가 시급히 해결해야 할 중요 정책이라는 합의가 존재했다. 1945년 10월 초 더글러스 맥아더 최고사령관의 정치 고문인 조지 애치슨(George Atcheson Jr.)은 일본과 한국을 법적으로 분리하는 지령이 조속히 내려져야 한다는 의견을 개진했다.[10] 11월 10일 GHQ 민정국(Government Section) 한국과 과장인 브루스 클라크(Bruce Clarke)는 한일 간의 법적 분리에 관한 명령의 필요성을 지적했다.[11] 이처럼 당시 미국의 대한 정책은 한반도와 일본이 법적으로 분리되지 않았다는 점을 전제로 전개되었다.

9_(Secret)"Transfer of Title to Korea," November 5, 1945, *Records of the office of Assistant Secretary and under secretary of State, Dean Acheson, 1941-48, 50,* RG 59, Box 12, NARA.

10_"Reference CA 52759" in "Incoming Message 12," from Byomes to GHQ AFPAC, Tokyo, October 12, 1945, RG 9, Box 154, MMA.

11_From Clarke to Chief, "Suggests directive legally separation of Korea from Japan, and be completed and telegraphed to GHQ," November 10, 1945, NARA 자료, RG 331, Box 2189, 일본 국회도서관 헌정실 소장(GS(B) 1610).

2. 식민 영토에 대한 주권 이양의 국제 선례와 미 국무부의 해석

한국 주권에 대한 미국 측의 견해는 국제법의 선례에 근거한 것이었다 (Hackworth 1940, 526). 미 국무부는 한국 주권을 둘러싼 전후 한·미·일 관계가 식민 영토 쿠바에 대한 통치권을 보유한 스페인과 미국과의 전쟁 후 관계와 유사하다고 해석했다. 국무부는 특히 1898년 8월 12일에 미국이 스페인과 체결한 의정서(protocol)에 주목했다. 이 의정서에 의해 스페인이 푸에르토리코를 비롯한 식민 영토에 대한 주권과 모든 권리를 포기하고 미국에 이양하는 것이 결정되었다. 그러나 미국 측은 이 의정서만으로는 주권의 변경(change of sovereignty)이 초래되지 않는다고 간주해, 스페인이 강화조약을 체결한 1898년 12월 10일까지 식민 영토에 대한 주권을 법적으로 유지했다고 아래와 같이 해석했다.

> 카이로선언을 승인함으로써 일본은 적절한 절차를 통해 한국이 독립하는 것에 동의했다. 그러나 일본은 한국의 주권을 포기하지 않았다. 이는 미국과 스페인이 조인한 1898년 8월 12일자 의정서와 유사한 상황이다. 스페인은 쿠바에 대한 주권과 권원(權原, title)을 모두 포기하고 푸에르토리코와 기타 섬을 미국에 양도하기로 했다. 그러나 이 의정서 자체는 주권의 변경을 초래하지 않으며, 스페인은 평화조약에 조인한 1898년 12월 10일까지 영토에 대한 법적 주권을 계속 보유했다.[12]

국무부는 미서전쟁(美西戰爭)의 선례에 비추어 법적 주권의 이양 시점

12_"Transfer of Title to Korea," August 31, 1945, Discussion 1, *Records of the office of Assistant Secretary and under secretary of State, Dean Acheson, 1941-48, 50,* RG 59, Box 12, NARA.

제2차 세계대전 말기인 1943년 11월 카이로에서 대일 전쟁의 기본 목적을 논의한 장제스 중국 총통, 루스벨트 미국 대통령, 처칠 영국 총리(앞줄 왼쪽부터). 맨 오른쪽은 장제스 부인인 쑹메이링.

을 강화조약 체결 시점으로 간주했다. 같은 인식은 휴 보튼(Hugh Borton)을 중심으로 한 국무부 자문위원회가 1942년부터 이듬해에 걸쳐 실시한 한반도의 독립 문제 연구와도 공유되었다. 이 보고서도 또한 전술한 1898년 쿠바의 예를 선례로 간주해, 전후 한국의 독립권을 승인하되 한국의 주권은 보류된다는 내용을 담고 있다(정용욱 2003, 36).

전쟁에 승리해 적국의 식민 영토를 점령하게 되더라도 그 영토의 주권은 법적으로 전승국에 이양되지 않는다는 국제 사례에 따른 미국의 견해는, 해방 직후 한국에 대한 미국의 정책에 어떻게 반영됐을까? 앞서 언급한 바 있는 미 국무부의 1945년 8월 31일자 문서 "한국에 대한 권원의 이양"의 결론 부분을 보면 그 후의 정책 방향까지 제시하고 있다. 국무부는 일본 정부가 한반도의 주권을 포기하지 않은 상태에 대해 두 가지의 정책을 마련했다. 하나는 GHQ가 천황에게 한국 주권을 미국, 중국, 영국, 소련에 대해 포기하도록 명령하는 것이며, 또 하나는 미국, 중국, 영국, 소련이 한국에 대한 신탁통치의 실시와 한국 독립의 보류를 승인한다는 내용을 공동선언의 형식으로 발표하는 것이었다. 국무부는 문서의 결론 부분에서 아래와 같이 제시했다.

> 결론:
>
> 1. GHQ는 즉시 일본 천황이 한국에 대한 일본의 권한과 관리권을 미국, 중국, 영국, 소련에게 포기한다고 선언하도록 명령해야 한다.
> 2. 그 직후에 미국, 중국, 영국 그리고 소련은 유엔헌장에 기초해 4개 국가가 수립할 신탁통치에 의해 지배되는 준비 기간 동안에 한국의 독립, 즉 독립 정부의 권한 행사가 보류됨을 승인하는 공동선언을 발표해야 한다.
> 3. 만약 일본 천황이 적절한 시일 내에 상기 1번을 선언하지 않을 경우, 연합국 측은 상기 2번에 관한 공동선언을 발표해야 한다.

8월 31일 당시 미 국무부가 우선 실시해야 할 정책으로 선택한 것은 첫째 안, 즉 GHQ가 천황에게 한반도에 대한 권한과 권리를 포기하도록 명령하는 것이었다. GHQ는 이 국무부 보고서가 작성되기 바로 전날 일본에 주둔해서 일본 정부의 항복문서 조인을 앞두고 있는 상태였다.

> 국무부는 신탁통치안을 고려하고 있지만, GHQ는 천황에게 한반도의 주권을 포기하도록 교섭하는 안을 우선적으로 검토한다.[13]

13_(Top Secret)"Status Summary, 3a-1," December 12, 1945, RG 331, Box 1, NARA.

1945년 7월 17일~8월 2일 베를린 교외에서 열린 포츠담 회담의 주역들. 왼쪽부터 아트리 영국 총리(회의 도중에 처칠 총리의 총리직 사직으로 교체됨), 트루먼 미국 대통령, 스탈린 소련 공산당 서기장. [출처: 미 국립문서기록청]

더글러스 맥아더의 정치 고문단인 GHQ 정책자문단(Policy Adviser for SCAP/GHQ: POLAD)도 일본의 한국 주권 포기를 최우선 과제로 간주했다. 당시 GHQ에서 일본과의 한국 주권 교섭을 담당한 인물은 맥아더의 측근으로서 국제 변호사인 리처드 풀(Richard Poole)이었다. 풀은 GHQ 내에서 '천황 및 조약·조규(条規) 제정 위원회'(Committee on the Emperor, Treaties and Enabling Provisons)에 소속하여 천황과의 교섭을 담당함으로써 천황의 권리에 대한 미국의 법률 연구를 총괄했다. 풀은 천황의 대권(大権)을 부인하는 전후 일본의 신헌법 제정의 책임자였다.[14] 동시에 풀은 산하에 한국과

14_(Top Secret)"Status Summary, 3a-1," December 12, 1945, p. 8, RG 331, Box 1, NARA.

(Korean Section)가 있는 GHQ 민정국에도 소속했다. 일본 헌법의 천황 관련 부분을 제정하는 책임자인 풀 변호사가 한반도 주권과 관련해 천황 측과의 교섭을 담당한 것은 GHQ가 법적 전문성을 중시했기 때문으로 풀이된다.

한반도의 주권에 대한 GHQ의 대일 지도가 어떤 결과를 초래했는지에 대해서는 국무부가 1945년 11월에 작성한 문서 "한국에 대한 권원의 이양"에서 확인할 수 있다. 이 문서는 GHQ의 일본 주둔 이후에 발생한 일본 정부의 입장 변화와 미 국무부의 정책 결정을 정리한 것이다. 이 문서에 따르면, 일본 정부는 카이로선언이 규정한 한국 독립에 대한 내용과 포츠담선언(Potsdam Declaration)이 규정한 일본의 영토 범위에 합의했었다.

> 일본 정부는 9월 2일자로 포츠담선언을 수락했다. (…) 일본 정부는 한국이 해방 후에 독립하고 일본의 주권이 일본열도와 연합국이 규정하는 제 소도(諸小島, such minor islands as the Allied Powers determine)로 제한됨에 합의했다.[15]

일본 정부가 1945년 9월 2일에 서명한 항복문서의 첫 부분을 보면, 천황과 일본 정부 그리고 일본제국군(日本帝国軍)의 최고 기관인 대본영(大本営)의 명령으로 포츠담선언을 수락한다는 내용이 들어 있다. 따라서 일본의 항복문서 조인은 일본이 포츠담선언의 내용에 합의함도 또한 의미한다. 포츠담선언은 제8항 영토 조항에서 카이로선언의 준수와 일본의 영토를 4개 섬인 일본열도로 국한한다고 규정하고 있다. 따라서 9월 2일 일본

15_"Transfer of Title to Korea," November 5, 1945, Discussion 1, *Records of the office of Assistant Secretary and under secretary of State, Dean Acheson, 1941-48, 50,* RG 59, Box 12, NARA.

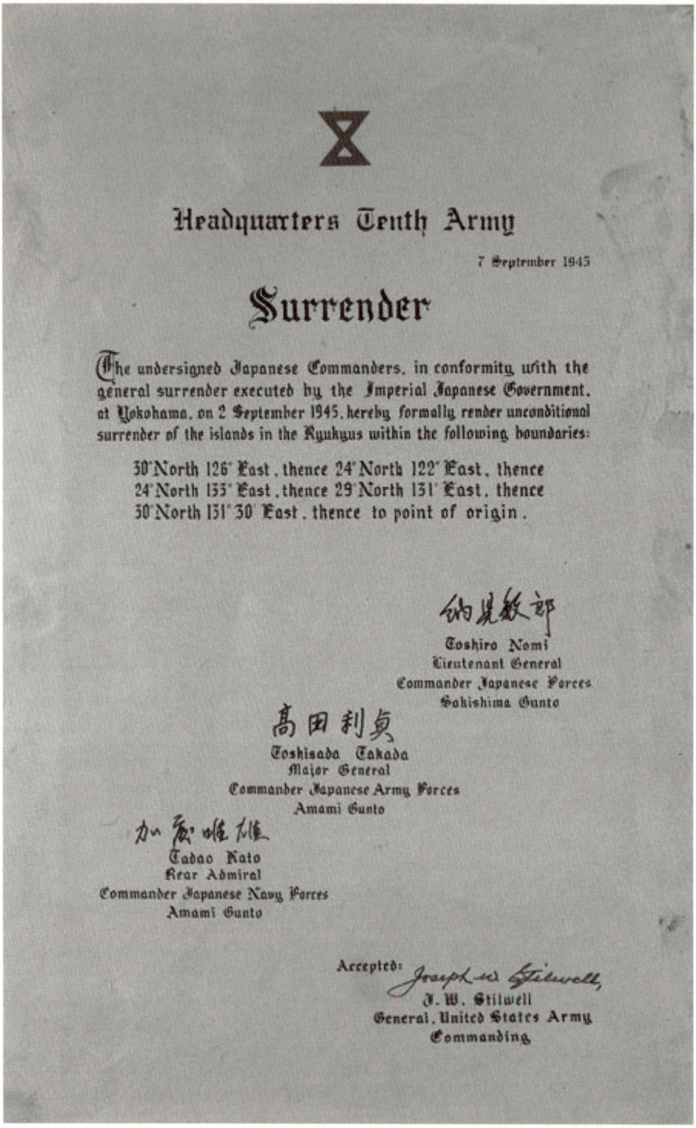

Headquarters Tenth Army

7 September 1945

Surrender

The undersigned Japanese Commanders, in conformity with the general surrender executed by the Imperial Japanese Government, at Yokohama, on 2 September 1945, hereby formally render unconditional surrender of the islands in the Ryukyus within the following boundaries:

30°North 126° East, thence 24°North 122° East, thence
24°North 133° East, thence 29°North 131° East, thence
30°North 131°30' East, thence to point of origin.

納見敏郎
Toshiro Nomi
Lieutenant General
Commander Japanese Forces
Sakishima Gunto

高田利貞
Toshisada Takada
Major General
Commander Japanese Army Forces
Amami Gunto

加藤唯雄
Tadao Kato
Rear Admiral
Commander Japanese Navy Forces
Amami Gunto

Accepted: Joseph W. Stilwell
J. W. Stilwell
General, United States Army
Commanding

오키나와 주둔 일본군이 1945년 9월7일 서명한 항복 문서. [출처: 미 국립문서기록청]

의 항복문서 조인은 포츠담선언뿐만 아니라 카이로선언의 내용, 즉 한국 독립에 대한 일본의 합의까지 포함한다.

그런데 미 국무부는 상기 문서에서 "일본의 포츠담선언 합의는 한국에 대한 일본의 권리가 '연합국에게' 이양된 것을 의미하지 않는다"라고 강조했다. 이 문서에 따르면, 일본의 항복문서 조인만으로는 한국 주권이 연합국 또는 한민족에게 이양되지 않았다. 다시 말하면 일본이 한국 독립을 규정한 카이로선언과 일본의 영토를 4개 섬인 일본열도로 제한한 포츠담선언에 합의했음에도 불구하고, 미 국무부는 일본이 한국 주권을 그대로 보유하는 것으로 해석했던 것이다. 국무부는 주권의 이양과 정지에는 별도의 조약을 체결할 필요가 있다는 입장이었다. 카이로 및 포츠담이라는 국제선언에 대한 합의와 주권 이양의 실행 간의 격차를 타개하기 위해 국무부가 구상한 정책은 다음과 같다.

> 미국의 정책은 한국에 대한 일본의 주권을 제거하고, 미국이 직접적으로 관리해 신탁통치를 수립할 수 있도록 결정하는 것 (…) 주권의 이동이나 정지는 공식적인 조약에 의해 수행되기 때문에 일본이 대일강화조약에서 한국의 주권을 포기한다는 조항에 조인하도록 요구할 것 (…) 한국에 대한 일본의 주권 포기와 한국의 주권 상황을 공식화할 필요가 있기 때문에 일본 영토를 최종적으로 완전히 규정할 때까지 이 문제를 연기해서는 안 된다. 일본 영토에 대한 최종적이며 완전한 규정은 아마도 늦어질 것이다. (…) 연합국 측이 한국의 주권 상황에 대해 조속히 선언문을 발표하는 것이 바람직하다.
>
> 결론: 일본의 한국에 대한 주권은 일본의 항복문서에 의해 종료되지만, 일본의 기존 주권(former sovereignty)은 연합국 및 한국인에게 이양되지 않았다. 대일강화조약을 통해 효력을 갖게 될 것으로 보이는 일본과의 영토 규정을 결정하기 전에, 가능한 빨리 한국의 법적 상황을 규정하는 것이 바람직하다. (…) 일본이 한

국 주권을 포기한다는 점을 확실하게 언급하는 조항을 대일강화조약에 삽입해야 한다.[16]

위 문서에서 주목되는 부분은 첫째, 항복문서 조인으로 일본의 한국에 대한 주권이 종료되지만, 기존 주권이 여전히 일본에 있다는 것, 둘째, 한국 주권의 법적 상황과 관련해 일본의 영토를 결정할 대일강화조약의 체결 이전에 조속히 신탁통치 실시와 한국 주권의 보류상태를 국제적으로 선언할 것, 셋째, 대일강화조약에 일본이 한국의 주권을 포기한다는 내용을 담은 조항을 삽입할 것이다. 이하에서 이 세 가지에 대해 순서대로 자세히 살펴보겠다.

III. 한국에 대한 일본의 잔여주권과 '신탁통치 선언' 및 '한국 포기 조항'의 등장

1. 한국에 대한 전후 일본의 통치권 정지와 영토주권의 유지

일본 정부가 항복문서에 조인한 후에 미 국무부가 작성한 상기 문서가

16_"Transfer of Title to Korea," November 5, 1945, Discussion 1, *Records of the office of Assistant Secretary and under secretary of State, Dean Acheson, 1941-48, 50,* RG 59, Box 12, NARA(밑줄은 인용자).

지적하듯이, 미국은 일본의 한국에 대한 주권이 일본의 항복문서 조인에 의해 종료된다고 해석했다. 다만 미 국무부는 "일본의 기존 주권은 연합국 및 한국인에 이양되지 않고 일본이 보유하고 있다"면서 주권의 이양은 공식 조약으로 규정된다고 정리했다.

미 군정청 법무부도 또한 미 군정청이 점령한 남한에서는 한국에 대한 일본의 주권은 정지된 상태라고 해석했다. 예를 들어 미소공동위원회 및 유엔임시한국위원회(The United Nations Temporary Commission on Korea)의 특별 고문(Special Adviser)인 미 군정청 법무부 소속의 언스트 프랑켈(Ernst Frankel)[17]은 일본의 패전으로 한국의 주권이 '정지된 상태'라고 해석했다(어니스트 프랑켈 1988, 94-95). 미 군정청 법무부는 한국의 주권은 일본의 패전 후에 어디에도 속하지 않고, 미소 양국은 "임자 없는 땅"을 점령한 것으로 간주했다(어니스트 프랑켈 1988, 93-94).[18]

> 주한 미 군정청의 구조(system)에 대한 법적 입장은 국제법상 전례가 없는 것이다. 1945년 7월 26일의 포츠담선언 제8항은 "일본의 주권을 혼슈(本州), 홋카이도(北海道), 큐슈(九州), 시코쿠(四国) 그리고 연합국이 규정한 제 소도(諸小島, such minor islands)로 제한한다"는 규정을 포함한다. 일본은 1945년 9월 2일 포츠담선언을 승인함으로써 한국에 대한 주권을 박탈당했다. 일본의 항복은 일본제국으로부터 한국을 사실상 분리하는 결과를 초래했다. 그러나 적대 관계의 종료는 한

17_Albert Lyan, The Department of Justice, United States Army Military Government in Korea, "Opinions Rendered in the Role of Legal Advise to the Military Government of Korea, and Covering a Period from March 1946 to August 1948," RG 331, Box 1464, NARA.

18_원문은 Ernst Frankel, "Structure of U.S. Army Military Government in Korea," RG 554, Box 23, NARA를 참조했다.

국을 합병 이전으로 복귀시키거나 한국의 새로운 국가 수립을 초래하지 않는다. 한국을 일본으로부터 분리시키는 것은 1910년 8월 29일의 한일합방조약을 취소함으로써 실현되지 않는다. 한국의 해방은 한국인의 혁명운동으로 달성되지 않는다. 한국에 대한 일본의 지배는 전승국의 결정에 의해 끝났으며, 이 결정은 미국 및 소련군의 결정에 의해 집행되었다. 1945년 8월과 9월 소련군과 미군이 한국에 대한 점령을 시작했을 때, 한국은 국제법상 '주인이 없는 땅'(noman's land)이었다. (…) 한국이 국가들 사이에서 독립된 국가로 간주될 때까지 한국의 주권은 정지 상태(abeyance)였다. (…) 주권이란 점령한 국가의 정부에 있다는 일반적인 국제법의 규정은 정부를 갖지 않는 국가에 대한 군사적 점령에 적용되지 않는다. 한국의 주권 정부가 부재했기 때문에 미 군정청 사령관이 남한 정부의 주권에 대한 권위를 대신 행사했다. 국제법에는 정부를 갖지 않는 국가에 대한 군사점령의 실질적 주권 행사에 대한 특별한 조항이 없다.[19]

패전 직후 조선총독부도 한반도의 주권이 정지된 상태라고 해석했다(阿部信行旧藏 1945, 32-33). 그러나 총독부도 일본 정부도, 일본 정부가 법적으로 보유하는 한국 주권이 있다는 해석과 주장을 전개했다.

여기서 나오는 주권이란 서로 다른 개념이다. 항복 선언 조인으로 인해 종지된 한국의 주권과, 그 후에 법적으로 유지된다고 일본 정부가 주장하고 앞에서 미국 측이 대일강화조약까지 일본이 갖는다고 본 주권은 다른 주권이다. 법률상 주권은 입법·사법·행정을 행하는 통치권인 대인주권(imperium)과 영토의 처분권인 영토주권(dominium)으로 구분된다(森宣雄 2006, 257). 위에서 살펴본 항복문서 조인으로 일본에서 박탈된 한국의 주

19_Ernst Frankel, "Structure of U.S. Army Military Government in Korea," RG 554, Box 23, NARA.

권이란 통치권이며 이는 시정권(施政權)이라고도 하는 주권이다. 한편 전술한 국무부 보고서와 일본 정부가 강조했던, 대일강화조약 체결까지 일본에 남게 된 기존 주권이란 영토주권이며 다른 말로 잔여주권, 잔존주권(殘存主權), 잠재주권(潛在主權)이라고 불리는 것이다.

일본이 항복문서에 조인함으로써 효력이 상실, 정지된 한국의 주권이 통치권인데, 이 주권은 최고 무제한적 통치권으로서의 주권이다. 일본 정부가 GHQ에 의해 점령됨으로써 통치권, 즉 시정권을 GHQ가 가졌기 때문에 일본은 최고이면서 무제한적인 통치권을 상실했으며, 대일강화조약의 체결로 인해 일본 영토에 한해 통치권으로서의 주권을 회복했다. 항복문서 말미를 보면, "천황 및 일본국 정부의 국가 통치 권한은 GHQ 사령관의 제한 아래에 있다"(The authority of the Emperor and the Japanese Government to rule the state shall be subject to the Supreme Commander for the Allied Powers)라고 규정되어 있다.[20] 일본의 항복문서 조인과 연합국의 대일 점령은 최고 통치권으로서의 일본의 주권이 상실됐음을 의미한다. 천황 및 일본 정부의 주권 제한이 해소된 것은 대일강화조약 체결로 인한 것이며, 제2조 (b)항의 내용인 "연합국이 일본국 및 이 영수(領水)에 대한 일본 국민의 완전한 주권을 승인한다"가 해당 부분이다(『第12回 国会参議院平和条約及び日米安全保障条約特別委員会 会議録 第10号』 1951.11.5).

GHQ의 점령하에서도 일본 정부의 유지가 허용됐으나, GHQ의 간접

20_Instrument of Surrender, September 2, 1945, "The World and Japan" Database Project Database of Japanese Politics and International Relations Institute of Oriental Culture, University of Tokyo(http://www.ioc.u-tokyo.ac.jp/~worldjpn/documents/texts/docs/19450902.O1E.html).

통치가 실시됐으므로 일본의 제한된 통치권은 어디에도 종속되지 않는 최고성과 무제한성을 상실했다. 달리 말하면 독립되지 못한 피점령 국가는 국제법상 독립국이 아니며 주권국가가 아닌 것이다(横田喜三郎 1956, 145-150). 이 통치권으로서의 주권은 입법과 사법, 그리고 행정에 대한 행사를 의미하는 통치권을 말한다(横田喜三郎 1955, 109-112). 아울러 GHQ가 1946년 1월 29일에 발표한 대일 각서 'SCAPIN 677호'(Governmental and Administrative Separation of Certain Outlying Areas from Japan)를 통해 한국과 일본의 통치 및 행정적 분리가 일본 정부에 통보됨으로써, 일본은 법적으로 한국에 대한 통치권을 완전히 상실한 것이다.

한편 강화조약 체결까지 일본 정부에게 남게 된 한국의 주권은 국무부가 기존 주권으로 규정한 법적 주권이며 영토주권이다. 이 주권은 국제법상 잔여주권으로 규정되며, 영토를 최종적으로 처분하는 권리이다. 예를 들어 일본에 의한 중국의 요동반도 지배는 조차(租借)에 불과했기 때문에, 영토주권은 일본이 아니라 중국이 보유했다. 따라서 일본이 영토주권을 갖지 않는 요동반도는 일본 영토로 규정하거나 외국에 양도할 수 없었다(『第12回 国会衆議院平和条約及び日米安全保障条約特別委員会会議録 第5号』 1951.10.20; 横田喜三郎 1955, 109-110).

미국의 오키나와 점령도 일본이 영토주권을 보유했기 때문에 반환(return)이 전제된 점령이었다. 대일강화조약은 제2조 (a) 및 (b)항에서, 일본은 한국, 대만, 펑후 제도(澎湖諸島)에 대해서 주권과 모든 권리를 포기한다고 규정했다. 그러나 제3조에서는 오키나와에 대한 주권, 즉 영토주권을 포기하지 않았다(横田喜三郎 1955, 110-112). 즉 미국이 오키나와에 대해서 갖는 권리는 행정, 입법 및 사법상의 권력, 즉 통치권뿐이었다. 1951년 9월 미국무부 고문이면서 대일강화조약의 미국 특사로서 대일강화조약 회의에서 연설한 존 덜레스(John F. Dulles)는 미국의 오키나와 통치와 관련해서, "미국이 시정권자(施政權者, administering authority)로서 오키나와에 대한 국제신탁통치를 가능하게 하는 동시에 일본의 잔여주권 유지를 허용하는 것(to permit Japan to retain residual sovereignty)이 최선의 방법"이라고 발표했다.[21] 일본이 오키나와에 대한 잔여주권을 갖는 것을 허용한다고 확실히 말한 것이다(橫田喜三郞 1955, 111-112).

이상과 같이 통치권으로서의 주권과 영토주권으로서의 잔여주권은 구별되었고, 전후 미일 간에 일본이 한국에 대해 대일강화조약 체결까지 보유하게 된다고 해석된 법적 주권은 후자에 해당한다. 덜레스의 연설에 나타났듯 일본이 잔여주권인 영토주권을 보유한 상태에서 미국의 신탁통치가 가능했던 것이다.

2. 신탁통치: 주권 포기 없이 적국 영토를 분리하는 정책

1945년 12월 말 미 국무부는 태평양전쟁 때부터 구상한 연합국의 한반도 신탁통치안 실시를 모스크바삼상회의에서 결정했다. 연합국이 한국에서 신탁통치를 실시하고자 한 이유와 관련해, 기존 연구는 한민족의 자치력(自治力) 부족을 거론하곤 했다. 그러나 신탁통치안은 한국인의 정치능력과는 별개의 문제의식에서 제기된 것으로 생각된다. 자치 능력에 대한

21_"The World and Japan" Database Project, Database of Japanese Politics and International Relations, Institute of Oriental Culture, University of Tokyo. "John Foster Dulles's Speech at the San Francisco Peace Conference, 1951, May 9."

언급은 한반도를 일정 기간 통치하려는 강대국의 핑계에 불과하다.[22] 태평양전쟁 중에 미 전쟁부는 한국인의 항일운동 조직력에 주목하고 그들의 이용 가치를 높이 평가해, 미군에 참여시켜서 대일전에 활용할 가능성까지 검토할 정도였다(나가사와 유코 2007, 30-38).

연합국의 한국 신탁통치안은 해방 후 한국의 즉각적 독립을 부정한 것이고(서중석 1991, 14), 이미 언급했듯이 한국의 독립 및 독립 정부의 통치권을 보류함을 의미한다. 동시에 미국이 소련을 비롯한 다른 강대국이 단독적으로 한국을 지배하지 못하게 하기 위해 한반도 문제를 국제화했다는 측면도 있다(정용석 1984, 116; 藤城和美 1992, 200). 이런 다자적 신탁통치의 실시는 한국의 영토주권과 어떤 관련이 있는가?

미국은 일본이 한국의 주권을 한국에 반환할 경우 연합국이 한국 신탁통치안을 추진하는 데 어려움이 많아질 것으로 예상했다.[23] 일본이 한국의 영토주권을 한국에 반환하면 한반도에 대한 영토의 처분권은 한국이 갖는 것이며, 연합국에 의한 한국 신탁통치안은 법적으로나 논리적으로 성립할 수 없다. 이런 상황에서 미국이 필요로 했던 것은 신탁통치 실시에 대한 다자적이며 국제적인 법적 정당성의 확보였다. 앞에서 살펴보았듯이 8월 말 시점에서 국무부의 신탁통치안은 한국의 주권을 둘러싼 천황과의 주권 포기 교섭이 실패로 끝났을 경우를 상정한 차선책이었다("Transfer of Title to Korea"의 결론). 국제법의 선례상, 미국과 소련은 한국에 대한 군사적 점령

22_건국준비위원회의 존재를 한국인의 자치 능력의 증거로 보는 연구로서는 서중석(1991, 14-15)을 참조.

23_(Secret)"Transfer of Title to Korea," November 5, 1945, *Records of the office of Assistant Secretary and under secretary of State, Dean Acheson, 1941-48, 50,* RG 59, Box 12, NARA.

만으로 한국에 대한 영토주권을 점령국인 자신들에게로 변경할 수 없었다. 국제법상 한국의 영토주권이 강화조약 체결까지 일본에게 보장되어 있는 한, 미·중·영·소는 한국 신탁통치안을 실시하는 데 한국 주권의 보류에 대한 국제적 절차를 필요로 했던 것이다.[24] 일본의 한국에 대한 영토주권 유지가 한반도의 주권 보류 및 신탁통치안의 실시를 국제적으로 선언하게 만든 셈이다.

이 같은 상황에서 1946년 1월 15일 해리 트루먼(Harry Truman) 대통령은 미국이 유엔헌장에 의거해 일본으로부터 통치를 위임받은 제도(諸島)에 대한 신탁통치를 실시하겠다고 선언했다(『朝日新聞』 1946/01/17). 적국(敵国)의 식민 영토는 신탁통치를 통해 적국의 영토에서 분리할 수 있었으며, 유엔헌장 제77조는 신탁통치의 수립 지역을 제2차 세계대전의 결과로서 적국으로부터 분리해야 할 지역으로 규정했다(外務省調査局第五課 1948, 6-7). 유엔헌장에 따르면, 구 통치국에 의한 주권 포기 절차가 없더라도 전승국은 패전국의 식민 영토를 분리시키고 신탁통치를 실시할 수 있었다.

국제법상의 국가 분리가 반드시 주권 포기를 전제 조건으로 하는 것만은 아니었다. 이 점에 대해서 니시무라 구마오(西村熊雄) 일본 외무성 조약국장도 같은 해석이었다.

> 국제법상의 '국가' 분리란 여러 방식이 있을 수 있다. 영토주권에 대한 완전한 포기를 규정한 이탈리아강화조약의 방식도 있고, 대일강화조약처럼 영토주권의 포

24_(Secret)"Transfer of Title to Korea," August 31, 1945, Item 1, *Records of the office of Assistant Secretary and under secretary of State, Dean Acheson, 1941-48, 50,* RG 59, Box 12, NARA; U.S. Rules of Land Warfare, Sections 273, 275.

기를 내용으로 담지 않고 단지 신탁통치 제도를 실시하기 위해 필요한 한도에서 집권자가 권한을 행사하는 분리 방식도 있다(『第12回 国会参議院会議録 第10号』 1951.11.5).

일본이 주권을 포기하지 않았던 식민 영토에 대해 전승국이 신탁통치를 실시하면, 영토권은 일본이 갖더라도 전승국이 통치권을 행사할 수 있었던 것이다. 실제로 미국이 일본의 식민 영토에 대해 신탁통치를 실시한 사례도 있다. 일본의 구 식민 영토로서 유일하게 전승국에 의해 신탁통치가 실시된 지역은 남양군도(South Sea Islands)의 팔라우(Palau)로서, 1947년부터 미국의 단독신탁통치가 실시되었다. 남양군도의 주권은 1951년에 조인된 대일강화조약 제3조에 의해 포기됐으나, 신탁통치는 그 이전에 실시되었다. 미군의 오키나와 점령도 또한 일본이 영토주권을 보유한 상태에서 시작됐듯, 신탁통치는 영토주권의 이양을 수반하지 않은 채 적국으로부터 영토를 분리할 수 있게 했다.

IV. 일본 정부의 '영토 분리' 해석과 대일강화조약의 '한국 주권 포기' 조항

1. 포츠담선언의 영토 조항에 대한 일본 정부의 기본 방침

일본 정부는 1945년 9월 2일 연합국에 대한 항복문서에 조인했다. 그러나 일본 정부는 식민정책을 통해 보유해 온 한국에 대한 주권은 대일 강화 때까지 법적으로 일본에게 보장되어 있다고 해석했다(長澤裕子 2006, 42-46). 이 해석은 일본 정부의 포츠담선언에 대한 해석과 직결되어 있다. '포츠담선언'은 정식 명칭이 '일본의 항복 조항을 규정한 선언'(Proclamation Defining Terms for Japanese Surrender)으로, 일본군의 무장해제, 군국주의 세력의 제거 및 군수산업 금지를 비롯한 전쟁의 종결 조건과 함께, 일본 영토의 범위 및 전쟁 범죄인의 처벌, 기본적 인권의 존중 등 전후 대일 처리와 관련된 사항들을 규정한 것이다.

일본 정부는 포츠담선언이 명령이 아니라 일종의 계약에 불과하다고 해석했다. 이에 따르면 제5항 '전쟁 종결의 조건'에서 "우리(연합국 측)의 조건은 다음과 같다"(5. Following are our terms)는 서술은 연합국이 일정 조건을 일본 정부에게 세시하면서 종전을 제의했다는 의미가 된다. 따라서 연합국이 포츠담선언을 수락할 때까지 일본에게 시행한 일련의 종전 유도 행위가 계약의 신청 행위로 간주되었다. 1945년 8월 10일 일본 정부는 연합국 측에 항복 의사를 전달할 때 "일본의 조건은 다음과 같다"면서 천황제 유지를 비롯한 일정한 조건을 제시했기 때문에, 이 제의에 응한 연합국과의 계약관계가 성립된다는 논리였다(横田喜三郎 1945, 1).[25] 일본 외무성은

25_이 문서("ポツダム'宣言及降伏文書ノ法的性質·'ポツダム'宣言及降伏文書ト主權")는 앞에서 살펴본 '잔여주권'으로서의 영토주권에 대한 해석을 전개한 요코다 키사부로(横田喜三郎)가 항복문서 조인 직후인 1945년 10월에 작성하고 외무성에 제출한 것이다. 요코다는 도쿄대 교수로서 외무성 고문이었으며, 최고재판소 장관(1960~66)까지 역임했다(나가사와 유코 2007, 88-89). 그런데 요코다는 만주사변 당시부터 일본의 불법적 군사 행위를 비판했다(戸谷由麻 2009, 282). 그는 자신의 법적 해석이 개인적 정치관과 윤리관을 배제한 '순수법학'에 입각했다고 주장했다(家永三郎 1967, 31).

1951년 3월 대일강화조약의 체결 시에도 같은 입장을 견지해, 연합국 측이 "항복 조건을 제시하면서 일본에게 전쟁 종결의 기회를 제공했다"고 주장했다(外務省調査局総務室 編 1951, 4).

포츠담선언의 제8항 영토 조항[26]에 대해서도, 일본 정부는 일본의 주권이 미치는 범위를 규정한 것이므로 주권이 미치지 못하는 범위가 규정된 것이 아니라고 해석했다(横田喜三郎 1945, 1). 1945년 10월 일본 외무성 조약국은 일본국의 주권이 미치지 말아야 할 지역에 대해서는 "포츠담선언 제8항 '영토 조항'에 따라 일본의 주권을 포기하는 절차가 필요하게 될 것"으로 해석하여, 포츠담선언 외에 추가적인 절차가 필요하다는 입장이었다.

같은 1945년 10월, 외무성 조약국은 "포츠담선언의 영토 조항 실행은 강화조약 체결 이후"라고 해석했었다(外務省条約局 1945, 12). 우선 외무성 조약국은 포츠담선언의 영토 조항이 강화조약의 체결까지 실행되지 않으면, 연합국의 군사 병력도 일본에서 철수하지 않을 수 있다고 우려했다. 왜냐하면 포츠담선언은 선언문의 내용이 일본에서 실행되면 연합국 군대가 철수한다고 규정하고 있었기 때문이다. 연합군 병력의 계속 주둔을 회피하기 위해 외무성 조약국이 타개책으로 구상한 안은 다음과 같은 두 가지였다. (1) 포츠담선언의 영토 조항을 강화조약에서 분리하고, 강화조약의 체결 이전에 조인하는 것 (2) 일본 정부가 주권이 미치지 못하는 영토에 대한 주권 포기를 선언하는 것이었다. 1945년 10월 당시 외무성 조약국은 연합국이 어떤 결정을 내리는지에 관한 정보를 갖고 있지 않았으나, (2)의 안이 일본 정부에 가장 적절한 방법이라고 생각했다. 일본이 주권이 미치지 못

26_"카이로선언의 조항은 이행되어야 하며, 일본의 주권은 혼슈, 홋카이도, 큐슈 및 시코쿠 그리고 연합국이 규정한 제 소도로 국한되어야 한다."

하는 지역에 대한 주권 포기를 선언하면, 연합국에 의한 일본 정부의 주권 제한을 일시적 조치로 만들 수 있다고 판단했기 때문이다. 반면 포츠담선언의 영토 조항을 강화조약에 삽입하지 않고 분리시키는 (1)의 안은 일본과 연합국의 합의가 있을 때만 완전히 이행할 수 있는 방법이며 예외적이라고 보았다. 따라서 조약국은 (1)안이 전쟁에서 평화 상태로 회복하려는 전승국과 패전국의 국제관례와 상충되므로, 특별한 선례로 취급되어야만 일본과 연합국 간에 실행 가능한 안이라고 판단했다(外務省条約局 1945, 12-13). 이처럼 일본 정부는 포츠담선언의 영토 조항에 일본의 주권이 포기되어야 하는 범위가 구체적으로 규정되지 않았다는 점에 주목하고, 식민영토에 대한 주권 포기의 절차와 시기를 앞으로 조인하게 될 대일강화조약의 맥락에서 고려하기 시작했다.

2. '한국 주권 포기' 조항이 없는 대일강화조약 초안

대일강화조약은 1951년 9월 8일에 조인, 이듬해 4월 28일에 발효되었다. 일본 외무성은 대일 강화를 준비하기 위해 1945년 11월 21일 대책 수립 전문팀을 구축했다. 1946년 1월 16일 평화조약문제연구간사회(平和条約問題幹事会, 이하 간사회)의 제1회 모임이 열렸다. 요시다 시게루(吉田茂) 정권은 강화 문제 가운데 특히 영토 문제에 주의를 기울였다. 미국 측에 일본 정부의 입장을 설명하기 위해 간사회가 작성한 10권짜리 자료 가운데 7권이 영토 문제에 관한 것이었다(玄大松 2006, 67). 외무성은 극동위원회를 비롯한 연합국 측의 대일 감시 기구에는 영토 문제에 관한 권한이 없기 때문에, 교섭의 여지가 크다고 판단했다(外務省 1950a, 3-4). 1945년 12월 모스크바삼상회의에서 결정된 부탁 조항(付託条項, terms of reference)에도 이 위원회가 군사행동의 집행 및 영토의 조정(territorial adjustments)에 관한 권고(勧告)를 할 수 없다고 규정되어 있다(外務省政務局特別資料課 1949, 2-3).[27] 실제로 1947년 2월부터 4월 사이에 일본의 식민 영토였던 남양군도에 대한 미국의 신탁통치안을 채택하기로 결정한 주체 기관은 극동위원회가 아니라 유엔의 안전보장이사회였다. 따라서 외무성은, 전후 일본의 영토에 대해서는 일본 영토의 범위를 규정한 포츠담선언의 영토 조항이야말로 연합국 측의 유일한 기본 방침이면서도 유일한 '예비 강화조약'이라고 간주했다(外務省 1950a, 3-4).

대일 강화에 대한 국제적 기운이 고조된 것은 1947년 봄쯤이다. 동년 3월 17일 맥아더가 "일본의 군사점령을 일찍 종료시키고 대일강화조약을 정식으로 체결해서 GHQ를 해체해야 한다. 늦어도 1년 내에 대일강화조약에 대한 교섭을 시작해야 한다"고 발언한 것이 그 계기가 되었다(外務省調査局総務室 編 1951, 25-26). 동시에 맥아더는 기자회견에서 "일본은 만주, 대만 그리고 조선을 상실함으로써 이미 거액을 지불한 셈이다. 배상의 목적은 일본의 군사 능력을 파괴하는 것이며 생활 능력을 박탈하는 것이 아니"라고 말했다. 3월 23일 UP통신에 따르면, 당시 미국 측은 대일강화조약안의 기초(起草)에 관한 교섭을 시작하는 준비가 거의 완료된 상태였고, 단지 배상 문제만이 난문제로 남아 있다고 보도했다(賠償庁賠償部 1951, 12).

27_Terms of Reference of the Far Eastern Advisory Commission, 外務省特別資料部, 23-24; from Washington(WAR) to CINCAFPAC, CG CHINA, WCL 32355, Moscow Communique, 28 December, 1945, RG 554, Box 1, NARA.

같은 시기 일본 측의 동향을 보면, 간사회는 1947년 2월에 이미 대일강화조약의 초안을 예측해 작성한 문서 "대일평화조약상정대강"(対日平和条約想定大綱)을 완성했었다. 이 문서에서 간사회는 포츠담선언의 제8항 영토 조항과, 카이로선언, 이탈리아강화조약의 내용을 집중적으로 검토했다. 간사회가 정리한 대일강화조약의 예상 초안 내용에서 주목할 만한 점은 다음 두 가지이다. (1) 일본이 대만 및 평후도(澎湖島)를 중국에 반환하고 (2) 일본이 한국의 독립 또는 신탁통치와 같은 연합국 결정 사항을 승인한다는 점이다. 대일강화조약에 한국을 비롯한 식민 영토의 주권을 포함한 권리를 포기한다는 언급은 없고, 한반도에 대해서는 신탁통치의 가능성을 지적해 이를 승인한다고 했을 뿐이다.

이런 초안에 대한 일본 측 예상 내용은 1949년 8월까지 큰 변화가 없다가, 8월 들어 간사회가 다시 강화조약의 내용을 예측해 작성한 문서 "대일평화조약상정대강"에 권리의 포기에 대한 내용이 들어갔다. 1947년 문서의 (1) "대만과 평후도를 중국에 반환한다"는 점과 관련해서는 이 지역의 독립 또는 신탁통치의 가능성을 지적하면서, 일본이 최종적으로 권리와 권원(権原)을 포기해야 할 것으로 예측했다. 간사회는 그 근거로 포츠담선언의 영토 조항과 카이로선언을 지적했다(平和條約問題硏究幹事会 1947, 4). (2)의 한반도에 대해서는, 1947년판과 똑같이 독립시켜야 할 지역으로 규정했을 뿐 영토주권에 대해서는 언급하지 않았다. 만약 강화회의가 개최될 때까지 한반도의 통일이 여전히 실현되지 않더라도, 대일강화조약은 남북한을 언급하지 않고 가능성으로서의 통일 한국의 독립을 승인하는 방향으로 규정될 것으로 예측했다(平和條約問題硏究幹事会 1947, 11).

간사회가 예측한 대일강화조약의 영토에 관련된 내용은, 영토 문제에 대해서 연합국 측이 '영토 불확장의 방침'에 입각하고 있다는 외무성의 판단에 입각했다. 외무성은 연합국 측이 대일강화조약의 영토 조항에 영토의 반환과 회복 또는 독립이나 신탁통치 제도를 승인하는 내용을 널리 적용할 것으로 예상했고, 이제 더 이상 영토 합병주의가 허용되지 않을 것으로 판단했다(外務省 1950a, 3-4). 또 그 연장선상에서 1948년 8월에 대한민국 정부가 수립된 이후에는 일본이 언젠가 한국의 독립 승인에 대한 절차를 밟아야 할 것으로 예상했다(外務省 1950a, 35-36).

그러나 '한국 주권 포기' 조항은 일본의 대일강화조약 예측안에 들어가 있지 않았다. 같은 입장은 1950년 9월 14일 트루먼 대통령에 의한 대일 강화 촉진 성명 이후에도 마찬가지였다. 대통령의 대일 강화 촉진 메시지란 대통령의 명령으로 국무부가 극동위원회 구성국 정부들과 시작한 비공식 토의에서 대통령의 대일 강화 촉진 의사가 전달된 것을 가리킨다. 트루먼 성명의 다음날인 9월 15일, 미 국무부는 대일 강화에 대한 미국의 구상을 발표하고 대일강화조약의 성격이 패전국에 대한 제재(制裁)와 근본적으로 다르다는 점을 밝혔다. 이에 따라 대일강화조약의 초점은 일본을 민주주의 진영의 일원으로 유인하는 '일본 활용안'으로 설정되었다. 국무부는 대일강화조약이 일본에 대한 여러 제한이나 금지 규정을 담지 않은 아주 간단한 내용이 될 것이라는 설명도 덧붙였다. 국무부는 미국이 이런 기본 원칙을 변경할 생각이 없다는 점도 함께 밝혔다(外務省 1950b, 1).

일본 정부는 이런 흐름을 환영했다(外務省 1950b, 13). 외무성이 9월 22일자로 작성해 요시다 수상에게 제출한 정세 판단 문서에 따르면, 미 대통령의 성명은 공산 세력에 대한 민주 진영 강화(强化)의 필요성에서 공표된 것이었다. 미국은 조속히 일본을 민주국가 진영에 유도하고 소련의 공세에 대처할 준비를 시작하기 위해 대일 강화가 필요했다. 외무성은 미국이 한국전쟁 발발이라는 사태를 이용해 대일 강화 문제에 대한 미국의 의도를 영국을 비롯한 연합국 사이에서 실현하려고 한다고 판단했다. 또한 당시 주일 미군 병사를 둘러싼 폭력 사건 발생으로 미국에 대한 일본 여론이 악화되어 있어 미국은 일본 점령에 대한 미국의 부담을 줄이고 싶어 했다(外務省 1950b, 2).

1950년 10월, 외무성은 미국의 대일강화조약 구상안에 대해 일본 측의 요망 사항을 정리했다. 여기서 먼저 강조된 점은 일본의 독립 회복이었다(外務省 1950c, 1). 외무성은 일본과 분리해야 할 영토에 대해서는 최소한으로 설정하고, 류큐, 오가사와라, 이오 제도(硫黃諸島)에 대해서는 일본에서 분리하지 말고 일본의 영토주권을 인정할 것을 주장했다(外務省 1950c, 5). 이 문서에는 일본 정부가 대서양헌장(Atlantic Charter)의 원칙을 이해하며, 주민의 의지에 저항하여 영토를 보유할 생각이 없다는 내용도 함께 담겨졌다. 대만, 펑후도, 관동주, 남양군도와 남사할린에 대해서는 권리 권원을 포기한다는 입장이 정리되었다. 그러나 한반도의 권리 권한 포기에 대한 언급은 없었다. 한국에 대해서는 독립에 이의가 없다는 소극적인 표현에 그쳤다(外務省 1950c, 3-4, 15).

'한국 주권 포기' 조항은 국무부가 1950년 10월 24일자로 발표한 "대일강화 7원칙"의 영토 조항 내에도 삽입되지 않았다. 한국에 대해서는 단지 "한국의 독립을 승인한다(recognize)"는 문구가 들어가 있을 뿐이다. 대만의 주권 및 권리 포기에 관한 조항도 삭제되었다. 대신 일본이 대만, 펑후제도, 남사할린, 치시마 열도의 지위에 대해 미·영·중·소의 결정을 수락한다는 조항이 삽입되었다(外務省条約局総務室 1951, 58; 鹿島平和研究所 編 1985, 121). 이에 대해 일본 외무성은 "대만과 기타 영토의 최종적 귀속을 규정한 카이로선언과 포츠담선언에도 불구하고, 미국이 유엔의 결정에 따를 생각을 명백히 했다"고 해석했다(外務省条約局総務室 1951, 69).

대일 강화 준비 기간에 미국 측이 발표한 대일강화조약의 초안과 일본 정부가 예측한 조약 내용을 살펴보면, 전후 일찍부터 제2조가 영토 포기 조항으로 설정되어 한국과 대만을 비롯한 일본의 식민 영토에 대한 권리를 규정하는 것으로 고정되어 있다. 대일강화조약의 큰 틀은 설정되어 있던 셈이다. 그러나 1951년 7월에도 주권을 포함한 권리의 포기와 포기 후의 귀속 국가를 명백히 규정한 조항은 삽입되지 않았다. 이에 대해 중국은 미국과 영국의 태도를 공개적으로 비판했다. 저우언라이(周恩来) 중국 외상은 1951년 7월 12일자로 발표된 미국 및 영국의 대일강화조약 초안에 대해, 8월 15일 "대일 강화 문제에 대한 성명"을 발표했다. 그는 "대일강화조약의 초안은 일본이 대만과 평후 제도에 대한 모든 권리를 포기한다고 규정했을 뿐, 중화인민공화국에 반환한다고 언급하지 않았다"고 비판했다(鹿島平和研究所 編 1985, 407). 대일강화조약 초안에 나타난 한국 및 대만에 대한 일본의 권리 권한 포기에 대한 소극적 자세는 강화조약 초안 작성의 이른 단계에서 일본의 완전한 주권 회복을 규정했던 것과는 사뭇 대조적이다.

3. 일본의 '배상' 논리와 '한국 주권 포기' 시점

일본에 의한 식민 영토의 주권 포기에 관한 조항 준비가 미온했던 한편, 배상에 대한 일본의 준비는 일찍부터 표출되었다. 1947년 2월 국제적으로 대일 강화 기운이 고조되기 직전에 간사회가 작성한 대일강화조약의 예측안 "대일평화조약상정대강"에는 한국에 대한 배상을 감안한 내용이 포함되어 있다. 간사회는 대일강화조약에 한일합방 이래 일본으로 반출된 한국의 미술품과 종교적 물품 등 역사적 가치가 있는 물건의 반환을 규정한 조항이 삽입될 것으로 예측했다(平和条約問題研究幹事会 1947, 1-8). 이 같은 자세는 1949년 8월 외무성이 강화조약의 내용을 예측해 작성한 "대일평화조약상정대강"에도 계승되었다. 외무성은 이탈리아강화조약 제34조 및 제36조에서 이탈리아가 에티오피아의 미술품과 종교적 물건 그리고 역사적 가치가 있는 물건을 모두 반환해야 한다고 규정한 것이 대일강화조약에도 적용될 것으로 판단했다(平和条約問題研究幹事会 1947, 12). 외무성은 또 이탈리아강화조약의 전문(前文)처럼, 대일강화조약에도 "침략에 책임 있다"는 조항이 삽입될 가능성이 있다고 우려했다(平和条約問題研究幹事会 1947, 23).

그러나 1950년 9월 미국 측이 대일강화조약의 성격이 제재가 아니라 민주주의 국가의 우호와 협력에 있다고 공표하자, 동년 10월 일본 정부는 배상 문제에 대한 기본 입장을 후퇴시켰다. 일본 정부는 미국 측에 "배상에 대해서는 관계 국가들의 강력한 요구가 있다는 점을 이해하지만 이미 철거한 일본의 시설 외에 어떤 박탈도 없기를 희망한다"고 요청했다. 일본의 논리는 "일본 경제의 자립이 지연되면 그만큼 일본을 지원하는 미국에게도 부담이 되고, 이는 관계 국가들과의 이익에도 배반될 것"이라는 내용이었다(外務省 1950c, 28-29).

일본 정부는 강화조약 체결 직전인 1951년 7월 2일 연합국에 전달한 문서에서, 한국을 비롯한 영토권을 포기하게 될 지역에 대해 전쟁배상 의지가 전혀 없다는 점을 보다 명백히 드러냈다. 일본 정부는 이 문제에 대한 미국 정부의 절대적인 외교적 지원이 필요하다고 강조했다. 일본 정부는 미국이 일본과 일본이 포기할 지역의 재산 처리 문제에 외교적 지원을 하지 않는다면, 미국은 대일강화조약 제4조의 '포기 지역의 재산 처리'에 포함되는 단어 '청구권'이 "전쟁배상을 포함하지 않다는 점을 명백히 할 필요가 있다"고 주장했다(外務省 1951, 1-2). 제4조 (a)항에 대해서는, 일본 정부는 재한 일본국 및 일본인 재산을 둘러싼 일본국과 일본인의 청구권 처리는 한국 정부와 직접 해결할 수 없다고 강조해 미국의 개입을 요청했다. 일본 정부는 "미국이 일본이 포기한 지역에 대한 재산 처리 문제와 관련해서 일본에게 많은 제한을 가했기 때문에, 대책을 미국에 요구하는 것"이라고 주장했다(外務省 1951, 1).

대일강화조약의 발효 직전인 1952년 4월, 일본 외무성은 포츠담선언의 영토 조항 이행에 대해 다음과 같이 입장을 정리했다.

> 우리는 소화(昭和) 20년(1945) 9월 2일 항복문서에 조인함으로써 정식으로 포츠담선언을 수락했기에, 포츠담선언 제8항이 규정한 "일본의 주권은 혼슈, 홋카이도, 큐슈, 시코쿠 및 연합국이 결정한 제도(諸島)에 국한된다"는 조항을 승인했으나, (…) 이는 즉각 우리의 외지(外地) 등에 대한 주권이 상실되는 법적 효과를 발생하는 것이 아니며, 단지 장래 체결해야 할 평화조약 내용에 외지 등에 대한 주권을 포기한다는 규정이 포함될 것을 승인한 것에 불과하다(外務省条約局第四課 1952, 8).

일본 정부의 입장은 포츠담선언의 수락과 실행을 별개의 절차로 해석한 것으로, 선언의 수락 자체가 식민 영토에 대한 영토주권의 상실이라는 법적 효과를 초래하지 않고, "일본이 단지 장래 체결해야 할 강화조약에 식민 영토에 대한 주권을 포기할 규정을 포함한다는 점을 승인한 것에 불과하다"는 입장이었다. 일본 정부는 "식민 영토를 통치할 목적으로 제정한 외지 관계 법령은 포츠담선언 및 항복문서로 인해 법률상 어떤 영향도 받지 않다"면서 종전 직후와 같은 입장을 고수했다(外務省条約局 編 1952, 20).

외지관계법의 효력 유지에 대해서도 미국은 일본과 같은 해석을 했었다(나가사와 유코 2007, 139-143). 전술했듯이, 한국의 영토주권에 대한 미 국무부의 법적 해석은 미국의 한일 분리 정책과 대일강화조약의 한국 포기 조항 삽입이라는 실제 정책으로 반영되었다. 일본 외무성 조약국의 국제법 해석도 또한 일본 정부의 한국 주권 포기와 배상 준비의 정도, 그리고 한국 정부의 승인이라는 일련의 대한 정책에 반영되었다.

제2차 아베 신조(安倍晋三) 내각의 내각관방참여(内閣官房参与)이며 일본 정부 대표를 비롯, 일본 외무성 조약국장 및 외무차관까지 역임한 야치 쇼타로(谷内正太郎)는 외무성 조약국이 내린 국제법 해석이 특히 대일강화조약 체결이나 한일 국교 정상화를 비롯한 외교정책의 수립 과정에서 중요한 역할을 했다고 논했다(Yachi 1988, 86). 야치에 따르면, 조약국의 국제법 해석에 관한 보고서는 단순한 법 해설서가 아니라 정부 정책의 기본 방침이 되었다(Yachi 1988, 86). 국제조약은 일본 국회의 비준을 받기 전에 국회의 심의와 내각 법제국에 의한 상세한 검토(scrutinize)를 받아야 하지만 내각 법제국은 국내법을 조사하고 국제법에 대한 권한은 외무성 조약국에 한정되어 있다(Yachi 1988, 85). 따라서 강화조약 등 국제조약을 둘러싼 정책 결정에 대한 외무성 조약국의 영향력은 막대했을 뿐만 아니라, 조약국의 기능과 법적 권한은 일본의 헌법, 내각법, 국가행정조직법, 그리고 외무성설치법에 의해 보장되어 있다(Yachi 1988, 84).

V. 결론

기존 연구에서, 대일강화조약에서 일본이 포기한 주권에 대한 한국의 대응은 주로 독도의 영토주권에 대해서 논의되어 왔다. 필자도 대일강화조약 초안의 제2조 (a)항을 확인한 유진오가 강화조약에 독도를 포함한 섬의 이름을 구체적으로 삽입하려고 연합국 측에게 요구한 것을 확인했다(유진오 1993, 25-28).

그런데 이 장에서는 특히 일본이 패전 후에도 한국의 영토주권을 유지한다는 법적 해석이 미일 간에서 공유되어 정책으로 반영된 것을 살펴보았다. 그 결과 한국의 완전한 독립이 일본과 한국의 국가 분리를 의미하는 일본의 한국 정부승인, 즉 일본에 의한 한국의 영토주권 포기의 절차를 필요로 했음을 알 수 있었다. 패전국인 일본이 한국의 영토주권을 대일강화조약에서 포기할 때까지 유지한다는 주장은 미서전쟁 등 국제적 선례와 함께, 미국이 대서양헌장에서 선언한 승전국의 영토 불확장 원칙을 태평양전쟁의 승전국인 연합국이 계승한 상황에서 연합국 측과 공유되었다.

전쟁 승리에 따른 미국의 남한 점령은 영토주권을 미국으로 이양하는 효력이 없기 때문에, 미국은 한국이라는 적국의 통치 영토(enemy-occupied territory)를 일본으로부터 분리하기 위해 다음과 같은 방법을 구상했다. 미국은 (1) 일본이 한국의 영토주권을 포기하도록 천황과 교섭하고, 이에 실패하면 (2) 영토주권이 그대로 일본에 있는 상태에서 연합국에 의한 신탁통치를 실시하는 한편 한국 정부의 주권이 보류됨을 국제적으로 선언하는 안을 마련했다. 미 국무부의 문서에 따르면 일본은 한국의 주권을 포기하지 않았으며, 따라서 미국에 의한 천황과의 한국 주권 포기 교섭은 실패했던 것으로 추측된다. 1945년 12월 모스크바삼상회의의 결정으로 한국 신탁통치안을 국제적으로 선포한 예도 일본의 식민 영토 한국을 분리하는 정책으로 이해할 수 있다. 신탁통치안의 실시가 불가능하게 되자, 1946년 1월 GHQ는 대일 각서 'SCAPIN 677호'를 통해 일본의 통치권 및 행정권이 한국을 비롯한 식민 영토에 미치지 못함을 일본 정부에게 통보했다.

한국에 대한 통치권 및 행정권의 정지 이후, 대일강화조약에 '한국 주권 포기' 조항을 삽입할 절차의 필요성은 종전 직후부터 미일 정부 간에 공유되었다. 그럼에도 불구하고, 이 조항은 대일강화조약 체결 직전의 최종판에까지 삽입되지 않았다. 일본은 전쟁배상을 회피하기 위한 자세를 명백히 했고, 이에 대한 미국의 지원까지 요구했다. 일본이 한국의 영토주권을 대일강화조약 체결까지 포기하지 않았다는 것은 일본의 한국 정부승인이 그만큼 지연되었다는 것을 뜻한다. 뿐만 아니라 국제적으로 한국과 일본의 국가 분리가 법적으로 대일강화조약까지 완성되지 못했다는 것을 의미한다.

잔여주권의 효력에 대한 해석은 다양하여, 화폐주조권(貨幣鑄造權), 토지수용권(土地收用權), 그리고 헌법보장권까지를 포함한 권리 효력을 갖고 있다는 해석과(星野安三郎 1968, 30-33), 외교보호권도 있다는 해설이 있다(鈴木義男 1956, 2114). 아울러 잔여주권의 역할은 미일 외교의 흐름 속에서 동태적이었다. 대일 강화회의에서는 영토의 최종 처분에 대한 권리로 해석되었으며, 대일 강화 이후에는 상실한 통치권의 회복을 가리키는 의미가 강해졌다(森宣雄 2006, 257-260).

대일강화조약의 체결까지 일본이 한국의 잔여주권을 보유하려고 한 이유와 잔여주권의 효력, 그리고 한국 정부의 대응은 앞으로 밝혀야 할 과제이다. 일본이 한국의 잔여주권을 법적으로 확보한 상태에서 전개된 한일 간의 영토 및 재산 처리, 재일 한국인의 국적 문제 등 넓은 범위의 정책 전개 과정을 잔여주권과의 관련성 속에서 재해석할 수 있을 것이다. 앞으로는 한국의 독립과 일본의 한국 주권 포기 시점에 대한 한국 측의 입장에 관해서 자료 발굴이 필요하다.

2장

식민지주의의 '공범'

두 개의 강화조약에서 초기 한일교섭으로

오오타 오사무

I. 들어가며

지금까지 많은 논자들은 일본국과 대한민국 간의 국교 정상화 교섭(이하, 한일교섭 혹은 한일회담)의 역사를 식민지 지배 처리의 관점에서 검토해 왔다.[1] 대체로 그런 선행 연구를 통해 1965년에 체결된 한일조약이 식민지 지배를 청산하는 것이 아니었다는 점이 밝혀졌다. 그러나 어떤 경위에서, 왜 식민지 지배가 청산되지 않았는지에 대해서는 선행 연구에서 충분히 규

• 이 글은 필자의 일본어 논문(太田修 2011) 및 『아세아연구』 150호(2012년 12월)에 게재된 같은 제목의 논문을 가필, 수정한 것이다.

1_'식민지 지배 책임의 추궁'이라는 입장의 연구에 대해서는 吉澤文寿(2006a)를 참조. 한일회담과 식민지 지배의 청산에 대한 연구로는 吉澤文寿(2006b); 太田修(2008)가, 한일회담의 배경에 대한 최근의 성과로는 浅野豊美(2004)가 있다.

명되었다고 볼 수 없다. 본고는 이 같은 점에 대해 1950년 전후의 세계사를 시야에 두면서 논하고자 한다.

우선 제2차 세계대전 후의 두 강화조약, 즉 전후 최초의 강화조약으로 샌프란시스코강화조약의 배경이 된 이탈리아강화조약과, 한일교섭을 규정한 샌프란시스코강화조약에 드러난 식민지 지배 인식 및 처리에 대해 검토하고[2], 그것이 일본 정부의 식민지 지배 인식, 특히 샌프란시스코강화조약 제4조에 규정된 '청구권' 인식으로 어떻게 이어졌는지에 대해 밝히고자 한다. 즉 이른바 한일교섭의 세계사적 배경으로서의 구미 각국의 식민지 지배 인식과 일본의 식민지 지배 인식의 관련성을 고찰하는 것이 본고의 과제이다.

본고는 또한 1950년대의 초기 한일교섭(예비 교섭에서 제3차 회담까지)에 있어 조선 식민지 지배 문제가 어떻게 처리되었는지를 고찰하겠다. 여기서는 특히 '한국 병합 조약'의 역사적 평가와 청구권 문제를 둘러싼 논의에 나타난 일본 정부의 식민지 지배 인식과 대응에 초점을 맞춰 검토하고자 한다.

2_이탈리아강화조약에 대해서는 佐々木隆爾(1993, 121); 海野福寿(2000, 12-13)가, 샌프란시스코강화조약에 대해서는 金民樹(2000, 12-13); 太田修(2003, 78)가 각각 언급하고 있다.

II. 두 강화조약과 식민지 문제

1. 이탈리아강화조약과 구 식민지 처리 문제

1947년 2월 10일 이탈리아는 파리에서 연합국 20개국과 강화조약을 맺었다. 이탈리아강화조약(Treaty of Peace with Italy)은 전문과 11편의 본문, 17개 부속서로 구성되어 있다(Dulles 1950).[3] 우선 전문에는 "파시스트 체제하의 이탈리아는 독일 및 일본과 맺은 삼국동맹의 당사국으로, 침략 전쟁을 도모하고, 그로 인해 모든 동맹 및 기타 연합국과의 전쟁 상태를 야기하고, 그 전쟁에 대한 책임을 분유(分有)할" 것, "이탈리아의 파시스트 정권이 1943년 7월 25일에 무너지고, 이탈리아가 무조건 항복"하면서 강화조약 체결에 합의한 점 등이 명시되어 있다.

본문에서는 전문의 취지에 근거하여 이탈리아의 영토, 전쟁범죄인의 재판을 위한 체포 및 인도(引渡), 군대의 제한 및 공격용 병기의 보유·건조·실험의 금지, 전쟁으로 생긴 배상의 의무 및 청구권의 포기에 대해 규정되어 있다. 대체로 강화조약은 연합국 측이 이탈리아에 침략 전쟁의 책임을 묻고 파시즘화의 재발 방지를 목적으로 하는 것이었다.

여기서 주목할 것은 이 강화조약이 식민지 지배 문제를 어떻게 처리했느냐는 점이다. 우선 본문 제2편 '정치 조항' 제4관에는 '이탈리아국의 식민지' 편을 마련, 제23조에서 "이탈리아국은 아프리카에서의 이탈리아국의

3_이하, 이탈리아강화조약의 조문은 이 문헌을 번역한 것이다. 번역 시에 外務省条約局 譯(1947)을 참조했다.

속지(屬地), 다시 말해 리비아·에리트리아·이탈리아령 소말리랜드에 대한 일체의 권리 및 권원을 포기한다",[4] 그 최종 처분은 제11부속서에 따라 이뤄진다고 적시했다. 그리고 그 제11부속서에 따르면 소련·영국·미국·프랑스는 1947년 2월 10일의 강화조약 제23조에 의거해, "아프리카에서의 그 속지의 최종적 처분"을 강화조약 실시일로부터 "1년 이내에 공동으로 결정하는 것에 동의한다," 그것이 이뤄지지 않으면 "국제연합 총회에 권고를 받기 위해서 위임해야 한다"고 규정했다.

이탈리아 식민지 처리 문제는 이 규정에 따라 1948년 9월에 시작된 파리회의에서 토의되었으나 합의에 이르지 못했다(Dulles 1950, 63).[5] 결국 다음 해인 1949년 11월의 유엔총회에서 ① 리비아는 1952년 1월 1일까지 독립시키며, 그때까지는 영국·이탈리아·파키스탄·이집트로 구성되는 자문위원회하의 유엔 통치가 실시된다(1951년 12월에 독립해 리비아왕국이 된다) ② 이탈리아령 소말리랜드는 10년 이내에 독립시키며, 그때까지는 이탈리아의 신탁통치하에 놓인다(1960년에 북부의 영국령과 합쳐 소말리아공화국이 된다) ③ 에리트리아에 대해서는 결정을 유보할 것이 승인되었다(海野福寿 2000, 13; 高橋進 1995, 17; Dulles 1950, 63, 64).

리비아·에리트리아·이탈리아령 소말리랜드 등은 19세기 말부터 20세기 초에 이탈리아의 식민지가 된 지역인데, 이들 지역의 처리 과정에서 놓칠 수 없는 것은 이탈리아가 자문위원회에 참가해 영향력을 행사하거나 신탁통치를 했다는 점이다(高橋進 1995, 17).

4_영문은 다음과 같다. "Italy renounces all right and title to the Italian territorial possessions in Africa, i. e. Libya, Eritrea and Italian Somaliland"(Dulles 1950, 13).

5_이하의 번역은 藤崎万里 譯(1950)을 참조했다.

다음으로 이탈리아가 파시즘 정권기에 점령·통치하고 있던 알바니아와 에티오피아[6]에 대해서는 각각 제2편 '정치 조항'의 제6관, 제7관으로 독립된 규정이 마련되었다. 우선 알바니아에 대해서는 제23조부터 제32조까지 조문을 설정, 이탈리아는 알바니아의 "주권 및 독립을 승인하고, 또한 이를 존중"하며, 알바니아에 있는 일체의 재산·권리·청구권을 포기할 것 등이 규정되었다. 에티오피아에 대해서도 제33조부터 제38조까지 같은 규정이 마련되었다. 특히 제37조에서 이탈리아는 에티오피아의 "일체의 미술품, 종교적 물건, 기록 및 역사적 가치가 있는 물건으로, 1935년 10월 3일 이후에 에티오피아로부터 이탈리아에 반출된 것을 반환해야 한다"고 규정한 대목이 주목된다.

또 제6편 '전쟁으로 발생한 청구권'의 제1관 '배상' 제74조는 이탈리아가 파시즘 체제기에 침략한 제국(諸国)에 대한 배상 지불의 의무를 규정하고, 소비에트연방에 1억 달러, 그리스에 1억 500만 달러, 유고슬라비아에 1억 2,500만 달러, 알바니아와 에티오피아에도 각각 500만 달러와 2,500만 달러를 지불할 것을 명시했다.

이처럼 리비아 등 구 식민지와는 달리 알바니아와 에티오피아에 대한 독립 규정이 설정되어 배상 지불이나 문화재 반환 등을 인정받은 것은, 두 나라 모두 연합국군의 지원을 받아 해방·독립을 달성한 데다 이탈리아의 파시즘 정권이 침략한 국가로 간주되었기 때문이다. 따라서 알바니아와 에티오피아에 대한 배상 지불은 침략 전쟁에 대한 것으로, 식민지 지배에 대

6_이탈리아는 1935년 10월에 에티오피아 침략을 개시하여 이듬해 5월에는 이탈리아령 에티오피아제국의 성립을 선언했다. 또 1939년 4월, 알바니아를 침략하여 병합했다(北原敦 編 2008, 501).

한 것은 아니었다. 요컨대 이탈리아강화조약에서는 전쟁 처리와 식민지 지배에 대한 처리 방침이 명확히 구분되어 있었던 셈이다.

나아가 이탈리아강화조약에서는 제14부속서 '할양(割讓) 지역에 관한 경제적 및 재정적 규정'이 첨부된 사실도 주목할 만하다. '할양 지역'이란 이탈리아가 침략 전쟁을 통해 획득한 지역으로, 프랑스·오스트리아·유고슬라비아·그리스 등 "원래의 소관 국가(所管國家)"에 "양도"된 지역이다. 이 문서에는 "계승국"으로서의 "국유 및 준국유(準國有) 재산"의 "무상" 수령, "이탈리아국에 불법적으로 반출된 재산"의 반환, "미술품, 역사적 또는 고고학적 가치가 있는" 문화재의 반환, 문관(文官) 또는 군인의 은급(恩給)[7] 지불의 책임 등에 대한 규정이 마련되어 있다. 그러나 이 문서 제19항에는 "이 부속서의 규정은 구 이탈리아의 식민지에는 적용되지 않는다"는 단서 조항이 첨부되어 있었다. 여기서 미리 확인해 두어야 할 중요한 점은 리비아·에리트리아·이탈리아령 소말리랜드 등의 구 식민지가 이와 같은 규정에서 제외되어 식민지 지배에 대한 배상이나 반환은 이뤄지지 않았다는 것이다.

실제로 이탈리아와 연합국 측은 강화조약 체결에 앞선 논의 과정에서 다음과 같이 인식했다. 우선 알바니아·에티오피아의 배상 요구에 대해 이탈리아 측은 "식민지 체제 아래에서 이탈리아가 투자한 금액은 수탈한 금액보다도 크다"(佐々木隆爾 1993, 121)고 주장하며 이를 거부했다. 이탈리아는 또 리비아 등의 구 식민지에 대해 '실제적인 이해관계'가 있었을 뿐만 아니라, 이탈리아 국민이 "파시즘에 저항했기" 때문에 그 "위신을 위해서도

7_퇴직 또는 사망한 관공리(官公吏) 또는 그 유족에 대해 국가가 지급하는 금전.

식민지를 통치할 권리와 능력을 국제적으로 인정받을" 것을 요구했다(Dulles 1950, 60). 미국에 망명해 있던 전 외무장관 카를로 스포르차(Carlo Sforza)도 모든 이탈리아 식민지가 이탈리아에 남아 있어야 한다고 주장했다. 강화조약 체결 직전인 1947년 1월, 알치데 데 가스페리(Alcide De Gasperi) 수상도 방미 시에 최우선 협상 의제로 식민지 문제를 제기하고, 구 식민지를 이탈리아의 위임통치령으로 삼는 계획을 미국이 지지해 줄 것을 촉구했다(Department of State 1972, 837; 石田憲 2009, 21). 좌우를 불문하고 이탈리아의 정치가 대부분은 구 식민지의 반환, 또는 식민지 지배의 유지를 집요하게 요구했던 것이다.

이에 대해 연합국 측인 프랑스는 리비아의 트리폴리타니아가 이탈리아의 식민지 통치로 복귀되기를 바랐다. 프랑스는 트리폴리타니아의 주민들 사이에 독립 의식이 고취되어 인접한 프랑스 식민지인 튀니지 및 알제리의 주민에게 확산될지도 모른다고 우려했기 때문이다(Dulles 1950, 60, 61).

미국은 1945년 9월경에는 이탈리아의 구 식민지가 국제연합의 신탁통치 후에 이탈리아의 통치로 복귀되어야 한다고 판단하고 있었다. 그러나 덜레스의 말을 빌리면, "대국(大國) 간의 질투와 전략적 고려, 이탈리아의 열망, 그리고 원주민의 독립 요구" 등의 힘이 서로 부딪친 결과(Dulles 1950, 64) 유엔의 직접 신탁통치라는 '새로운 계획'을 채용하는 방향으로 진행되었다(Dulles 1950, 61).

이처럼 강화조약을 체결한 이탈리아와 프랑스·미국 등 연합국 측은 구 식민지 처리 문제와 관련, 이탈리아에 의한 통치의 계속 혹은 유엔의 신탁통치를 상정하고 있었다. 결국 이탈리아강화조약은 이탈리아의 전쟁 책임은 물었지만, 식민지 지배의 죄를 물어 그것을 청산하겠다는 생각은 갖고 있지 않았다고 평가할 수 있다.

2. 샌프란시스코강화조약과 구 식민지 처리 문제

1951년 9월에 체결된 샌프란시스코강화조약은, 이탈리아강화조약 제4관 '이탈리아국의 식민지' 제23조와 같은 식민지 처리에 관한 조항이 없었다. 조선에 대해서는 제21조에서 조선이 이익을 얻는 조항에 대해 언급했고, 제2조에서는 "조선의 독립을 승인하고, 제주도, 거문도 및 울릉도를 포함하는 조선에 대한 모든 권리, 권원 및 청구권을 포기한다"고 규정했다. 또 제4조 (a)항은 '재산' 및 '청구권'의 처리는 "일본국과 이 당국들 간의 특별 협정의 주제로 한다," 동조 (b)항은 "일본국은 (…) 합중국 정부에 의해 또는 그 지령을 따라 행해진 일본국 및 그 국민의 재산 처리의 효력을 승인한다"고 규정했다(日本国 1952). 그 이외에는 어떤 규정도 없었다.

그렇다고는 하더라도 조약의 초안 과정에서 식민지 처리 문제에 대한 논의가 전혀 이뤄지지 않은 것은 아니었다. 여기서는 강화조약의 초안 작성을 주도한 미국의 조선 식민지 지배 인식과 그 대처에 대해, 한국의 강화조약 참가 문제를 둘러싼 논의에 주목하면서 검토하고자 한다.

우선 미국을 중심으로 한 연합국 측은 식민지 지배에서 해방된 '조선'을 어떻게 인식하여 위상을 부여하고 있었던 것일까? 1947년 8월 4일자의 'SCAPIN 1757호'[8]는 연합국·중립국·적성국의 세 범주 외에 어느 것에도 속하지 않는 '특수지위 국가'를 신설했는데, 조선은 오스트리아·이탈리아·타이 등과 함께 '특수지위 국가'로 분류되었다(竹前栄治 監修 1993a). 이는 조선이 일본의 구 식민지이며, 그 시점에서는 연합국의 점령하에 있는 비

8_1948년 6월의 'SCAPIN 1912호'(21 June 1948)도 마찬가지였다(竹前栄治 監修 1993b).

독립 지역이었기 때문으로 보인다.

미국은 대한민국 수립 후에도 한국을 어떻게 취급할지 정하지 못하고 있었다. 1949년 11월 미국 국무부는 존 무초(John Muccio) 주한 대사에게 한국의 강화회의 참가의 시비(是非)에 대해 의견을 구했는데, 무초는 미군정으로부터 한국 측에 인도된 "재한(在韓) 일본 재산을 일본의 전 배상(全賠償)으로서 받아들일" 것을 조건으로 강화회의 참가를 인정할 것을 권고했다(Department of State 1976, 904, 911; 塚本孝 1992, 95-96).

한편 같은 해 12월 미 국무부 극동조사국은 "대일강화조약에 있어서의 대한민국의 참가"라는 조사 보고서를 작성,[9] I. '대한민국의 참가 요구' II. '강화조약에서의 한국의 이해(利害)의 본질' III. '강화회의에의 대한민국의 참가 또는 불참가의 결과'에 대해 검토했다.

우선 국무부는 I에서 "합중국은 한국의 참가를 지원한다는 명확한 서약을 하지 않았으며, 한국에 대한 배상은 한국의 직접적인 청구에 의해 발생하는 것이 아니라, 합중국 또는 다른 극동위원회 소속의 국가에 할당된 배상에서 제공된다는 입장을 계속해서 주장해 왔다"고 기술, 한국이 강화회의에 참가해 배상을 요구하는 것에 반대하는 견해를 보였다.

II에서는 한국 측의 참가 요구가 1910년 '한국 병합' 이래 일본에 대해 계속해서 '교전국'이 되어 왔다는 지위에 근거하지만, "1910년의 조약에 의한 일본의 한국 병합은 합중국을 포함한 대부분의 모든 국가에 의해 승인되었고, 조선에 대한 국가나 정부로서의 전체적 승인은 1948년이 될 때까

9_"DRF 163 Participation of the Republic of Korea in the Japanese Peace Settlement," December 12, 1949, Record Group 59, Records of the Division of Research for Far East, Lot File: 58D245, Box 4.

1951년 9월8일 샌프란시스코에서 강화조약에 서명하는 요시다 시게루 일본 총리. [출처: 일본 외교사료관]

지 부여되지 않았다"고 주장하고 있다.

나아가 조선 내에서의 일본 통치에 대한 저항은 '지방'에서의 '단기간의 소요'에 한정되었고, 사람들은 대체로 총독부의 통치를 받아들이고 있었으며, 조선 외의 민족주의 조직은 공식적으로 승인되었던 것이 아니며 조선 내에 기반이 존재하지 않았던 점 등을 들어 한국 측 주장에 반론을 제기했다. 요컨대 국무부가 강조한 것은 강화회의에서의 한국의 이해가 제2차 세계대전 중의 교전에 유래하는 것이 아니라, "1910년부터 45년까지의 조선에 대한 일본의 제국주의 통치에 거의 전적으로 유래하는" 것이며, 미국이나 다른 여러 나라들이 일본의 '한국 병합'을 승인했기 때문에 식민지 통치에 대한 한국의 배상 요구는 용인할 수 없다는 것이었다.

그런 다음에 국무부는 III에서 한국 측의 "반환·배상 청구가 과도"하다면서, 극동위원회가 한국의 배상 청구를 "합법적인 것으로 인정하지 않았음"에도 불구하고 배상청구권이나 재일 조선인에 대한 보상을 요구해 오는 등 한국이 강화회의에 참가했을 경우의 문제점을 지적했다. 결국 이 보고는 강화회의 참가 여부에 대한 명확한 결론을 피하면서, 한국을 옵서버로 참가시켜 '어느 정도'의 청구권을 인정한다는 타협안을 추진해야 한다고 제안했다.

같은 시기 미국 국무부가 작성한 강화조약 초안에는 한국도 조약 서명국으로 추가되어 있었는데, 1951년 봄의 미·영 협의에서 한국 참가에 반대한 영국의 입장이 받아들여져 한국의 대일강화조약 서명은 좌절되었다. 이것은 그 후의 한일교섭에서 한국 측에 불리한 틀을 제공하는 결과로 이어지는 계기가 되지만, 보다 중요한 점은 강화조약 서명 문제의 근저에 '한국 병합'은 합중국을 포함한 대부분의 국가에 의해 승인되었다는 미국의 식민지 지배 인식이 존재했다는 것이다.

강화조약의 최종 초안이 확정되어 가던 1951년 7월 3일에 작성된 국무부 문건은 "일본의 조선 통치와 지배로 발생한 청구권을 해결"하기 위한 '반환(restitution) 청구권, 또는 배상(reparations) 청구권'은 과도하다면서 다음과 같이 적고 있다.

> 약 3억 달러로 평가되는 이 청구권은 1909년부터 1945년 8월 9일까지 조선에서 약탈되었다고 신고된 지금(地金)·지은(地銀), 미술품·특수 출판물, 전시 중에 살해된 조선인에 대한 보상, 전시 중에 징용된 조선인 노동자에 대한 미지불 임금 등으로 이뤄진다. (…) 조선은 1948년 7월 29일에 열린 약탈당한 재산의 반환에 관한 극동위원회의 결정에서 이익이 주어지는 대상으로는 간주되지 않았다. 그것은 제2차 세계대전 중에 일본에 의해 점령된 국가가 아니었기 때문이다.[10]

즉 상기 보고서는 1948년의 극동위원회의 결정에 근거해 '일본의 조선 지배와 통제로 발생한 청구권'은 용인할 수 없다는, 앞의 1949년 12월 보고서의 내용을 재확인하는 것이었다. 이에 더하여 이 국무부 문건은 한국 측의 '청구권'은 "상호 협정의 특별한 기초 위에서 검토되어야 한다"고 지적하고, "조선에서 반출된 문화재를 일본이 한국에 반환하고, 일본의 조선 점령으로 인해 발생한 한국인의 청구권을 위한 어느 정도의 일반적인 보상을 행하는 것에 대해 고려"할 수 있지만, 그것은 "유엔 한국부흥기관에 대해 일본이 자발적으로 공헌하는 형식을 취한다"는 방안을 제시했다.

정리하면 다음과 같다. (1) 미국이나 다른 국가들이 '한국 병합'을 승인

10_"State Department Comments on JAPQ D 2/7, July 3, 1951, Korean Claims Under Korean Vesting Decrees to Property in Japan," Record Group 59, Records of the Department of State, Office of the Legal Adviser Japanese Peace Treaty Files, Box 5.

했기 때문에 식민지 통치 자체에 대한 한국의 배상 요구는 용인할 수 없다. (2) 그러나 일본의 조선 점령으로 인해 발생한 한국인에 대한 어느 정도의 일반적인 보상, 문화재 반환은 고려되어야 하며, 한국 측의 '청구권'은 "상호 협정의 특별한 기초 위에서 검토되어야 한다." (3) 그것은 "유엔 한국부흥기관에 대하여 일본이 자발적으로 공헌하는 형식을 취한다." (1)과 (2)는 강화조약 제4조에 규정된 '특별 협정'을 부연 설명한 것이다. 또 일본의 '보상'을 '유엔 한국부흥기관'에 대한 경제원조로 생각하고 있었던 것이 주목된다.

이런 미국의 대처 방침은 어떤 인식에서 도출된 것일까? 강화회의의 준비와 강화조약의 작성을 주도한 덜레스의 식민지 지배 인식이 그 단서를 제공한다. 덜레스는 1950년에 출판한 저서 『전쟁이냐 평화냐』(*War or Peace*)에서 구미의 식민지 지배 역사를 다음과 같이 그렸다. 과거 수세기 동안 서구 제국이 "물질적, 지적, 정신적으로 활발함"을 유지한 결과, "미개발 지역"에 대한 차관이 주어져 "철도, 항만, 관개 사업, 기타의 형태로 거대한 투자"가 이뤄졌다. 그렇지만 그것이 순조롭게 이뤄지기 위해서는 "정치적 안정이나 통화(通貨)의 교환성"에 관해 충분한 방법을 강구해야만 했다. 그리하여 서구 여러 나라들은 "무역이나 투자에 필요한 정치적 안정에 아직 도달하지 않은 세계의 사람들을 위해 통치를 행하게 되었다." 그런 의미에서 "식민지"는 서구 여러 나라에 의한 "화려한 정치 활동의 무대"였다(Dulles 1950, 74). 서구 제국의 지배가 확대된 것은 이런 "서구 여러 나라의 정치적 우월성" 때문이며, 그것은 "원래 서구가 타국이 바라는 무엇인가를 제공하는 것"에서 생겨난 것으로 "군인의 공적이기보다는 오히려 외교관, 상인, 선교사의 활동에 의한 것이다"(Dulles 1950, 74-75).

결국 덜레스에게 '서구 여러 나라의 식민지 개발'은 전체적으로 '자기 청산적' 요소를 포함한 것으로 이해되었고, '서구의 식민지주의'(Western Colonialism)는 "처음부터 해방적 성질을 띠도록, 인간의 자유라는 기본적인 사고방식"을 내포하고 있기 때문에 "서구 여러 나라의 정치적 지배가 평화적으로 퇴각하고, 자치가 이를 대신하도록 추진했다"는 것이다. 따라서 전후 5년간의 식민지의 자치와 독립을 향한 '큰 움직임'은 "예로부터의 것을 일거에 뒤엎은 것이 아니라, 이를 성취했다"는 것이다(Dulles 1950, 77, 87).

제2차 세계대전 후 국제사회에서 프랑스나 영국의 식민지처럼 전쟁이 끝난 후에도 한동안 존속한 지역도 있었지만, 기본적으로 식민지 지배는 종언되었고 구 식민지는 독립을 달성하는 방향으로 나아갔다. 이탈리아강화조약과 샌프란시스코강화조약에서의 구 식민지에 대한 권리와 권한의 포기, 구 식민지의 독립 승인 조항은 그런 조류를 상징적으로 나타내는 것이었다.

이탈리아강화조약과 샌프란시스코강화조약을 식민지 지배의 처리라는 관점에서 비교하자면, 식민지에 관한 조항이 마련되어 알바니아와 에티오피아에 한해 배상과 문화재의 반환 등이 명기되었던 점에서 상대적으로 이탈리아강화조약이 식민지 지배 처리를 의식하고 있었다고 말할 수도 있다. 그럼에도 불구하고 양자가 공히 식민지 지배의 책임을 불문에 부쳤다는 점은 주목할 필요가 있다. 즉 "처음부터 해방적 성질을 띠도록, 인간의 자유라는 기본적인 사고방식"을 가지고 있었던 서구의 식민지주의는 전후의 구 식민지의 자치와 독립을 통해 "성취한" 것이기 때문에, 식민지 지배의 책임을 따져서는 안 된다는 사고방식이 두 강화조약에 관철되고 있었던 것이다.

III. 일본의 식민지 지배 인식과 강화조약 제4조의 '청구권'

1. 일본의 식민지 지배 인식

패전부터 한일회담에 이르는 시기 일본 정부의 식민지 지배 인식을 가장 잘 보여 주는 자료는, 필자의 소견으로는 외무성이 1949년 12월에 작성한 "할양지(割讓地)에 관한 경제적, 재정적 사항의 처리에 관한 진술"과, 다음 해인 1950년 5월에 작성된 개정판 "대일평화조약의 경제적 의의에 대해서"의 3. '할양지에 관한 경제·재정 사정의 처리'이다. 둘 다 강화조약에 의해 규율될 것으로 예상되는 '할양지에 관한 경제적, 재정적 규정,' 즉 구 식민지 처리 규정이 일본에 유리하도록 연합국 측을 설득하기 위해 작성된 문서다. 여기에 나타난 식민지 지배 인식은 다음의 두 가지이다.

첫째는 구 식민지는 국제법에 의해 "정당하게 취득"되었다는, '식민지 지배 정당·적법론'으로 간주될 수 있는 인식이다. 패전 직후 일본 정부는 제국의 식민지를 "이번 전쟁과 관계없이 제국이 정당하게 취득하고, 동시에 제국의 주권 행사에 종래 분쟁이 없던 영토"라면서, 조선은 "일한 합병 조약, 한국 병합 선언에 대해 오늘날까지 미·영·소 어느 쪽으로부터도 이의가 있었던 적이 없으므로," 연합국 측의 조선 '할양'은 국제법상 문제가 있다고 생각했다.[11] 그러므로 "조선에 관한 주권은 독립 문제를 규정하는

11_"連合国ノ対日要求ノ内容ト其ノ限界(研究素材)(昭, 20, 10, 29, 条約局)," 『ポツダム宣言受諾関係一件 善後措置および各地状況関係(一般及び雑件) 第1巻』, 일본 외무성 공개문서, 제3차 공개, 외교사료관 소장.

강화조약 비준일까지 법률상 우리 쪽에 있으며," 다만 연합군의 점령 등의 사정으로 인해 "우리 쪽의 주권은 사실상 휴지(休止) 상태에 빠진다"고 해석했다.[12]

식민지 조선을 "제국이 정당하게 취득"했다는 인식은 그 후에도 일본 정부의 기본 인식으로 존속했다. 1949년 3월 외무성이 작성한 "조선에 있어서의 채무의 처리에 대해서"에는 "조선의 병합은 일본과 당시의 조선 정부 사이의 병합조약을 근거로 적법하게 이뤄졌다"고 적고 있다. 같은 해 12월의 "할양지에 관한 경제적, 재정적 사항의 처리에 관한 진술"에서도 "당시로서는 국제법, 국제관례상 보통이라고 인정을 받고 있었던 방식에 따라 취득되었으며, 세계 각국들도 오랫동안 일본령으로 승인하고 있었"으며, "과거 이들 지역의 취득·보유에 대해 국제적으로 범죄시하고, 징벌적 의도를 배경으로 이들 지역의 분리에 관련되는 여러 문제 해결의 지도 원칙으로 삼는 것에는 승복할 수 없다"고 서술하고 있다.[13]

그런데 다음 해인 1950년 5월의 개정판 "대일평화조약의 경제적 의의에 대해서"의 3. '할양지에 관한 경제·재정 사정의 처리'에서는 '식민지 지배 정당·적법'을 주장한 부분이 삭제되었다. 1년여의 기간 동안에 왜 삭제되었는지, 연합국 측과 어떤 협상이 오고갔는지 알 수 없지만, 아마도 '식민지 지배 정당·적법'론이 연합국 측에 승인되었기 때문으로 보인다.

또 한 가지는 일본의 식민지 통치는 '착취 정치'가 아니라, "각 지역의

12_"連合国ノ対日要求ノ内容ト其ノ限界(研究素材)(昭, 20, 10, 29, 条約局)," 『ポツダム宣言受諾関係一件 善後措置および各地状況関係(一般及び雑件) 第1巻』, 일본 외무성 공개문서, 제3차 공개, 외교사료관 소장.

13_"割譲地に関する経済的財政的事項の処理に関する陳述(24, 12, 3)"(外務省 編 2006, 443-445).

경제·사회·문화적 향상과 근대화"에 "공헌"했다고 하는 '시혜론'(施惠論) 내지는 '근대화론'이다. 패전 직후에 그런 주장을 내세운 가장 대표적인 인물은 전 경성제국대학 교수이자 경제학자인 스즈키 다케오(鈴木武雄)였다.[14] 스즈키는 잡지 『세카이』(世界) 1946년 5월호에 실린 "조선 통치에 대한 반성"에서, 일본의 조선 통치에 대한 근본 방침인 '일시동인'(一視同仁), '내선일체'(内鮮一体)의 한 단면으로서의 '황민화 운동'은 "지나친 동화 정책의 강행"으로 반성해야 마땅하지만 그 두 번째 측면으로 "일선인(日鮮人)을 완전히 평등시하고, 일본인의 우월적 차별 대우 혹은 차별 감정을 극복하고, 소위 식민지 관계를 지양하고자 한 이상주의적인 성격"이 있었다고 보았다. 다시 말해 "일한 합방의 대전제는 뒤집을 수 없다"고 하더라도, "문명인이 야만인을 지배하는" 종래의 "공식적인 제국주의적 식민지 지배에 대한 비판과 반항"이 있어 "같은 아시아인 동지"로서의 "동포애적인 새로운 외령 통치(外領統治)의 이념"이 있었다는 것이다(鈴木武雄 1946, 42-44). 이는 총력전 체제기(總力戦体制期)의 대동아공영권 구상을 스즈키 나름대로 평가한 것인데, 오늘날의 연구 수준으로 보면 자의적이라는 것은 말할 필요도 없다.

더욱이 그 후에 스즈키는, 재외재산조사회[15]에서 1947년에 편찬한 『일본인의 해외 활동에 관한 역사적 조사』의 조선 편 전10권의 총론적 성격을 가지는 "[부록] 조선 통치의 성격과 실적: 반성과 반비판(反批判)"을 집필했

14_스즈키 다케오는 중앙관청(외무성·대장성), 조선과 관련된 민간기업, 관료 출신·학식 있는 사람 등으로 구성된 조선 관계자 그룹 전부에 걸쳐 접점을 갖고 있었으며, 그 삼자를 하나로 묶는 인물이었다(宮本正明 2006, 129).

15_재외조사회는 대장대신 및 외무대신의 관리하에 '재외 재산의 조사'를 행하기 위한 기관으로, 전체로 보면 대장성 주도의 성격이 강한 조직이었다(宮本正明 2006, 12).

다(並木真人 1997a; 1997b). 그는 여기서 '일본의 조선 영유'에는 구미 열강의 식민지 지배 정책과는 다른 '특이성'이 있었다고 주장하면서, "병합 이전의 낡은 조선 경제의 정지적(靜止的) 정체, 아니 축소 재생산(縮小再生産)이라고도 말할 수 있는 미저러블(miserable)한 상태"로부터 "병합 후 불과 삼십 몇 년 동안에 오늘날 보이는 바와 같은 일대 발전을 이룩하기에 이른 것은 확실히 일본의 지도의 결과일 것"이라고 단언했다(鈴木武雄 1951, 122-123).

1949년 12월 외무성이 작성한 "할양지에 관한 경제적·재정적 사항의 처리에 관한 진술"에는 다음과 같은 대목이 있는데, 일본 정부의 인식도 스즈키의 인식과 거의 같았다.

> 일본의 이들 지역에 대한 시정(施政)은 결코 소위 식민지에 대한 착취 정치로 인정되어서는 안 될 것이다. 오히려 이들 지역은 일본 영유가 되었을 당시에는 전부 다 가장 저개발된 지역이었다. 각 지역의 경제적, 사회적, 문화적 향상과 근대화는 오로지 일본 측의 공헌에 따른 것이라는 점은 이미 공평한 세계의 식자(識者) — 원주민을 포함해서 — 가 인식하는 바이다.[16]

그리고 일본이 식민지를 개발할 때는 국고에서 거액의 보조금이나 민간자금을 투입했고, 일본의 통치 이래 조선인의 소득 및 생활수준이 상승했기 때문에 경제적, 사회적 분야에 관한 한 "일본의 식민지 착취 운운하는 설은 정치적 선전 내지 실정을 모르는 데서 기인하는 상상론에 지나치지

16_"割譲地に関する経済的財政的事項の処理に関する陳述(24, 12, 3)"(外務省 編 2006, 443-445).

않는다"고 스즈키는 주장했다.

미야모토 마사아키(宮本正明)에 따르면, '시혜론'과 같은 식민지 지배 인식의 기본적인 요소는 패전 직후부터 중앙관청·관계 기업·식민지 경험이 있는 지식인 등으로부터 단발적으로 표출되어 각 방면의 조사 활동과 상호 교류 속에서 일정한 인식을 형성했고, 그 집대성으로서 『일본인의 해외 활동에 관한 역사적 조사』가 편찬되었다. 그리고 "그렇게 짜인 식민지 인식은 중앙관청을 포함한 관계자들 사이에서 공유·정착·계승"되어 간 것이다(宮本正明 2006, 130).

이상과 같이 스즈키와 일본 정부의 인식은 일본의 식민지 통치의 '특이성'을 강조하고 있다는 점에서 특징적이다. 스즈키에 따르면, "'일시동인' 정책은 식민정책학상의 술어에 대입해 말하자면, '동인정책'(同仁政策, Assimilation Policy)의 범주에 속하고," '동화정책'의 개념으로는 적절하게 설명할 수 없는 '특이한 성격'을 갖고 있었다. 그것은 '영국의 자치령 경제,' 즉 식민지에 "본국 경제의 축소판 같은 산업구조"를 수립해 "제2의 본국 경제"를 실현하려 한 '앵글로색슨의 이민 경제인 자치령 경제'와 유사하며, 그 밖의 "이민족 지배를 본질로 하는 식민지에서는 결코 볼 수 없는" 것이라고 한다(鈴木武雄 1946b, 1, 15).

그러나 일본의 식민지 통치가 "경제적, 사회적, 문화적 향상과 근대화"에 공헌했다는 스즈키와 일본 정부의 '특이성론'은 결코 특이한 것이라고 할 수 없다. 오히려 앞에서 이탈리아강화조약, 덜레스의 인식에 나타난 '반출(持ち出し)론'이나 식민지 지배가 자치와 독립을 "성취"했다고 보는 구미 식민지주의, 그리고 일본의 식민지 '근대화론'에는 당시의 세계 상황을 고려할 때 공통성이 발견된다. 따라서 여기서는 그 공통성에 주목할 필요가 있으며, 일본의 식민지 지배 인식은 두 강화조약에 나타난 식민지 지배 인

식에 접목되어 있었다고 생각해야 할 것이다.

2. 샌프란시스코강화조약 제4조의 '청구권'

샌프란시스코강화조약과 일본 정부의 식민지주의와의 관련성을 보다 분명히 하기 위해서, 일본과 구 식민지의 '재산' 및 '청구권'은 쌍방의 '특별협정'의 주제로 삼는다고 규정한 강화조약 제4조를 일본 정부가 어떻게 이해했는지를 규명할 필요가 있다. 특히 제4조의 '청구권' 인식의 내실을 밝히는 것이 중요하다. 왜냐하면 그것은 '청구권'이 훗날의 한일 재산 및 청구권 교섭과 1965년의 한일 재산청구권·경제협력 협정을 규정하고, 한일조약 체결 후의 전후 보상 재판에도 결정적인 영향을 미쳤기 때문이다.

우선 일본 정부의 '청구권' 인식의 배경에 대해 생각해 보겠다. 최근 공개된 일본 외교문서에 따르면, 1948년 5월 외무성은 '할양 지역에 있는 양도국의 공·사유의 재산, 권리, 이익의 취급,' 즉 구 식민지에 있는 일본 재산의 처리와 관련해 이탈리아강화조약을 중심으로 제1차 세계대전 후의 베르사유조약, 상제르망 조약과 비교 검토하는 작업을 전개했다. 이에 따르면 이탈리아강화조약에서 리비아 등 구 식민지에 적용되는 "경제적 및 재정적 처분은 제14부속서 제19항 및 제23조에 의해 앞으로의 결정을 기다리게 되어" 있고, 최종 결정은 내려지지 않았다. 그러므로 "일본 영토(예를 들면 조선, 사할린(樺太), 대만 등)의 할양이 식민지 할양의 취급을 받게 될 경우에는 이탈리아강화조약은 그대로 선례로 취급할 수 없다"[17]는 것이다. 1948년 5월 시점에서는 조선이나 대만의 해방을 '일본 영토'의 '할양,' 또는 '식민지의 할양'으로 이해하고 있었던 것이다.

그런데 1949년 3월에 외무성이 작성한 문서 "조선에 있어서의 채무의 처리에 대해서"에서는 '조선의 독립'이 다음과 같이 인식되고 있었다.

> 일본의 조선 병합은 일본과 당시의 조선 정부 간의 병합조약을 근거로 적법하게 이뤄진 것이다. 따라서 이번 조선의 독립은 국제법상에서 말하는 분리의 경우다. 분리의 경우, 상속에 관한 국제법상의 규정은 아직 확립된 바가 적어 그때 상황에 맞춰 조약 등을 통해 정해야 한다.[18]

'조선의 병합'은 '병합조약'을 근거로 '적법'하게 이뤄졌기 때문에 1948년의 대한민국과 조선민주주의인민공화국의 성립에 따른 '조선의 독립'은 "국제법상에서 말하는 분리"라는 인식이다. 배상 문제의 이론적 측면에서 외무성에 영향력을 행사한 국제법 학자 야마시타 야스오(山下康雄, 나고야대학 교수)는 "조선은 독립국이 된 것이기 때문에 할양지가 아니다. (…) 할양지라기보다도 분리 지역(detached territory)"이라면서, '국제법상에서 말하는 분리'론에 의거해 '재산' 및 '청구권'에 대해 논하고 있다.[19]

이렇게 '국제법상에서 말하는 분리'론을 바탕으로 '청구권' 개념의 틀이 설정되게 된다. 1952년에 작성된 것으로 보이는 "일한 청구권 문제에 관한 분할 처리의 한계"는"이번 샌프란시스코강화조약을 통한 조선의 독립 승인

17_"割譲地域にある譲渡国の財産, 権利, 利益の取扱について(1948.5.25)," 일본 외무성 공개 문서, 공개결정번호 1151-문서번호 1560.

18_"朝鮮における債務の処理について(1949.3)," 일본 외무성 공개 문서, 공개결정번호 1151-문서번호 1559.

19_山下康雄, "平和條約第四條について(上)(未定稿)(平和條約研究 第三号)(1951.9, 条約局法規課)," 일본 외무성 공개 문서, 공개결정번호 1151-문서번호 1562.

에 대해서는, 조선은 일본과는 전쟁 관계에 있지 않았기 때문에 원래 배상 문제가 생길 여지가 없으며, 따라서 양국 간의 청구권 문제는 단순한 영토 분리 시 국가의 재산 및 채무의 계승 관계로서 취급"해야 한다고 밝혔다.[20] 즉 강화조약 제4조의 '청구권'이란 일본과 조선 사이에 "단순한 영토 분리 시 국가의 재산 및 채무의 계승 관계"에서 생기는 문제로서, 장차 '특별 협정'의 대상이 된다고 여긴 것이다. 다시 말해 이 제4조의 '청구권'은 식민지 지배의 청산을 목적으로 하는 것이 아니었던 것이다.

이런 '청구권' 개념은 구미 여러 나라가 주도한 '국제법'의 한 학설에 의해 도출된 것인데, 아울러 일본 정부가 상당히 의도적으로 만들어 냈다는 측면에도 주목할 필요가 있다. 실제로 1950년 일본 정부는 식민지주의 비판의 존재를 강하게 의식, 그에 대한 대응을 고려하고 있었다. 스즈키 다케오가 "조선 통치의 성격과 실적: 반성과 반비판"에서 "일본의 조선 통치가 오로지 제국주의적 식민지 지배와 착취로 일관했다는 견해가 내외에 지배적인" 점에 대해 유감이라고 쓴 것은 그런 점을 여실히 말해 주고 있다. 또 일본 정부는 1951년 10월에 작성한 "일한 양국의 기본 관계에 관한 방침(안)"에서 협상에 임한 한국의 기본적 태도로서 "일본의 40년간의 조선 통치가 착취적 식민 정치였다는 원칙을 가지고 올 것"이라고 예견하고, 다음과 같은 기본 방침을 정했다.

> 우리 쪽으로서는 원칙론으로서 이런 태도를 논파할 필요가 있으며, 필요하다면 하시라도 한국 및 세계의 곡해 내지 오해를 풀도록 일본의 조선 통치하에서 한국

20_"日韓請求權問題に関する分割処理の限界(1952)," 일본 외무성 공개 문서, 공개결정번호 1042-문서번호 1300.

인의 경제생활, 문화생활 향상의 실제 면을 구체적으로 제시한 일반적인 스테이트먼트를 준비해 둘 필요가 있으며, 많은 점에 대해서는 적절히 다른 외국의 콜로니얼리즘과 비교해 보일 필요도 있을 것이다.[21]

'다른 외국의 콜로니얼리즘'과 비교해도 "조선 통치하에서의 한국인의 경제생활, 문화생활은 향상"되었다는 사고방식은 한일교섭에서 일본 측의 식민지 지배 인식의 한 단면을 나타내고 있었다.

이렇게 이탈리아강화조약과 샌프란시스코강화조약에서의 식민지주의와 그것을 방패로 삼은 일본의 식민지주의가 지배적인 상황 속에서, 1950년대 초 한일교섭이 전개된다. 그렇다면 한일교섭에서 일본의 식민지주의는 어떻게 표면화하여 기능했는지 기본조약 문제와 청구권 문제에 초점을 맞춰 검토해 보겠다.

IV. 식민지 지배 비판으로서의 '한국 병합 조약 무효론'

1965년 6월 22일에 체결된 '일본국과 대한민국 간의 기본 관계에 관한 조약'(이하, 기본조약) 제2조를 한일 양국 정부가 다르게 해석해 온 것은 잘 알려져 있다. 제2조의 일본어 문장은 "千九百十年八月二十二日以前に大

21_"日韓両国の基本関係に関する方針(案)(1951.10.31)," 일본 외무성 공개 문서, 공개결정번호 1186-문서번호 1835. 이 방침은 같은 해 작성된 문서 "日韓基本関係調整交渉について留意すべき事項(1951.11.25)"에도 기재되었고, 기본 방침으로 확정되었던 것 같다("日韓国交正常化交渉の記録," 일본 외무성 공개 문서, 공개결정번호 909-문서번호 1124).

日本帝国と大韓帝国との間で締結されたすべての条約及び協定は，もはや無効であることが確認される"인데, 이 문장 끝 부분을 한국어로는 "이미 무효임을 확인한다," 영문으로는 "are already null and void"로 했다. 조약 체결 당시 한국 정부는 '무효'(Null and Void)라는 용어 자체가 '국제법상의 관용구'로서는 '무효'를 가장 강력히 표시하는 문구이기 때문에 '당초부터' 효력이 발생하지 않는 '소급(遡及)하여 무효'라고 해석했다(대한민국정부 1965, 11). 이에 대해 일본 정부는, '한국 병합 조약'은 1948년 8월 대한민국 성립 시에 효력을 잃었다고 해석했다(日本国 外務省 1965, 3-4).[22] 이런 해석의 차이는 오늘날까지 계속되고 있다.

최근 연구에서는 이런 해석의 차이를 가능케 한 것은 'もはや'(이미, already)라는 문구이며 1965년 제7차 회담에서 일본 측이 "are already null and void"(もはや無効である)를 제안해 이것을 한국 측이 받아들임으로써 서로 다른 해석이 가능해졌다는 것을 밝히고 있다(吉澤文寿 2005, 226-227; 장박진 2008, 30). 하지만 원래 이 제2조의 '무효' 조항이 처음 제기된 것은 1952년 제1차 회담 '기본관계위원회'에서의 한국 측 안 '대한민국과 일본국 간 기본조약(안)'이었다. 때문에 선행 연구에서도 이 과정에 대한 검토가 진행되었지만(이원덕 1996, 58-62; 太田修 2003, 82-88),[23] 기본관계위원회 의사록의 미공개로 인해 충분히 분석되었다고 보긴 어렵다. 여기서는 새롭게 공개된 일본 외무성 문서 '기본관계위원회' 의사록에 주목하여 식민지 지배

22_일본 외무성에 따르면 '한국 병합조약' 이전의 제 조약과 협정은 정해진 조약의 성취 또는 '한국 병합조약' 발효와 더불어 실효했다.

23_장박진은 한국 측 의사요록(summary record)을 이용해 분석했지만, 자세한 논의 내용을 따지지 않았다(장박진 2008, 9-13). 또한 2005년에 공개된 한국 측 외교문서에는 한국 측 의사록이나 훈령, 보고 등의 내부 자료가 없다.

인식, 처리라는 관점에서 제1차 회담에서의 '무효' 조항을 둘러싼 논의 과정을 되짚어 보고 그 의미를 재해석하고자 한다.

1952년 2월 15일에 시작된 제1차 회담에서 '외교 관계를 포함한 양국 기본 관계 수립에 대해 토론하기 위한 분과위원회'(기본관계위원회) 설치가 결정되어 22일에 제1회 기본관계위원회가 개최되었다. 일본 측은 이 위원회에서 '일한우호조약안'(日韓友好条約案)을 제시했지만 과거 문제에 대해서는 전혀 언급하지 않았다. 2월 27일 제2회 위원회에서 한국 측 유진오(兪鎭午) 대표는 일본 측의 '우호조약'(Treaty of Amity)이라는 명칭을 비판하면서, 한국 정부는 "1910년부터 36년간 있었던 여러 문제를 한 번에 해결하고 실질적으로 양국의 평화조약을 체결하고 싶다"고 말했다.[24]

한편 한국 측은 3월 5일 제4회 기본관계위원회에서 '대한민국과 일본국 간 기본조약(안)'을 제시했다. 명칭을 '기본조약'으로 하고 다음의 제3조가 삽입된 점이 특징이라 할 수 있다.

> 대한민국 일본국 간 기본조약(안) 제삼조: 대한민국과 일본국은 천구백십년 팔월 이십이일 이전에 구 대한제국과 일본국 간에 체결된 모든 조약이 무효임을 확인한다.[25]

게다가 동시에 영문안도 제출되어 문장 말미에 "are null and void"라고 표기되었다. 이 제3조는 1965년 기본조약 제2조의 원형이라 할 수 있는

24_"日韓会談第4回基本関係委員会議事録(1952.3.5)," 일본 외무성 공개 문서, 공개결정번호 892-문서번호 976.

25_위와 같은 자료.

데, "무효이다"(are null and void)가 처음 사용되었다는 점이 중요하다.

한국 측이 이 문구를 어떻게 고안해 냈는지는 자료가 발견되지 않아 불분명하지만, "are null and void"를 사용했던 이탈리아강화조약 제31조에 주목하고 싶다. 제31조는 이탈리아에 의한 알바니아 지배가 "1939년 4월 7일 침략의 결과"(제29조)로 여겨지는 것에 의해 "1939년 4월 7일부터 1943년 9월 3일까지 이탈리아와 이탈리아에 의해 알바니아에 설치된 권력 간에 체결된 모든 협정 및 약정이 무효임(are null and void)을 승인한다"고 규정하고 있다.[26] 어디까지나 추측이지만, 한국 측은 이탈리아 파시즘 정권의 침략에 대한 배상이 인정된 알바니아의 사례를 상정하고 '무효' 조항을 작성했을 가능성이 있다.

이 같은 한국 측 초안에 대해 3월 12일 제5회 기본관계위원회에서 본격적인 토의가 펼쳐졌다. 일본 측 오오노 가츠미(大野勝巳) 대표가 한국 측 초안 제3조, 즉 '한국 합병 조약' '무효'의 해석에 대해 묻자 유진오 대표는 '중대한 질문'이라면서 다음과 같이 답했다.

> 1910년 이전 조약은 의사에 반하여 행해진 것이므로 소급하여 무효라 하지 않으면 안 된다. 하지만 이 법 이론을 관철할 때에는 실제로 복잡한 문제가 발생하기 때문에 법 이론은 차치하고 여하튼 무효로 하고 싶다. (…) 한국 측에서는 병합조약은 처음부터 무효로 하고, (…) 이 규정에서는 한국 측의 주장을 노골적으로 말하는 것을 피하면서 또 포츠담선언 수락 시부터 실효한다는 설도 피해, 여하튼 막연하게라도 무효라는 점을 확인하고 싶다.[27]

26_영문은 다음과 같다. "Italy recognizes that all agreements and arrangements made between Italy and the authorities installed in Albania by Italy from April 7, 1939, to September 3, 1943, are null and void"(Dulles 1950, 15).

한국 측이 강조한 점은 "1910년 이전 조약은 의사에 반하여 행해진 것"이기 때문에 "처음부터 무효"라는 것이다. 단지 '법 이론'을 관철할 시에는 "복잡한 문제가 발생하므로" "여하튼 막연하게라도 무효라는 점을 확인하고 싶다"고 보충했던 것이다.

이 '법 이론'상 '복잡한 문제'라는 것은 무엇이었을까? 기본관계위원회 의사록에서는 확인할 수 없지만 예를 들어 다음과 같은 두 가지 모순의 존재를 확인할 수 있다.

'대한민국 주일대표부'가 1950년에 작성한 "한일합방조약 무효론(초)"은 그 '결론'에서 "한일합방조약은 무효"이지만 "국제 질서유지(시효의 정신) 혹은 무리(무권: 필자) 대리 행동의 추인으로서 무효를 주장 안 하는 부분도 있다"고 말했다.[28] 즉 "원칙"적으로는 "1910년 8월 29일에 소급하여 무효 효력이 발생하지만 "예외"로서 c. '조선 총독의 일반 행정' 가. '순연한 행정면'의 I. '조선은행권' II. '세금' III. '공채' 등은 "묵인 혹은 추인에 의해 무효를 주장"하지 않고 "유효"로 처리한다고 해석한 것이다.[29] 게다가 이 문서에 첨부된 "설명서"(1951년 1월 25일, 대한민국 주일대표부 정무부)는 "한일합방조약에 대한 유효론"이 병존한다는 "논리적 모순"을 지적하고 있다. 즉 "구 조선총독(旧朝鮮総督)의 '무권대리'(無権代理)라는 이론"하에 총독부에

27_"日韓会談第5回基本関係委員会議事録(1952.3.12)," 일본 외무성 공개 문서, 공개결정번호 892-문서번호 977.

28_対日講和調査準備委員会, "対日講和条約에 関한 基本態度와 그 法的근거(駐日代表部案)," 한국 외교부 공개 문서, 등록번호 76, 『한일회담 예비회담(1951.10.20-12.4) 자료집: 대일강화조약에 관한 기본 태도와 그 법적 근거, 1950』, 11.

29_対日講和調査準備委員会, "対日講和条約에 関한 基本態度와 그 法的근거(駐日代表部案)," 한국 외교부 공개 문서, 등록번호 76, 『한일회담 예비회담(1951.10.20-12.4) 자료집: 대일강화조약에 관한 기본태도와 그 법적 근거, 1950』, 12.

의한 통치를 "원칙적으로 부인(否認)하면서도 사회질서 유지상 필요한 총독부 행정(総督府行政)에 한해 추인(追認)한다는 입론은, 과거 일본 제국주의적 질서론을 인정"하게 되어 "논리적 모순"이라 한 것이다.[30]

또 한국 정부가 1951년 7월에 내놓은 "기본 방침"에 따르면, 일본은 포츠담선언에 의해 "한국에 대한 주권을 포기하고 있기 때문에 한국 국민은 한국의 주권을 회복한 대한민국의 국민"이며 '한국 병합 조약'은 일본의 포츠담선언 수락에 의해 무효가 되었다고 해석하고 있다.[31] 같은 해 10월에 시작된 '재일 한교 법적 지위 분과위원회'에서도, 유진오 대표는 "한국인의 한국 국적취득은 서기 1945년 8월 9일부이며 일본 국적을 이탈했다"고 주장하고 있다.[32]

이런 한국 정부의 "무효론"은 '한국 병합 조약'이 원칙적으로는 "무효" 이지만 "법 이론"상은 "유효"라는 부분을 인정한다는 "이론적 모순"을 내포하는 것이었다. 전술한 유진오 대표에 의한 "법 이론"상의 "복잡한 문제," "여하튼 막연하게라도 무효라는 점을 확인하고 싶다" 등의 발언은 이런 사정을 토대로 했다는 것을 말해 주고 있다.

더욱이 일본 측 오오노 대표가 "구 대한제국과 대한민국 간의 연속성

30_対日講和調査準備委員会, "対日講和条約에 関한 基本態度와 그 法的근거(駐日代表部案)," 한국 외교부 공개 문서, 등록번호 76, 『한일회담 예비회담(1951.10.20-12.4) 자료집: 대일강화조약에 관한 기본태도와 그 법적 근거, 1950』, 7.

31_"재일 동포 중 일부 악질분자 강제송환 문제 및 재일 한국인의 법적 지위에 관한 건"(1951.7.19.), 한국 외교부 공개 문서, 등록번호 78, 『한일회담 예비회담(1951.10.20-12.4) 재일 한인의 법적 지위 문제 사전 교섭, 1951.5-9』, 40-41.

32_"제3차 재일 한교 법적 지위 분과위원회(1951.11.2.)," 한국 외교부 공개 문서, 등록번호 81, 『제1차 한일회담(1952.2.15-4.21) 재일 한인의 법적 지위위원회 회의록, 제1-36차, 1951.10.30-1952.4.1』, 93.

(continuity)"에 대해 질문하자 유진오 대표는 "계승한 것이지만 이것도 감춰져 있고 다루지 않고 있다"고 답했다.[33] 이에 대해 오오노는 "병합조약의 성립과 함께 대한제국은 소멸하여 국제법상의 주체"가 될 수 없게 된 결과, "그 이전 조약은 실효되어 병합조약 자체도 병합의 성립과 동시에 한쪽 상대방이 소멸했으므로 당연히 그때 실효되었다," 그리고 "구 대한제국이 국제법상의 주체인 국가로서 소멸된 이상, 그것과 대한민국은 별개이므로 그 사이에 계속성은 없다," 따라서 "소멸해 사라진 조약의 무효를 새삼스럽게 문제시하는 것은 의미 없는 일이다," "평지에 파문을 일으키는 것은 피하면 어떨까," "쌍방에 과거를 기억시킨다면 적어도 일본 측에는 좋은 인상을 주지 않는다"라면서 제3조의 삭제를 요구했다.

"법 이론"을 방패로 논박하는 오오노 대표에 대해 유진오 대표는 "제3조는 평지에 파문을 일으키는 것이라고 생각하지 않는다. 오히려 과거의 파문을 진정시키는 규정"이라면서 다음과 같이 반론했다.

> 1910년 이전 조약은 국민적으로 당시로 소급하여 무효라는 강한 신념과 국민감정이 있지만, 그것을 이 자리에서 내가 강력히 주장하면 이 회의가 결말이 나지 않는다. 일본 측의 입장도 있지만 또 당시로 소급하여 무효로 하려면 여러 가지 복잡한 문제가 발생한다. 그런 점을 피하면 이 규정에 의해 한국의 국민감정을 수습할 수 있지만 일본 측에서도 잃을 것은 아무것도 없기 때문에 자극하는 것은 아닐 것이다.[34]

33_"日韓会談第5回基本関係委員会議事録(1952.3.12)," 일본 외무성 공개 문서, 제5차 공개, 공개결정번호 892-문서번호 977.

34_"日韓会談第5回基本関係委員会議事録(1952.3.12)," 일본 외무성 공개 문서, 제5차 공개, 공개결정번호 892-문서번호 977.

김동조 대표도 "대한제국이 대한민국으로 계승되었는가 아닌가의 문제는 국제법상으로 어떻든 간에, 당시 사정은 민족의 총의(總意)에 반하는 병합"이었다면서, 제3조를 넣어 "과거의 잘못을 인정하는 것이 양 민족의 장래를 위해서도 좋다"고 말했다.

이에 대해 오오노는 한국 측 주장을 "정치적 견해"라고 지적한 뒤 '한국 병합 조약' 체결 당시의 "국제법"에서는 "개인 간 계약의 경우는 당사자에 대해 사기 강박(強迫)이 있었을 때는 계약이 무효가 되지만, 조약 체결의 경우는 국가 간의 관계도 있고 이 경우 강박이 가해져 성립되었다 하더라도 유효"하게 되어 있다고 반박했다. 오오노는 사실 "협박"당했는지 어떤지 그 사실관계는 언급하지 않았지만, 한국 병합이 "국제적으로 유효 적법한 조약이었던 것은 의심의 여지가 없고," "현재 일본인은 적법한 병합이었다고 생각하고 있다"고 주장했다. 일본 측이 의거한 것은 식민지 지배를 용인하는 "국제법"이었던 것이다.

3월 22일 제6회 기본관계위원회에서 일본 측은 '일본국과 대한민국 간의 우호조약(안)'을 제시했다. 그 전문 제3항에는 "일본국과 대한민국 간에 체결된 모든 조약 및 협정이 일본국과 대한민국 간의 관계를 규제하는 것이 아님을 확인한다"는 문장이 삽입되었다. 한국은 한국 측 안 제3조의 내용을 전문에 넣은 점에 대해선 이의가 없다고 했지만, '한국 병합 조약'의 "무효 확인"을 명확히 해야 한다고 주장했다.[35]

이어 3월 28일 제7회 기본관계위원회에서도 일본 측의 우호조약안이 논의되었다. 이 회의는 1965년 기본조약 제2조의 내용을 고찰하는 데 있

35_"日韓会談第6回 基本関係委員会議事録(1952.3.22)," 일본 외무성 공개 문서, 공개결정번호 892-문서번호 978.

어 중요한 회의였다. 유진오는 제6회 위원회에서 일본 측이 제시한 초안의 전문 제3항을 다음과 같이 비판했다.

> 저는 (병합조약 등이) 처음부터 무효라 주장하면 조약이 타결되지 못할 것이라 여겨 논의되는 점, 예를 들자면 '언제부터'라든지도 일체 덮어 두고 어찌 되었든 무효라고 표현한 것이다. 이 표현이라면 일본 측은 일본으로서 일단은 설명되고 한국 측은 다른 내용이 될지도 모르지만 설명된다. (…) 문구는 달라도 되지만 반드시 무효라는 의미를 나타내고 싶다. '규제하는 것이 아니다'로는 일시적 효력 정지로도 받아들여지기 때문에 불충분하다.[36]

여기에서 유진오 대표가 "논의되는 점, 예를 들자면 '언제부터'라든지도 일체 덮어 두고"라고 말하고 있는데, 이것은 제5회 위원회에서 오오노 대표가 "무효 시기를 명확히 하지 않으면 일본 측도 한국 측도 각각의 입장에서 다른 해석이 가능해진다. 이 조약이 성립할 경우 각국의 의회에서 설명할 필요가 있다"[37]면서 이론(異論)을 제기한 것에 대한 대답이었다. 즉 유진오는 쌍방의 의회에서 따로 설명하는 방안을 제시한 것이다.

이에 대해 히라가 겐타(平賀健太) 일본 측 대표는 "일본의 법률 용어로 무효라는 문구는 처음부터 무효라는 의미가 들어가 있으니 여기서는 적당하지 않다"고 말하고 이어 오오노 대표가 다음과 같이 발언했다.

36_"日韓会談第7回基本関係委員会議事録(1952.3.28)," 일본 외무성 공개 문서, 공개결정번호 892-문서번호 979.

37_"日韓会談第5回基本関係委員会議事録(1952.3.12)," 일본 외무성 공개 문서, 공개결정번호 892-문서번호 977.

> 무효라는 문구를 사용하려면 언제부터 무효였는지를 확실히 하지 않으면 안 되기 때문에 '이미'(もはや)라는 문구를 첨가하고 싶다. 영어의 'now' 정도의 심정이다. (…) now나 no longer라는 말을 넣지 않는다면 무효라는 문구는 사용할 수 없다.[38]

결국 타결에는 이르지 못했지만, 제1차 회담의 제7회 위원회에서의 논의는 중요하다. 종래 한국 측이 제시한 "무효다"(are null and void)에 '이미'라는 문구를 첨가해 '무효'의 시기에 대해선 한일 쌍방이 제각기 해석하고 설명한다는 타결안은 제7차 회담 때 고안되었다고 여겨져 왔지만 이미 1952년 제1차 회담에서 제시되어 논의되었기 때문이다.

4월 2일 최종 제8회 기본관계위원회에서는 일본 측이 작성한 '공동 시안'(한일우호조약안)이 심의되어 ① 조약 명칭을 '기본 관계를 설정하는 조약'으로 한다 ② 전문 제3항은 "일본국과 대한제국 간에 체결된 모든 조약 및 협정이 일본국과 대한민국 간의 관계에 있어서 효력을 발휘하지 않는다는 것을 확인한다"는 잠정적 합의가 성립되었다.[39] 하지만 제1차 회담이 청구권 문제로 결렬됨에 따라 이 합의는 결실을 맺지 못하고 논의는 1960년대 교섭으로 미뤄지게 되었다.

한데 필자는 졸저 『한일교섭: 청구권 문제 연구』에서 "한국 측의 '구조약 무효 확인 조항' 삽입론은 일본의 식민지 지배를 비판하는 한국 국민의 의지, 희망, 가정, 이해를 '흡수'한 것이었지만, 직접적으로는 한일교섭을

38_"日韓会談第7回基本関係委員会議事録(1952.3.28)," 일본 외무성 공개 문서, 제5차 공개, 공개결정번호 892-문서번호 977.

39_"日韓会談第8回基本関係委員会議事録(1952.4.2)," 일본 외무성 공개 문서, 공개결정번호 892-문서번호 980.

유리하게 진행시키기 위한 정치적 대항 장치로서의 성격이 짙었"고, 따라서 '구조약 무효 확인 조항'을 둘러싼 한일 양 정부의 논쟁은 "관료주의적 대립으로, 식민 지배·전쟁의 본질과 그에 의한 피해 회복에 대한 논의가 아니었다"고 논했다(太田修 2003, 87, 338).

하지만 이제 이런 이해는 수정되지 않으면 안 되며, 식민지주의 비판이라는 관점에서 재검토되어야만 한다고 여겨진다. 즉 결론을 미리 말해 두자면 '구조약 무효 확인 조항' 삽입론의 "정치적 대항 장치로서의 성격"보다도, 일본 식민지 지배를 비판하는 조선·한국인의 사상과 희망이 반영되었다는 것이야말로 중시해야 할 부분일 것이다.

그 첫째 이유로 1905년 제2차 한일협약(을사보호조약) 이후의 역사적 경위에 주목할 필요가 있다. 많은 선행 연구가 지적해 왔듯이 1905년부터 10년에 걸쳐 일본이 모든 협정과 '한일 병합조약' 체결을 강제하고 식민지화를 추진하는 과정에서 대한제국 황제나 지식인, 의병에 의한 여러 저항과 운동이 있었다.[40] 또 대한민국임시정부 대표 김규식은 1919년 파리강화회의에 제출한 '임시정부 한국 독립승인 청원서'는 '합병 조약의 폐기'를 주장했다. 중경 대한민국임시정부 대일선전포고로 알려진 1941년 작성된 '대일정부성명서'는 '합방조약 및 일정의 불평등 조약의 무효'를 선언했다(海野福寿 2000, 3-9). 무엇보다도 조선, 중국, 일본 등에서 전개된 민족해방운동은 일본의 식민지 지배에 저항하고 민족의 독립을 지향했다. 이런 '폐기'론, '무효'론의 표명이나 여러 저항과 운동은 식민지 지배를 비판하는 것이었으며 그것이 한국 정부의 '한국 병합 조약 무효론'으로 표현되었다고

40_이태진, 강성은, 이종현 등의 연구를 참조(笹川紀勝·李泰鎮 編 2008).

이해해야 할 것이다.

다음으로 한국 측이 '한국 병합 조약 무효론'을 주장할 수밖에 없었던 1950년대 초 식민지 지배 인식을 둘러싼 상황에 주목할 필요가 있다. 한국 정부는 1949년에 작성한 『대일 배상 요구 조서』(對日賠償要求調書)의 서문 "대일 배상 요구의 근거와 요강"의 '기본 정신'에서 "1910년부터 1945년 8월 15일까지의 일본의 한국 지배는 한국 국민의 자유의사에 반한 일본 단독의 강제적 행위로서 정의, 공평, 호혜의 원칙에 입각치 않고 폭력과 탐욕의 지배"였다고 단언하면서도, "대일 배상 요구의 기본 정신은 일본을 징벌하기 위한 보복의 부과가 아니고 희생과 회복을 위한 공정한 권리의 이성적 요구"이며 "을사조약의 무효성을 국제법적으로 변명"하여 "비합법 통치"로서 "방대하고도 무한한 손실에 대하여 배상을 요구할 수도 있"지만 "차(此)는 자(玆)에 전연 불문에 부치"고 "중일전쟁 및 태평양전쟁"의 "인적 물적 피해"에 한해 "배상"을 요구한다고 밝혔다(大韓民国外務部政務局 1949?(발행 연도 불명), 1-2). 즉 1949년 당시의 한국 정부는 "을사조약의 무효성"은 주장하지 않고 강화조약 서명국이 되어 "희생과 회복을 위한 공정한 권리"의 "배상"을 요구하는 방침이었던 것이다.

하지만 한국은 연합국이 아니라는 이유로 샌프란시스코강화조약에 서명하지 못해 '배상'을 요구하지 못하게 되었다. 게다가 이탈리아·샌프란시스코강화조약에서 식민지 지배가 사실상 용인되어, 일본 정부는 그에 의거하여 식민지 지배가 "적법"적으로 행해져 "경제생활, 문화생활의 향상"을 가져왔다고 주장했다. 1950년대 초에는 식민지 지배 책임을 묻지 않는 '제국의 논리'가 엄연히 존재했던 것이다. 이런 사태에 직면한 한국 측은 "법이론적 모순"이 포함됨을 알면서도 일본의 식민지 지배가 '비합법적 통치'였다는 '한국 병합 조약 무효론'을 전개함으로써 '대일 배상 요구'의 정당성을 주장해 가는 방침을 세운 것이라 여겨진다.

여기서 보다 중시되어야 할 점은 제1차 회담 기본관계위원회에서의 '한국 병합 조약'을 둘러싼 논의가, 한국 측의 "착취적 식민 정치" 비판을 논파하고 "일본의 조선 통치하에서의 한국인의 경제생활, 문화생활의 향상"을 "교시"하려 한 일본의 식민지주의와, 한국 측이 무효론의 근거로 주장한 "민족의 총의에 반하는 병합"론, 즉 식민지 지배에 대한 비판이 대항하는 장(場)이 되었다는 점이다. '무효론'의 밑바닥에 흐르는 한국 측의 식민지 지배 비판은 역사로서 재조명하지 않으면 안 된다.

V. 청구권 문제에서의 '상호 포기 내지 상쇄 방식'의 확정

1956년에 일본 외무성이 정리한 "조선 문제"(대조선 정책)[41] 에는 1951년 한일 예비 교섭 개최 전야의 방침에 대해 서술한 자료가 있다. 이 가운데 '대한(對韓) 정책의 대강(大綱)' 및 '대한(對韓) 구체적 방침'은 미국 측과의 '협의'와 '양해'하에 한국의 "경제 부흥과 생활수준의 향상"을 위해 "상품 차관의 공여를 약속"하고 "문화·경제적 분야에서 긴밀한 협력"을 도모하여 한국이 "공산주의 세력의 침투를 막는 기반"을 만들도록 지원해 갈 것을 강조하고 있다.

'청구권 문제'에 대해서는, 한국 측이 일본의 조선 통치가 "착취적 식민

41_"朝鮮問題(対朝鮮政策)(1956.2.21, 亜五課)," 일본 외무성 공개 문서, 공개결정번호 2201-문서번호 67.

정치"였다는 인식에서 "범백(凡百)사에 걸친 거액의 대일 청구"를 제시할 것이 예견되므로 일본 측은 이에 대해 "훨씬 방대"한 재한 일본 재산에 대한 청구권을 주장하게 된 것이라고 전기 자료는 밝히고 있다. 하지만 한국 측이 이에 응할 가능성은 없으며 일본 측도 "교섭 수단"(bargaining tool) 이상의 의미를 갖지 않는다고 판단했기 때문에 이하와 같은 단계로 대응하게 된 것이다.

> (1) 일본인 소유와 관련되는 재산권에 대해 그 정당성 및 유익성을 감별하여 우리 측이 이후 부여해야 할 기술·경영적 원조와 결합시키는 것이 타당하다고 여겨지는 것, 혹은 앞의 재산권에 기반을 둔 경영을 일본인에 맡기는 편이 능률을 올릴 수 있는 것은 이것을 일본인에 반환하는 것이 양국의 합작 대의에 일치함을 제안한다. (2) 상대방이 (1)에 응하지 않을 경우는 쌍방의 청구권을 서로 포기하여 양국 국교의 재출발이 원활해지도록 제안한다. (3) (2)에도 응하지 않을 경우에 한해 양국 혼합의 조사위원회를 설치해 조사에 착수할 것을 약속하고 문제 해결을 이월한다.

(1)은 가능성이 없었기 때문에 현실적으로는 (2)의 "쌍방의 청구권을 서로 포기"한다는 안이 모색되었다고 여겨진다. 결국 (3) "문제 해결을 이월한다"라고 되어 있지만 여기서는 "상호 포기론"이 제기된 것이 주목을 끈다.

아사노 토요미에 의하면, 일본 재외 자산의 배상 처리와 현지 주민 측의 모든 청구권을 상쇄(相殺)한다는 일본 정부의 방침은 적어도 1947년 여름경에 제안되었다고 한다(浅野豊美 2008, 609). 외무성이 1949년 말에 작성한 문서 "할양지에 관한 경제적, 재산적 사항 처리에 관한 진술"에서는 특히 조선이나 대만 등의 구 식민지와의 사이에 '상호 포기론'이 논의되었다. 그에 따르면 강화조약에 구 식민지의 "일본의 공·사유재산의 전면적 포기"를 규정한다면 그것들은 "할양지에 관한 모든 대일 청구를 배상하여도 훨씬 남기" 때문에 "각개의 공사 책무"를 포함한 대일 청구는 "일체 하지 않는 것으로 하고 싶다," 그것은 "결코 공평함을 잃은 것이 아니라 오히려 간단 명쾌하게 한꺼번에 해결할 수 있게 되며 후일에 분쟁의 씨앗을 제거하는 것이다," 또 한국 측의 "막대한 청구"는 "일본의 부담 능력을 넘어서기 때문에 그 경제 자립화를 심히 저해한다"면서(外務省 編 2006, 445), 청구권의 '상호 포기론'을 전개했다. 이듬해 5월에 작성된 "평화조약의 경제적 의의(우리의 입장)"에서도 약간의 서술 변화가 보이지만 같은 주장이 펼쳐졌다.[42]

이런 '상호 포기론'은 샌프란시스코강화조약 체결 1개월 반 전에 작성된 문서 "제4조에 관한 일본 정부의 견해 설명"에서 보다 선명해졌다.[43] "할양 지역(특히 조선을 염두에 두고 생각하기 바란다)에는 거액의 일본 공유 및 사유재산이 있"지만, 그런 재산은 "모두 현지에 남겨져 (…) 무책임하게 처리되었다," "남은 일본의 재산"도 한국전쟁으로 파괴되었다, 결국 "재산이나 청구권 관계가 너무도 복잡"하여 패전 후의 "6년간에 완전히 파괴돼버려 (…) 사실관계를 파악"할 수 없어졌기 때문에, 청구권 처리는 "실행 불가능"해졌다, 따라서 "일도양단(一刀兩斷)으로 각 지역 내에서 종결하여 상호에 일절 청구하지 않는다고 규정하는 것 외에 실질적인 해결 방법"은 없다.

더욱이 1951년 12월에 작성된 "재산, 청구권 처리에 관한 건"은[44] "한

42_"平和条約の経済的意義(われらの立場)(1950.5.31)"(外務省 編 2006, 496-497).
43_"第四条に関する日本政府の所見の説明(1951.7.24)"(外務省 編 2007, 576-577).

국 측이 방대한 재조선 일본 자산을 수중에 넣고 더욱이 일본 측에 대해 모든 종류의 청구권을 제기하는 것은 너무 불공정한" 것이며, 청구권 처리 문제를 항목별로 절충한다면 "매우 복잡하고 가열된 논쟁"을 유발하기 때문에 "상호 일괄 포기"하기로 하고, 그러기 위해서라도 재한 일본 재산청구권을 계속 주장하는 것이 필요하다고 주장하고 있다.

그런데 제1차 한일회담은 일본 측이 재한 일본인 재산청구권을 강력히 주장한 결과, '상호 일괄 포기'의 방향으로 나아간 것이 아니라 반대로 대립이 격화되어 교섭이 결렬되고 말았다. 일본 외무성은 재한 일본인 재산청구권 주장에 근거한 '상호 포기론'이 "문제의 최종적 해결이 되지 않는다"고 판단했지만, 무조건의 '상호 포기 내지 상쇄 방식'으로 처리하기로 방침을 굳혔다.[45]

하지만 실제 교섭에서 일본 측은 '상호 포기 내지 상쇄 방식'뿐만 아니라 재한 일본인 재산청구권도 여전히 주장했다. 제4차 회담에서 이 주장이 철회되었다고는 하나, 제5, 6차 회담에서 '청구권' 금액을 조정할 때에도 재한 일본인 재산청구권을 고려해야 한다고 계속 주장했다. 그것은 '상호 포기 내지 상쇄 방식'에 의해 처리된다면, 일본의 "청구권자에 대한 국내 보상 문제가 남"는다고 판단했기 때문이다. 특히 대장성(大藏省)은 귀국자에 대한 보상 문제를 이유로 '상호 포기 내지 상쇄 방식'에 반대했다.[46] 하

44_"財産, 請求権処理に関する件(1951.12.10, 亜二課)," 일본 외무성 공개 문서, 공개결정번호 1106-문서번호 536.

45_"日韓国交調整特に請求権問題について(1952.11.10, アジア局第二課)," 일본 외무성 공개 문서, 공개결정번호 1042-문서번호 1303.

46_"請求権問題外務, 大蔵打合せ会(1952.7.22)," 일본 외무성 공개 문서, 공개결정번호 922-문서번호 657.

지만 적어도 제3차 회담 직전에는 대장성도 외무성의 방침에 접근하여,[47] 일본 정부의 기본 방침은 '상호 포기 내지 상쇄 방식'으로 수렴된 것으로 관측된다.

마지막으로 이상에서 살펴본 바와 같은 '상호 포기 내지 상쇄 방식'을 관철하기 위한 일본 정부의 전술(戰術)에 대해 간단히 지적해 두고자 한다. 필자가 살펴본 바에 의하면, 1952년 제1차 회담 직전에 작성된 "청구권 문제 회담의 초기 단계에서의 교섭 요강"에 이에 대한 초기의 기술이 보이는데, 그 제3항에는 한국 측에 "확실한 증거자료의 첨부를 요구한다. 이것은 상대방에 방대한 청구를 자제시키는 효과가 있다. 더욱이 상대방은 전란(戰亂)의 결과 자료를 잃었기 때문에 우리에게 유리하다"고 기술되어 있다.[48] 또 제2차 회담 직후에 외무성과 대장성이 합동으로 연 '청구권 문제 협의회'에서도 "이데올로기적"인 것은 말하지 않고 "실질적인 방법으로 무너뜨려 가는" 것이 필요하다는 전술이 확인되었다.[49]

이와 같이 일본은 한국 측에 '증거자료' 제출을 요구함으로써 '사실관계' 확정을 불가능하게 하는 방법을 이미 제1차 회담 시에 확정하여 청구권 문제를 '상호 포기 내지 상쇄 방식'으로 처리하겠다는 기본 방침의 실현을 노렸던 것이다.

47_"請求権問題外務, 大蔵打合会(1953.10.8)," 일본 외무성 공개 문서, 공개결정번호 922–문서번호 657.

48_"請求権問題会談の初期段階における交渉要領(1952.1.23, アジア二課)," 일본 외무성 공개 문서, 공개결정번호 1106–문서번호 537.

49_"外務大蔵第二回請求権問題打合せ会 (1952.7.26)," 일본 외무성 공개 문서, 공개결정번호 922–문서번호 657.

VI. 나오며

두 개의 강화조약에서 드러난 구미 여러 나라의 식민지주의와 전후 일본의 식민지주의, 그리고 초기 한일회담에서의 기본 관계와 청구권 문제에 대한 일본의 대처 방안을 정리하면 다음과 같다. 제2차 세계대전 직후 이탈리아강화조약 준비 과정에서 이탈리아의 구 식민지 지배 처리 문제가 제기되었고 그 후 샌프란시스코강화조약 준비 과정에서도 한국에 의해 식민지 지배 처리 문제가 제기되었다. 하지만 조약 체결 당사국이었던 이탈리아와 일본 및 연합국 측은 전쟁 책임과 식민지 지배 책임을 분리하여 이탈리아 및 일본의 전쟁 책임은 묻지만 식민지 지배의 책임은 묻지 않는다는 인식과 대응을 보였다. 즉 연합국 측과 이탈리아 및 일본은 전쟁 책임에서는 대립적이면서도 식민지 처리 문제에서는 이해를 공유하는 '공범 관계'였다.

이렇게 이탈리아강화조약과 샌프란시스코강화조약에서의 식민지주의와 그것을 방패로 삼은 일본의 식민지주의가 지배적인 상황에서 한일회담이 열린 것이다. 기본 관계 문제에서는 "일본의 조선 통치하에서의 한국인의 경제생활, 문화생활의 향상"을 "교시"하려 한 일본 식민지주의와 한국 측의 식민지 지배 비판이 대항했는데, 결과적으로는 일본의 식민지 지배의 책임을 묻지 않는다는 타협안이 채택되었다. 청구권 문제에 대해서는 일본 정부가 한일 간의 "청구권 문제는 단순한 영토 분리 시의 국가 재산 및 책무의 계승 관계로서 다뤄져야 한다"는 '청구권' 개념을 도출해 내어 그에 의거한 양국의 '재산 및 책무'를 '상호 포기 내지 상쇄'하는 방침을 확정지었다.

그 후의 과정을 살펴보면, 기본 관계 문제와 관련해서는 1965년 제7차

회담에서는 제1차 회담에서 제시된 '이미'를 넣어 쌍방이 서로 각각 해석하는 타협안이 보다 보강된 형태로 기본조약 제2조 "もはや無効である"(are already null and void, 이미 무효이다)가 확정되어 식민지 지배 책임을 불문에 붙이는 기본조약이 체결되었다.

청구권 문제에서는, 일본 정부가 제3차 회담 전후에 기본 방침으로 확립한 '상호 포기 내지 상쇄론'을 1960년대 제5, 6차 회담에서 계속 주장한 끝에 '경제협력' 방식의 틀을 확정지은 '오히라·김 합의'로 1965년의 '재산 및 청구권 경제협력 협정'이 체결되었다. 주지하는 바와 같이 여기서 3억 달러의 '생산물 및 용역'의 '무상' '공여,' 2억 달러의 '생산물 및 용역'의 '장기 저리 대출', 3억 달러 이상의 '민간 신용공여'가 명기되었고, "양 체약국 및 국민(법인을 포함함)의 재산, 권리 및 이익과 양 체약국 및 국민 간의 청구권"에 관한 문제가 1951년에 체결된 "평화조약 제4조 (a)에 규성된 것을 포함하여, 완전히 그리고 최종적으로 해결된" 것이 확인되었다. 이것은 '상호 포기 내지 상쇄'는 아니었을지 모르지만, 한국 측의 모든 종류의 청구권은 "너무 불공정하다"는 '상호 포기 내지 상쇄론'의 연장선상에서 성립된 처리 방식이었다. 그리고 보다 중요한 것은 '상호 포기 내지 상쇄론'이야말로 식민지 지배를 불문에 붙인다는 식민지주의의 관철에 다름 아니었다는 점이다.

물론 본고의 검토를 통해 식민지주의의 내용이 전면적으로 명확해진 것은 아니다. 예를 들면 이탈리아강화조약의 체결 과정에서 구체적으로 어떤 논의가 이뤄졌는지 자료에 준거해 검토하지 않으면 안 되며, 샌프란시스코강화조약 체결 과정에서도 강화조약의 초안에 깊이 관여한 미국과 영국의 인식이 보다 선명히 밝혀지지 않으면 안 될 것이다. 또 본고는 기본관계와 청구권 문제에 대해서만 검토했지만 재일 한국인 법적 지위 문제,

문화재 문제에서도 어떤 논의가 이뤄져 방침이 정해졌는지를 재검토할 필요가 있을 것이다. 청구권 문제에 대해서는 1960년대 '오히라·김 합의'에서 볼 수 있듯이 경제협력 방식도 과거 구미 제국이 식민지 지배·피지배 관계를 처리할 때에 이미 실시한 또 다른 형식의 식민지주의였다고 필자는 생각하지만, 이에 대해서는 다른 글에서 논하기로 하겠다. 한일교섭과 그 결과 체결된 한일조약이 왜 식민지 지배 책임을 묻지 못했는지, 식민지주의 비판이라는 입장에서 앞으로도 검토를 계속해 나가야 할 것이다.

3장

한일 과거 청산의 법적 구조

김창록

I. 들어가며

2013년 1월 현재, 1910년부터 1945년까지 35년간에 걸친 제국주의국가 일본(이하, 일제)의 한반도 지배라는 과거를 어떻게 청산할 것인지를 둘러싸고 한국과 일본 사이에 새로운 그리고 격렬한 논란이 전개되고 있다.

널리 알려진 것처럼, 한일 과거 청산에 관해서는 1951년 10월부터 14년에 가까운 오랜 기간 동안 진행된 회담을 거쳐 1965년 6월 22일에 "대한민국과 일본국 간의 기본 관계에 관한 조약"(이하, 기본조약)과 "대한민국과 일본국 간의 재산 및 청구권에 관한 문제의 해결과 경제협력에 관한 협정"(이하, 청구권협정) 등이 체결되면서, 일단 하나의 법적 구조가 만들어졌다.

하지만 그 법적 구조는 출발선상에서 이미 매우 불안정한 것이었고, 바로 그 때문에 이후 피해자들의 끊임없는 과거 청산 요구에 직면하지 않을 수 없었으며, 냉전 종식 이후인 1990년대에는 그 법적 구조에 적지 않은 균열이 발생하기도 했다. 그리고 2010년대에 들어와 마침내 그 법적 구조는 붕괴 직전의 상황에 놓이게 되었다.

이 장에서는 그 한일 과거 청산의 법적 구조가 당초 어떤 모습과 성격을 가진 것이었으며, 1990년대에 어떤 균열이 생겨났으며, 2010년대 초인 지금 어떤 상태에 있는지, 그래서 지금 무엇이 요구되고 있는지를 살펴봄으로써 한일 과거 청산의 법적 구조를 총체적인 시각에서 조망해 보기로 한다.

II. '1965년 체제'

1. '1965년 체제'의 내용

한일 양국 정부는 '기본조약' 제2조에서 "1910년 8월 22일 및 그 이전에 대한제국과 대일본제국 간에 체결된 모든 조약 및 협정이 이미 무효(already null and void)임을 확인한다"[1]라고 합의했다. 그리고 '청구권협정' 제1조에서 일본이 한국에 3억 달러의 가치를 가지는 "일본국의 생산물 및 일본인의 용역"을 무상으로 제공하고 2억 달러에 해당하는 "장기 저리 차

1_'기본조약'은 한국어, 일본어, 영어로 작성되었으며, '기본조약' 자체에 그 모두가 "동등하게 정본"이며, "해석에 상위가 있을 경우에는 영어본에 따른다"라고 명기되어 있다.

관"을 제공하기로 합의했으며(이하, 협정 자금),[2] 제2조에서는 "청구권에 관한 문제가 (…) 완전히 그리고 최종적으로 해결된 것이 된다는 것을 확인한다"라고 합의했다.

그런데 이들 '합의'에 대해 한일 양국 정부는 출발선상에서부터 서로 다른 해석을 내놓았다. 우선 '기본조약' 제2조에 관해 한국 정부는, "해당되는 조약 및 협정에 관하여는 1910년 8월 22일의 소위 한일 합병 조약과 그 이전에 대한제국과 일본제국 간에 체결된 모든 조약, 협정, 의정서 등 명칭 여하를 불문하고 국가 간 합의 문서는 모두 무효이며 또한 정부 간 체결된 것이건 황제 간 체결된 것이건 무효이다. 무효의 시기에 관하여는 '무효'라는 용어 자체가 별단의 표현이 부대되지 않는 한 원칙적으로 '당초부터' 효력이 발생되지 않는 것이며 '이미'라고 강조되어 있는 이상 소급해서 무효(Null and Void)이다"(대한민국정부 1965a, 19 ; 대한민국정부 1965b, 11)라고 해석했다. 이런 해석의 근거는 그 조약들이 "과거 일본의 침략주의의 소산"[3]이라는 것이었다. 그에 반해 일본 정부는 "'이제는 무효'라고 하는 것은, 현재의 시점에서 이미 무효가 되어 있다고 하는 객관적인 사실을 서술한 것에 지나지 않는다. (…) 또한 무효가 된 시기에 관해서는, 병합조약 이전의 조약들은 각각의 조약에 규정된 조건의 성취 또는 병합조약의 발효와 함께 실효했고, 병합조약은 한국의 독립이 이뤄진 시기 즉 1948년 8월 15일에

2_한국에서는 종래 이 자금을 '청구권 자금'이라고 불러왔으나, 아래의 본문에서 살펴보는 것처럼 한국 정부는 청구권 해결과 관련된 자금이라고 해석하는 데 반해 일본 정부는 청구권 해결과는 관련이 없는 경제협력 자금 혹은 독립 축하금이라고 해석하므로, 이 글에서는 '협정 자금'이라는 용어를 사용하기로 한다.

3_1965년 8월 8일, 한일 간 조약과 제 협정 비준 동의안 심사 특별위원회에서의 이동원 외무부 장관의 발언(高麗大學校 亞細亞問題硏究所 日本硏究室 編 1976, 252).

한일협정에 서명하는 박정희 대통령. [출처: 국가기록원]

실효했다"(谷田正躬 外 編 1966, 14)라고 해석했다. 이런 해석의 근거는 "정당한 절차를 거쳐 체결되었다"(谷田正躬 外 編 1966, 14)는 것, 다시 말해 "대등한 입장에서 또 자유의사에 따라 이 조약이 체결되었다"[4]는 것이었다.[5]

4_1965년 11월 5일, 일본 중의원 일한 특별위원회에서의 사토 에이사쿠(佐藤榮作) 수상의 발언(『第50回 国会衆議院日本国と大韓民国との間の條約及び協定等に關する特別委員会議錄 第10号』 1965, 2).

5_한일 양국 정부는 회담 막바지까지 이 문제에 관한 접점을 찾지 못하는 가운데, 한국 측은 "are null and void"라는 표현을 제안하고, 일본 측은 "are confirmed (as) null and void now," "have been invalidated and are null and void," "are already null and void"라는 표현을 서로 제안한 끝에, 최종적으로 "are already null and void"라는 표현으로 결착을 지

그리고 '청구권협정'에 관해서도, 한국 정부는 그 제1조의 협정 자금은 "'청구권 문제를 해결하고 경제협력을 증진시키기 위한' 목적으로"(대한민국정부 1965a, 49) 제공한 것, 다시 말해 제2조의 청구권 문제 해결과 상호 관계가 있는 것이라고 해석한 데 대해, 일본 정부는 "경제협력의 증진과 청구권 문제의 해결은 동일한 협정의 내용으로 되어 있지만, (…) 양자 사이에는 전혀 법률적인 상호 관계는 존재하지 않는 것"(谷田正躬 外 編 1966, 62)이며, 협정 자금은 청구권 문제 해결과는 상관없는 "새로운 국가의 출발을 축하하는"[6] 마음으로, 다시 말해 '독립 축하금'으로 주는 것이라고 해석했다.

요컨대 한국 정부는, '기본조약'에 관해서는 일제에 의한 35년간의 한반도 지배의 법적 근거인 1910년 '병합조약' 등이 애당초 무효였고, 따라서 35년간의 지배는 '불법 강점'이었다고 주장했으며, '청구권협정'에 관해서는 협정 자금이 청구권 문제의 해결과 관계가 있다고 주장한 데 대해, 일본 정부는 '기본조약'에 관해서는 1910년 '병합조약'이 1948년까지는 유효였고, 따라서 35년간의 지배는 '합법 지배'였다고 주장했으며, '청구권협정'에 관해서는 협정 자금은 청구권 문제의 해결과는 관계가 없는 '독립 축하금'이라고 주장한 것이다.

한편 1965년 당시 한일 양국 정부가 해석의 일치를 보인 부분도 있었다. '청구권협정'에 의해 해결된 청구권의 범위가 그것이다. 즉 한국 정부는

었다(대한민국정부 1965c). 결국 문제의 해결을 유보한 것이었으며, "already"는 양측의 입장 차이를 얼버무린 채 동일한 조문에 대해 서로 다른 해석을 할 수 있도록 하는 장치였던 것이다.

6_1965년 11월 19일, 일본 참의원 본회에서의 시이나 에츠사부로(椎名悦三郎) 외상의 발언(『第50回 国会参議院会議録 第8号』 1965, 9).

표 1 | '기본조약' 제2조에 관한 한일 양국 정부의 해석

	한국	일본
무효의 대상	1910년 조약 및 그 이전에 대한제국과 일본제국 간에 체결된 모든 조약.	1910년 조약.
무효의 시기	당초부터 무효.	1948년 8월 15일에 실효.
already	"null and void"를 강조하는 것.	현재의 시점에서 이미 무효가 되어 있다고 하는 객관적인 사실을 서술한 것.
해석의 근거	일본의 침략주의의 소산.	정당한 절차, 대등한 입장·자유의사로 체결.
35년간의 지배의 성격	불법 강점.	합법 지배.

표 2 | '청구권협정'에 관한 한일 양국 정부의 해석

	한국	일본
제1조와 제2조의 관계	관계있음.	관계없음.
협정 자금의 성격	청구권 문제를 해결하고 경제협력을 증진시키기 위한 것. 일제의 36년간 식민지적 통치의 대가는 아님.	경제협력 자금, 독립 축하금.
해결의 대상	영토의 분리·분할에서 오는 재정상, 민사상의 청구권.	일본에 의한 조선의 분리 독립의 승인에 의해, 한일 양국 간에 있어서 처리할 필요가 있게 된 양국 및 양국민의 재산, 권리 및 이익과 청구권.

"영토의 분리·분할에서 오는 재정상, 민사상의 청구권"이 해결되었을 뿐 "일제의 36년간 식민지적 통치의 대가"는 대상이 아니라고 밝혔고(대한민국 정부 1965, 41), 일본 정부도 한반도 지배에 관한 언급은 없이 "조선의 분리 독립"에 따른 청구권이 해결된 것이라고 밝혔다(谷田正躬 外 編 1966, 61-62).

이상의 설명을 표로 정리하면 〈표 1〉, 〈표 2〉와 같다.

2. '1965년 체제'의 불안정성

위와 같은 한일 양국 정부의 해석을 동반한 '1965년 체제'는 출발선상에서 이미 불안정한 것이었다. 결론부터 이야기하면, 그 핵심적인 이유는 '기본조약'의 'already'의 애매성에 터 잡은 양국 정부의 서로 다른 역사관이 협정 자금의 성격에 관한 해석 차이를 매개로 '청구권협정'의 합의된 법적 구조를 넘어선 정치적인 해석으로 이어짐으로써, '1965년 체제' 전체의 의미가 애매해져 버린 데에 있다.

양국 정부가 제시하는 일치된 해석과 같이 '청구권협정'은 '영토의 분리·분할에서 오는 재정상 및 민사상의 청구권' 문제의 해결을 그 대상으로 하는 것이었다. 제2차 세계대전 이후 미국에 의해 주도된 국제 질서 속에서 '1965년 체제'는 미국이 주도한 "일본국과의 강화조약(샌프란시스코조약)"을 전제로 할 수밖에 없었는데,[7] 이 조약에서는 식민지 지배 책임이 배제되어 있었다. 한국 정부는 1950년에 주일대표부 차원에서 1910년 조약 무효론에 입각하여 불법 강점에 대한 책임 추궁을 검토한 적이 있지만, 이후 회담 과정에서 이를 관철하지 못했다(장박진 2009, 249-253). 식민지 지배 책임은 처음부터 '청구권협정'의 대상이 아니었으며, 따라서 '청구권협정'에 의해 해결되지 않은 것이다.

'청구권협정'의 법적 실체가 이러함에도 불구하고, 한국 정부는 그것을 식민지 지배 책임과 연결짓는 해석도 내놓았다. 1965년 8월의 '한일 간 조약과 제 협정 비준 동의안 심사 특별위원회'에서 장기영 경제기획원 장관

7_이에 관해서는 이원덕(1996); 李種元(1993) 참조.

은 "이 청구권 제2항('제1조 1 (a)'를 잘못 이야기한 것으로 판단됨: 필자)에 있는 소위 무상 3억 불은 청구권이 아니라 한걸음 더 나아가서 실질적으로는 배상적인 성격을 가진 것이라고 생각한다. 그런 의미에서 이것은 경제협력이 아니라 청구권이 주로 되어 있고 그 3억 불은 배상이다. 실질적으로 배상이다"라고 발언했다(高麗大學校 亞細亞問題硏究所 日本硏究室 編 1976, 242). 또 한국 정부는 '청구권 자금'은 "우리 민족의 피의 대가라고도 할 수 있는 것"(대한민국정부 1965a, 51-52)이라고 자리매김하기도 했다.

이것은 '불법 강점'이라는 주장을 일본 정부에 대해서는 관철하지 못했지만 적어도 국내적으로는 관철하지 않을 수 없었던 한국 정부가, "일제의 식민지 지배에 대한 명확한 청산 없이 국교를 정상화하는 것은 굴욕 외교이다"라는 국내의 비판에 대응하기 위해 내놓은 고육지책의 논리였을 터이다. 하지만 그 결과 한국 정부의 입장에서 협정 자금은 법적으로는 '일제의 36년간 식민지적 통치의 대가'가 아니지만, 동시에 '우리 민족의 피의 대가'라는 상반되는 정치적 의미도 가지는 애매한 존재가 되어 버렸다.

한편 협정 자금, 그중에서도 특히 무상 3억 달러를 적극적으로 동원해야 했던 한국 정부와는 반대로, 일본 정부는 협정 자금이라는 '굴레'에서 벗어나기 위한 논리가 필요했다. '영토의 분리·분할에서 오는 재정상 및 민사상의 청구권'의 해결을 위해서라고 하면서, 상호 정산이면 모르되 일방적으로 자금을 제공한다는 것은 추가적인 설명이 필요한 일이었다.

일본 정부는 우선 '청구권협정' 제1조는 경제협력에 관한 것이며 제2조는 청구권 문제의 해결에 관한 것이라는 논리로, 양자 사이의 법적 관계를 부정함으로써 대처하려 했다. 하지만 하나의 협정에서 제1조와 제2조가 관계가 없다는 주장은 무리이다. 나아가 그 주장을 받아들인다고 하더라도, 일방적인 자금의 제공, 그중에서도 특히 무상 3억 달러의 제공은 '경제협력'의 논리로도 설명이 되기 어렵다. 그래서 일본 정부가 동원한 논리가 '독립 축하금'이었다. 하지만 한국의 '독립'이 왜 필요했는지를 생각하면 일본은 결코 그 독립을 '축하'할 위치에 있지 않았기에 이 또한 무리이다.

일본 정부가 이와 같이 무리에 무리를 거듭한 것은, '합법 지배'였기에 대가를 지불할 이유가 없다는 기본 입장을 관철하기 위한 것이었다. 게다가 미군정에 의해 몰수된 남한의 일본인 재산에 관한 청구권을 한국 정부에 대해 주장하기 어려웠다는 사정도,[8] 청구권 문제의 해결과 협정 자금 제공 사이의 관계를 극구 부정하지 않을 수 없게 만들었던 것이다.

하지만 일본 정부는 다른 한편으로, 그런 무리를 얼버무리기 위해 '청구권협정' 제1조와 제2조 사이에 실질적으로는 관계가 있다는 뉘앙스의 해석도 내놓았다. 일본 정부는, 양자 사이의 "법률적인 상호 관계는 존재하지 않는다"고 하면서도, '청구권협정' 제1조의 "공여와 병행하여 재산 및 청구권에 관한 문제에 관해서는 완전히 그리고 최종적으로 해결된 것으로써, 양국 간에 어떤 문제도 존재하지 않는다는 것을 확인한 것이 제2조의 취지인 것이다"(谷田正躬·辰巳信夫·武智敏夫 編 1966, 63)라거나, 혹은 "청구권 해결에 대응하여 경제협력을 하는 것은 아니"고 "무상공여 및 차관이 배상 또는 청구권의 대가로서 이뤄지는 것은 아니"라고 하면서도 "양자는 교섭 경위에 의해 사실상 관련지어진 것"이라고 해석했다(谷田正躬·辰巳信夫·武智敏夫 編 1966, 44). 그 결과 일본 정부의 입장에서 협정 자금은, 법적으로는 '청구권의 대가'가 아니지만 동시에 청구권과 '사실상 관련'이 있는 것이라는 정치적 의미도 가지는 애매한 존재가 되어 버렸다.

8_이에 관해서는 우선 아사노 토요미(2010) 참조.

이렇듯 '1965년 체제'는 매우 불안정한 상태로 출발했다. 과거 청산이라는 관점에서 볼 때 해결해야 할 핵심 과제였던 일제의 한반도 지배의 성격에 대해서는 어떤 합의도 도출되지 못했으며, 그 결과 청구권 해결의 성격도 애매한 상태로 남게 되었다. '청구권협정'의 해결 대상이 법적으로는 '영토의 분리·분할에서 오는 재정상 및 민사상의 청구권'이라는 데는 합의를 보았지만, 그것이 어떻게 해결된 것인지에 대해서는 합의가 도출되지 못했다. 비유를 하자면, 한국 정부는 '법적으로는 청구권 문제 해결의 대가를 받았는데 왠지 더 받은 듯도 하다'라고 하는 데 대해, 일본 정부는 '법적으로는 청구권 문제 해결의 대가를 준 적은 없지만 왠지 준 듯도 하다'는 격이었다. 이런 애매성이 '1965년 체제'가 35년간에 걸친 일제의 한반도 지배를 어떻게 볼 것인가라는 가장 핵심적인 문제를 얼버무린 어설픈 봉합의 결과였다는 데에 기인하는 것임은 말할 것도 없다. 바로 그 때문에 '1965년 체제'는 애당초 그 핵심적인 문제가 불거질 때마다 균열이 생길 운명을 안고서 출발했던 것이다.

III. '1965년 체제'의 균열

1. 일본으로부터의 균열

하지만 그 불안정한 '1965년 체제'도 냉전이 이어진 25년간은 별다른 도전을 받지 않고 유지될 수 있었다. 미국이라는 우산 아래 자본주의 진영의 '동지'가 된 한일 양국 정부가 '전시의 논리'를 내세워 그 도전의 여지를 봉쇄한 결과였다.

따라서 1980년대 말 냉전이 붕괴되었을 때 '1965년 체제'에 심각한 도전이 뒤따른 것은 당연한 귀결이었다고 할 수 있다. 1990년대 초부터 일본군 '위안부' 피해자들을 비롯해 일제의 한반도 지배로 피해를 당한 한국인들이 거리에서, 국제 무대에서, 법정에서 과거 청산을 요구했다.[9]

일본 정부는 이런 새로운 상황에 직면하여, 그리고 한편으로는 냉전 이후 아시아에서의 입지 구축의 필요성 때문에 1995년이 되어 '방향 선회'에 나서지 않을 수 없었다. 일본의 '종전 50주년'을 맞아 1995년 8월 15일 당시의 무라야마 토미이치(村山富市) 수상이 발표한 담화[10]를 통해서, 일본 정부는 "식민지 지배와 침략에 의해 많은 나라들, 특히 아시아의 여러 나라 사람들에게 커다란 손해와 고통을 주었"다고 하는 "의심할 수 없는 이 역사적 사실을 겸허하게 받아들여" "통절한 반성의 뜻을 표하고, 마음으로부터의 사과를 표명"했다. 그리고 1998년 10월 8일의 '김대중–오부치 게이조(小淵恵三) 공동선언'[11]을 통해서는 "과거의 한 시기에 한국 국민에게 식민지 지배에 의해 커다란 손해와 고통을 주었다고 하는 역사적 사실을 겸허하게 받아들이고, 이에 대해 통절한 반성과 사과"를 한다고 밝혔다. 또한 2002년 9월 17일의 '조일공동선언'[12]을 통해서도, "과거의 식민지 지배에

9_한국인 일본군 '위안부' 피해자들의 과거 청산 요구에 관해서는 김창록(2010b) 참조.

10_"戦後50周年の終戦記念日にあたって"(1995.8.15), http://www.mofa.go.jp/mofaj/press/danwa/07/dmu_0815.html(검색일 2012.11.8).

11_"日韓共同宣言 - 21世紀に向けた新たな日韓パートナーシップ-"(1998.10.8), http://www.mofa.go.jp/mofaj/kaidan/yojin/arc_98/k_sengen.html(검색일 2012.11.8).

의해, 조선의 사람들에게 커다란 손해와 고통을 주었다고 하는 역사의 사실을 겸허하게 받아들여, 통절한 반성과 마음으로부터의 사과를 표명"했다. 하지만 일본 정부는 그 이후에도 "식민지 지배의 현실이라는 것을 직시하고, 엄한 반성을 하여 사과할 것은 사과해야 한다"[13]라고 하면서도, 1910년 조약이 "법적으로 유효"였다는 입장과,[14] "'청구권협정'에 의한 해결 종료"라는 입장을 계속 고수함으로써 '법적 무책임의 원칙'은 고수했다.

하지만 1965년에는 전혀 인정하지 않았던 식민지 지배에 대한 책임을 새롭게 인정하게 된 결과, '1965년 체제'를 전제로 한 일본 정부의 해석은 심각한 파탄을 맞게 되었다. 1965년의 일본 정부의 논리는 요컨대 "합법이었기 때문에 잘못한 것이 없고 그래서 아무 것도 하지 않았다"라는 것이었다. 그런데 1995년에 이르러 일본 정부는 "합법이었지만 잘못한 것이 있지만 법적으로는 아무 것도 할 수 없다"라고 논리를 바꾼 것이다. 1910년 조약이 합법이었다는 주장이 이 논리를 뒷받침할 수 있는가? 1910년 조약의 효력에 관해서는 한일 간에 오랫동안 논란이 되어 왔는데,[15] 그것이 유효한 것이었다는 일본 정부의 주장을 받아들인다고 하더라도, 그 유효성이 "통절한 반성의 뜻을 표하고, 마음으로부터의 사과를 표명"하지 않으면 안 되는 "커다란 손해와 고통"에 대해 스스로 인정한 책임을 면하게 해줄 수는

12_"日朝平壌宣言"(2002.9.17), http://www.mofa.go.jp/mofaj/kaidan/s_koi/n_korea_02/sengen.html(검색일 2012.11.8).

13_1995년 10월 17일, 일본 참의원 예산위원회에서의 무라야마(村山富市) 수상의 발언(『第134回 国会参議院豫算委員会会議錄 第3号』 1995, 34).

14_1995년 10월 5일, 일본 참의원 본회의에서의 무라야마 수상의 발언(『第134回 国会参議院会議錄 第4号』 1995, 19).

15_이에 관한 상세한 분석은 김창록(2010a) 참조.

없는 노릇이다. "법적으로는 아무 것도 할 수 없다"고 주장하기 위해서는 추가적인 논거를 제시하지 않으면 안 되는 것이다. 그래서 일본 정부가 동원한 것이 "청구권협정에 의한 해결 종료"라는 논리였다. 물론 '청구권협정'에는 "완전히 그리고 최종적으로 해결된 것이 된다"라는 내용이 포함되어 있다. 하지만 위에서 살펴본 것처럼 일본 정부의 해석에 따르면, 1965년에 한국 정부에게 제공한 협정 자금은 식민지 지배에 대한 책임을 지기 위한 '배상금'이 아니었던 것은 물론이고, '영토의 분리·분할에서 오는 재정상 및 민사상의 청구권' 문제를 해결하기 위한 대가조차 아니었다. 일본 정부는 1995년까지 식민지 지배 책임을 인정하지 않았을 뿐만 아니라 그와 관련하여 어떤 조치도 취하지 않았던 것이다. 따라서 "잘못한 것이 있지만 아무 것도 할 수 없다"라는 주장은 '법적'으로도 성립될 수 없는 것이다.

이런 논리 파탄에도 불구하고 일본 정부는 '도의적 책임'을 전면에 내세웠다. 특히 강렬하게 부각된 일본군 '위안부' 문제의 경우 일본 정부는 당초 그 존재 자체를 부정했으나, 명백한 증거가 발견되자 1992년 1월 13일 가토 고이치(加藤紘一) 관방장관의 발표를 통해 일본군의 관여를 인정하고 "진심으로 사과(お詫び)와 반성의 마음을" 전한다고 밝혔다. 이후 자체 조사를 실시한 일본 정부는 1993년 8월 4일에 이르러 조사 결과를 발표하면서, 고노 요헤이(河野洋平) 관방장관의 담화('고노 담화')[16]를 통해 다시 한 번 일본군의 관여를 인정하고 "마음으로부터 사과(お詫び)와 반성의 마음을 전한다"라고 밝혔다. 하지만 그러면서도 법적으로는 1965년에 해결되었다고 주장하면서 '여성을 위한 아시아평화국민기금'[17]을 통해 "도의적인

16_"慰安婦関係調査結果発表に関する内閣官房長官談話"(1993.8.4), http://www.awf.or.jp/6/statement-02.html.

책임"을 지기 위해 "위로금"을 지급하겠다고 나섰다.[18] 하지만 1992년까지 존재 자체를 부정했던 문제가 1965년에 법적으로 해결되었다고 하는 것은 명백한 논리 파탄이었다. '위로금' 사업이 결국 실패로 끝나고 만 것은, 일본 정부의 책임을 애매하게 하는 바로 그런 '법/도의(法/道義) 분리 전술'이 오히려 '법적 책임'을 부각시킴으로써 피해자들의 강한 '법적 책임' 요구에 부딪힌 결과에 다름 아니었다.

이와 같이 식민지 지배 책임 문제를 배제했던 '1965년 체제'에는, 냉전이 종식된 이후인 1990년대에 들어와 일본 정부가 1965년에는 인정하지 않았던 식민지 지배 책임을 인정하지 않을 수 없게 됨으로써, 우선 일본 정부에 의해 균열이 생기게 되었다.

17_'아시아 여성 기금'의 활동에 관해서는 그 홈페이지(http://www.awf.or.jp/) 및 大沼保昭·下村満子·和田春樹(1998)를 참조.

18_참고로 일본 수상의 편지의 전문(http://www.awf.or.jp/6/statement-12.html)을 요약하면 다음과 같다. "이번에 정부와 국민이 협력하여 추진하고 있는 '여성을 위한 아시아평화국민기금'을 통해 과거의 종군 위안부 여러분에게 우리나라(일본: 필자)의 국민적인 보상이 행해지는 데 즈음하여, 저의 마음을 표명하고자 합니다. (…) 이른바 종군 위안부 문제는, 당시의 군의 관여 아래 다수의 여성의 명예와 존엄을 심각하게 해친 문제였습니다. 저는 일본국의 내각총리대신으로서, 다시 한 번 이른바 종군 위안부로서 수많은 고통을 경험하시고 심신 모두 치유하기 어려운 상처를 입은 모든 분들에 대해 마음으로부터 사과와 반성의 마음을 전합니다. (…) 우리들은 과거의 무게로부터도 미래에의 책임으로부터도 달아나는 것은 아닙니다. 우리나라(일본 ; 필자)는 도의적인 책임을 통감하면서 사과와 반성의 마음에 입각하여 과거의 역사를 직시하고 올바르게 이것을 후세에 전함과 동시에, 당치 않은 폭력 등 여성의 명예와 존엄에 관한 문제들에도 적극적으로 대처해 가지 않으면 안 된다고 생각하고 있습니다. (…) 끝으로 여러분이 앞으로 편안한 삶을 보내시기를 마음으로부터 빕니다. (…) 일본국 내각총리대신."

2. 한국으로부터의 균열

한편 냉전 종식 이후에도 한국 정부는 '1965년 체제'를 기본적으로 묵수했다. 일본군 '위안부' 피해자들을 비롯한 한국인 피해자들이 한국 정부의 적극적인 해결을 거듭 요청했지만, 노태우·김영삼·김대중 정부는 근본적인 문제는 건드리지 않은 채 미봉으로 일관했다.[19] 한국으로부터의 균열은 '광복 후 세대'이기에 한일 과거 청산에 보다 민감했다고 할 수 있는 노무현 정부에 이르러 비로소 시작되었다.

한국인 피해자들이 한국 법원에 제기한 한일회담 문서 공개 소송에서 일부 승소의 판결이 내려진 것을 계기로, 노무현 정부는 대통령 소속 기관인 '한일회담 문서 공개 후속 대책 관련 민관공동위원회'를 구성하고, 그 위원회를 통해 2005년 8월 26일 한일회담 문서 전면 공개의 조치를 취하는 동시에 한일 과거 청산에 관한 획기적인 결정(국무조정실 2005)을 내놓았다. 즉 위원회는 "한일 청구권협정의 법적 효력 범위"에 관해, "한일 청구권협정은 기본적으로 일본의 식민 지배 배상을 청구하기 위한 것이 아니었고, 샌프란시스코강화조약 제4조에 근거하여 한일 양국 간 재정적·민사적 채권·채무 관계를 해결하기 위한 것이었"기 때문에, "일본군 위안부 문제 등 일본 정부·군 등 국가권력이 관여한 반인도적 불법행위에 대해서는 청구권협정에 의하여 해결된 것으로 볼 수 없고, 일본 정부의 법적 책임이 남아 있"다는 결정을 내렸다.

다만 위원회는 그와 동시에 "한일협정 협상 당시 한국 정부가 일본 정

19_이에 관해서는 김창록(1999) 참조.

부에 대하여 요구했던 강제 동원 피해 보상의 성격, 무상 자금의 성격, 1975년 한국 정부 보상의 적정성 문제"에 관해서는, "청구권협정을 통하여 일본으로부터 받은 무상 3억 불은 개인재산권(보험·예금 등), 조선총독부의 대일 채권 등 한국 정부가 국가로서 갖는 청구권, 강제 동원 피해 보상 문제 해결 성격의 자금 등이 포괄적으로 감안되어 있다고 보아야 할 것"인데, "1975년 우리 정부의 보상 당시 강제 동원 부상자를 보상 대상에서 제외하는 등 도의적 차원에서 볼 때 피해자 보상이 불충분했"으므로 "도의적, 원호적 차원과 국민 통합 측면에서 정부 지원 대책을 마련"하기로 했다는 결정을 내려, '법적'인 해결에 대해서는 얼버무리면서도 무상 3억 달러에 의한 일정한 해결을 언급함으로써 '1965년 체제'로부터의 전면 이탈은 피했다.

하지만 비록 한정된 범위에서이기는 하지만 '청구권협정'에도 불구하고 "일본 정부의 법적 책임이 남아 있"다는 노무현 정부의 선언은, 그 이전의 한국 정부의 입장을 명백히 뛰어넘은 것이었을 뿐만 아니라 1995년의 무라야마 담화 이후에도 고수되고 있던 '청구권협정에 의한 해결 종료'라는 일본 정부의 주장을 정면으로 부정한 것이었다. 그 결과 '1965년 체제'의 균열은 한국 정부의 상대적으로 진전된 식민지 지배 추급에 의해 더욱 심각한 것이 되었다.

IV. '1965년 체제'의 붕괴 위기

2010년대에 들어와 '1965년 체제'는 마침내 그 수명을 다하기 직전의 상태에 이르렀다. 결정타를 날린 것은 다름 아닌 헌법재판소와 대법원이라고 하는 한국 최고의 사법기관들이었다.

1. 2011년 8월 30일 헌법재판소 결정

2011년 8월 30일 한국의 헌법재판소는 한일 과거 청산과 관련하여 매우 주목할 만한 결정[20]을 내렸다. 이 결정은 한국 정부가 위의 2005년 결정을 통해 적극적인 태도를 표명한 것에 주목하여 2006년 7월 일본군 '위안부' 피해자 109명이 외교통상부 장관을 피청구인으로 하여 제기한 헌법소원에 대한 것이었다. 그 심리 과정에서 청구인 측은, '청구권협정'과 관련하여 피청구인이 일본 정부와의 관계에서 일본군 '위안부' 피해자들인 청구인들의 권리 구제를 위한 조치를 취하지 않고 있는 부작위가 청구인들의 인간으로서의 존엄과 가치 및 행복추구권 등을 침해한 것으로서 위헌이라고 주장했다.[21] 이에 대해 피청구인 측은, 외교적 보호권은 "'국가'에게 귀속되는 고유의 권리"로서 "고도의 재량권"이 인정되는 것일 뿐만 아니라, 작위의무도 인정할 수 없고 기본권 침해도 없으므로 청구는 각하되어야 한다고 주장했다.[22] 헌재는 이 헌법소원에 대해 2009년 4월 9일의 공개 변론을 거쳐,[23] 그 제기로부터 5년 이상의 세월이 흐르는 동안 청구인 109명 중 45명이 이미 세상을 떠난 2011년 8월 30일에 이르러 '때늦은, 하지만 의미

20_헌법재판소 2011.8.30 선고 2006헌마788 결정.

21_청구인(이용수 외 108명). 2006.7. "헌법소원심판청구서"를 참조.

22_피청구인(외교통상부장관). 2009.3.5. "변론요지서"를 참조.

23_이 공개 변론에서 필자가 청구인 측 참고인으로서 제시한 의견은 김창록(2009)을 참조.

있는' 결정을 내린 것이다.

헌재는 그 결정에서, "청구인들이 일본국에 대하여 가지는 일본군 위안부로서의 배상청구권이 '대한민국과 일본국 간의 재산 및 청구권에 관한 문제의 해결과 경제협력에 관한 협정' 제2조 제1항에 의하여 소멸되었는지 여부에 관한 한일 양국 간 해석상 분쟁을 위 협정 제3조[24]가 정한 절차에 따라 해결하지 아니하고 있는 피청구인의 부작위는 위헌임을 확인한다"고 선언했다.

헌재의 심리 과정에서 작위의무가 없다는 주장을 고수했던 한국 정부는, 위헌 결정이 내려지자 그것을 전면적으로 받아들여 일련의 조치를 취함으로써 문제의 해결을 위해 적극 나섰다. 결정 직후인 2011년 9월 14일 외교통상부에 '한일 청구권협정 대책 T/F'를 설치하고 10월 7일에는 자문위원단까지 발족시킨 한국 정부는, 9월 15일과 11월 15일에 양자 협의의 개시를 제안하는 구상서를 일본 정부에 송부했다. 2011년 12월과 2012년

24_1. 본 협정의 해석 및 실시에 관한 양 체약국 간의 분쟁은 우선 외교상의 경로를 통하여 해결한다. 2. 1의 규정에 의하여 해결할 수 없었던 분쟁은 어느 일방 체약국의 정부가 타방 체약국의 정부로부터 분쟁의 중재를 요청하는 공한을 접수한 날로부터 30일의 기간 내에 각 체약국 정부가 임명하는 1인의 중재위원과 이와 같이 선정된 2인의 중재위원이 당해 기간 후의 30일의 기간 내에 합의하는 제3의 중재위원 또는 당해 기간 내에 이들 2인의 중재위원이 합의하는 제3국의 정부가 지명하는 제3의 중재위원과의 3인의 중재위원으로 구성되는 중재위원회에 결정을 위하여 회부한다. 단, 제3의 중재위원은 양 체약국 중의 어느 편의 국민이어서는 아니 된다. 3. 어느 일방 체약국의 정부가 당해 기간 내에 중재위원을 임명하지 아니했을 때, 또는 제3의 중재위원 또는 제3국에 대하여 당해 기간 내에 합의하지 못했을 때에는 중재위원회는 양 체약국 정부가 각각 30일의 기간 내에 선정하는 국가의 정부가 지명하는 각 1인의 중재위원과 이들 정부가 협의에 의하여 결정하는 제3국의 정부가 지명하는 제3의 중재위원으로 구성한다. 4. 양 체약국 정부는 본조의 규정에 의거한 중재위원회의 결정에 복한다.

5월에는 한일 양국의 정상회담에서, 2011년 9월, 10월 및 2012년 4월에는 양국의 외무장관 회담에서 일본 정부의 성의 있는 노력을 촉구했다. 또한 2011년 10월부터 2012년 6월에 걸쳐 유엔총회와 인권위원회에도 문제를 제기했다(외교통상부 동북아1과 2012). 하지만 일본 정부는 "1965년에 법적으로는 결말이 난 것"[25]이라는 기존의 입장에서 한 치도 물러서지 않았다. 그 결과 일본군 '위안부' 문제를 둘러싼 한일 간의 교착상태가 1년 이상 이어지게 되었다.

헌재의 결정 중 한일 과거 청산과 관련하여 우선 주목되는 것은, 헌재가 '청구권협정'에 관해 "한일 양국 간 해석상 분쟁"이 존재한다는 것을 확인했다는 점이다. 이것은 곧 1965년의 과제였던 한일 과거 청산이 당시에 충분히 이뤄지지 않았으며, 현재도 여전히 미해결의 상태에 있다는 사실을 확인한 것에 다름 아니다. 요컨대 헌재의 결정은 한일 과거 청산이라는 과제의 존재와 그 해결의 필요성을 법적으로 확인한 것이라는 점에서 특별한 의미를 가진다고 할 수 있는 것이다.

물론 헌재의 결정은 한일 과거 청산을 전면적으로 수행해야 한다는 선언은 아니다. 단지 한국 정부가 '청구권협정' 제3조에 따른 조치를 취하지 않는 것이 위헌이라고 선언했을 뿐이다. 그 점에서 헌재의 결정은 한일 과거 청산을 위한 전면적인 법적 토대를 마련하는 단계에까지 나아간 것이라고 보기는 어려운 한계를 가지고 있다.

하지만 헌재의 결정이 '1965년 체제'에 가한 타격은 크다. 한국 정부가 '청구권협정' 제3조 제1항의 "외교상의 경로를 통하여 해결"하는 단계를 넘

25_2012년 8월 27일, 일본 참의원 예산위원회에서의 노다 요시히코(野田佳彦) 수상의 발언(『第180回 国会參議院豫算委員会会議錄 第25号』 2012.8.27, 7).

어서서 그 제2항 및 제3항에 따라 중재 절차[26]로 나아갈 것인지 여부는 여전히 불확정적이지만, 한국 정부가 중재 절차로 나아가든 않든 '1965년 체제'는 더 이상 명맥을 이어 가기 어렵게 되었기 때문이다.

첫째, 한국 정부가 중재를 요청하고 일본 정부가 그에 응하는 경우, 일본군 '위안부' 문제에 관한 분쟁은 중재에 의해 해결되게 된다. 중재의 대상은 "협정의 해석 및 실시"에 관한 분쟁이기 때문에, 중재 결정의 내용은 일본군 '위안부' 문제에 관한 한일 양국 정부의 '청구권협정' 제2조에 대한 해석 중 어느 한 쪽이 옳다고 하는 판단과, 그 옳은 해석에 기초하여 취해야 할 조치에 관한 판단으로 채워질 가능성이 크다. 다만 취해야 할 조치에 관한 판단은 구체적으로는 명기되지 않을 가능성도 있다. 어느 쪽이든 중재 결정 이후에도 양국 정부에 의한 조치는 필요하게 될 것이다. 다시 말해 중재에 의한 해결의 사정은 거기까지인 것이다.

어쨌든 이 경우는 문제 해결의 가능성이 가장 큰 경우이다. 하지만 우선 일본군 '위안부' 문제를 둘러싼 분쟁이 '청구권협정'의 핵심적인 주제에 관한 분쟁이라는 점을 생각하면, 그런 분쟁이 한일 양국 정부의 손을 떠나 전적으로 중재위원회의 결정에 맡겨지게 되는 것 자체가, 이미 한일 간 합의로서의 '1965년 체제'는 그 의미를 크게 상실하게 되는 것이라고 하지 않을 수 없다. 게다가 일본군 '위안부' 문제가 '청구권협정'의 중재 절차에 의해 해결되더라도, 그것이 반드시 '1965년 체제'의 건전성을 담보하는 것은 아니다. 우선 일본군 '위안부' 문제에 관한 헌재의 위헌 결정이 내려진 바로 그 날, 대체로 같은 내용의 한국인 원폭 피해자 문제에 관한 위헌 결정[27]도

26_이에 관한 국제법적인 분석은 조시현(2012) 참조.

27_헌법재판소 2011.8.30 선고 2008헌마648 결정.

내려졌다. 따라서 일본군 '위안부' 문제가 중재로 해결된 후에는, 원폭 피해자 문제에 관한 중재가 이어지지 않을 수 없을 것이다. 또 그다음은 징병·징용 피해자 문제에 관한 중재가 이어지게 될 것이다. 이와 같이 문제가 '예외적인 해석 및 실시'에 관한 것이 아니라 '본질적인 해석 및 실시'에 관한 것이기 때문에, 일본군 '위안부' 문제의 중재에 의한 해결은 '종점'(終點)이 아니라 '시점'(始點)이 될 가능성이 높다. '1965년 체제'에 기초한 이런 결과는, 애꿎게도 '1965년 체제'가 더 이상 의미를 가질 수 없다는 것을 증명해주는 것이라고 해도 지나친 말이 아닐 것이다.

둘째, 한국 정부가 중재를 요청했으나 일본 정부가 그에 응하지 않는 경우, 중재에 의한 해결은 불가능하게 된다. 일본군 '위안부' 문제의 '분쟁화'를 극력 피하려는 자세를 취해 온 일본 정부로서는, 한국 정부의 중재 요청에 응하지 않을 가능성이 높다. 그런데 '청구권협정' 제3조의 제2항 및 제3항이 매우 상세한 절차를 규정하고 있지만 결국 어느 한 쪽 정부가 응하지 않는 경우에는 그것을 강제할 방법이 없고, 양국 정부가 협조하지 않으면 중재위원회의 구성 그 자체가 불가능하기 때문에 일본 정부가 응하지 않는 경우에는 중재에 의한 해결은 불가능한 것이다.

물론 이 경우에는 일본 정부에 의해 '청구권협정'이라는 조약이 위반된 상태가 되기 때문에 한국 정부는 그것을 파기할 수 있을 것이다. 한국 정부가 '청구권협정'을 파기하게 되면, 더 말할 것도 없이 '1965년 체제'는 수명을 다하게 된다. 만일 한국 정부가 파기하지 않는다고 하더라도 '청구권협정'의 심각한 위반 상태가 이어지는 결과가 되기 때문에, 역시 '1965년 체제'는 더 이상 기능할 수 없는 상태가 되지 않을 수 없을 것이다.

셋째, 한국 정부가 중재를 요청하지 않는 경우에도 또한 중재에 의한 해결은 불가능하다. 외교적인 부담을 우려한 한국 정부가 결국 중재를 요청하지 않을 가능성도 완전히 배제할 수는 없다. 다만 한국 정부가 중재를 요청하지 않으면, 그것은 곧 헌재 결정을 거슬러 기본권 침해의 위헌 상태를 지속시키는 것이 되기 때문에 헌법소원을 제기한 일본군 '위안부' 피해자들은 손해배상을 청구할 수 있을 것이다.

어쨌든 이 경우에도 '한일 양국 간의 해석상의 분쟁'이 확인되었음에도 불구하고 그것이 '청구권협정'이 정한 절차에 의해 해결되지 않는 상태가 되기 때문에, '청구권협정,' 나아가 '1965년 체제'의 의미는 상실될 것임은 말할 것도 없다.[28]

이와 같이 헌재 결정에 의해 활성화를 요구받고 있는 '청구권협정' 제3조의 중재 절차는, 그것이 어떤 방향으로 전개되든지 간에 1965년에 한일 양국이 묻어둔 본질적인 문제들을 풀어헤치지 않을 수 없게 되며, 그것은 '1965년 체제'의 수비 범위를 넘어선 상황이 되지 않을 수 없다. 따라서 헌재 결정에 의해 '1965년 체제'는 붕괴의 위기에 직면하게 되었다고 하지 않을 수 없는 것이다.

28_이론상으로는 한일 양국 정부가 중재로 나아가지 않고 "외교상의 경로를 통하여 해결"하는 경우도 상정할 수 있다. 분쟁에 이르게 된 경과와 분쟁의 양상을 고려할 때 그런 해결의 가능성은 현실적으로 매우 낮지만, 만일 그런 해결이 이뤄진다면 '1965년 체제'는 일단 위기를 넘기게 될 수도 있다. 하지만 본문에서 설명한 것처럼, 일본군 '위안부' 문제의 해결은 '종점'이 아니라 '시점'일 뿐이므로 이 경우에도 원폭 피해자 문제, 징용·징병 피해자 문제 등 '외교상의 경로를 통하여 해결'해야 할 추가적인 과제들에 직면하게 될 것이며, 따라서 '1965년 체제'의 위기는 계속 이어질 수밖에 없을 것이다.

2. 2012년 5월 24일 대법원 판결

2012년 5월 24일의 한국 대법원의 판결이 '1965년 체제'에 가한 타격은 보다 치명적이다. 그 날 대법원은 한일 과거 청산에 관해 '획기적인' 판결을 선고했다. 일제강점기에 미츠비시(三菱)중공업과 신일본제철에 의해 강제 노동을 강요당한 피해자들이 위의 회사들을 상대로 각각 제기한 소송의 상고심 판결들[29]이 그것이다. 이 판결들은 한일 과거 청산 전반에 관한 매우 획기적이고도 역사적으로 주목할 만한 '법적 결단'을 담고 있다는 점에서 특별히 주목되지 않으면 안 된다.

여기에서는 보다 많은 논점을 담고 있는 2009다22549 판결을 중심으로 그 의미를 되새겨 보기로 한다. 이 판결은 일본에서 이미 소송을 제기하여 패소 판결을 받은 미츠비시중공업 강제징용 피해자들이, 2000년 5월 1일 미츠비시중공업의 연락 사무소가 개설되어 있는 부산의 지방법원에 제기한 소송의 상고심 판결이다. 1심 법원인 부산 지방법원은 '소멸시효'를 이유로 원고 패소 판결[30]을 내렸다. 2심 법원인 부산 고등법원은 "일본국 재판소의 종전 소송 확정판결"의 기판력과 소멸시효를 이유로 원고의 항소를 기각하는 판결[31]을 내렸다.

한일 과거 청산과 관련하여 이 대법원 판결에서 우선 주목되는 것은, '청구권협정'에도 불구하고 강제징용 문제를 포함한 '식민지 지배 책임 일반'이 해결되지 않았다고 선언한 부분이다. 즉 판결은, 우선 "청구권협정은

29_대법원 2012.5.24. 선고 2009다22549 판결; 대법원 2012.5.24. 선고 2009다68620 판결.
30_부산 지방법원 2007.2.2. 선고 2000가합7960 판결.
31_부산 고등법원 2009.2.3 선고 2007나4288 판결.

일본의 식민 지배 배상을 청구하기 위한 협상이 아니라 샌프란시스코강화조약 제4조에 근거하여 한일 양국 간의 재정적, 민사적 채권·채무 관계를 정치적 합의에 의하여 해결하기 위한 것으로서, 청구권협정 제1조에 의해 일본 정부가 대한민국 정부에 지급한 경제협력 자금은 제2조에 의한 권리 문제의 해결과 법적 대가관계가 있다고 보이지 않는"다고 전제하고, 나아가 "청구권협정의 협상 과정에서 일본 정부는 식민 지배의 불법성을 인정하지 않은 채, 강제 동원 피해의 법적 배상을 원천적으로 부인하였고, 이에 따라 한일 양국의 정부는 일제의 한반도 지배의 성격에 관하여 합의에 이르지 못하였는데, 이런 상황에서 일본의 국가권력이 관여한 반인도적 불법행위나 식민 지배와 직결된 불법행위로 인한 손해배상청구권이 청구권협정의 적용 대상에 포함되었다고 보기는 어렵다"고 밝히고, 결론적으로 "원고 등의 손해배상청구권에 대하여는 청구권협정으로 개인청구권이 소멸하지 아니하였음은 물론이고, 대한민국의 외교적 보호권도 포기되지 아니하였다고 봄이 상당하다"라고 선언했다.

이것은 분명 한국 정부의 2005년 결정도 뛰어넘은 것이다. 위에서 살펴본 것처럼, 2005년 결정에서 한국 정부가 "일본 정부의 법적 책임이 남아 있"다고 규정한 것은, 어디까지나 "일본군 위안부 문제 등 일본 정부·군 등 국가권력이 관여한 반인도적 불법행위"였다. 강제 동원에 관해서는 "'고통 받은 역사적 피해 사실'에 근거하여 정치적 차원에서 보상을 요구했으며, 이런 요구가 양국 간 무상 자금 산정에 반영되었다," "무상 3억 불은 (…) 강제 동원 피해 보상 문제 해결 성격의 자금 등이 포괄적으로 감안되어 있다고 보아야 할 것"이라고 하여(국무조정실 2005), 오히려 소극적인 해석이 가능할 수도 있는 여지를 남겨 놓았었다. 그에 대해 판결은 "일본의 국가권력이 관여한 반인도적 불법행위"는 물론이고 "식민 지배와 직결된 불법행위"로 인한 청구권도 소멸되지 않았다고 확인하고, 나아가 그에 대한 "대한민국의 외교적 보호권도 포기되지 아니하였다"라고 밝혔다. 이런 '확산'이 가지는 의미는 심대하다. 그것은 곧 '식민지 지배 책임 일반에 관한 청구권'이 소멸되지 않았고, 그에 대한 외교보호권도 소멸되지 않았다는 의미에 다름 아니기 때문이다.

보다 주목되는 것은, 대법원 판결이 일제 강점의 불법성과 그것을 전제로 한 '식민지 지배 책임'을 전면적으로 확인했다는 점이다. 그 확인은 일본 재판소의 판결을 승인할 수 없다는 판단의 이유 부분에서 제시되어 있다. 즉 판결은, "일본 판결의 이유에는 일본의 한반도와 한국인에 대한 식민 지배가 합법적이라는 규범적 인식을 전제로 하여, 일제의 국가총동원법과 국민징용령을 한반도와 원고 등에게 적용하는 것이 유효하다고 평가한 부분이 포함되어 있"는데, "대한민국 제헌헌법은 그 전문에서 '유구한 역사와 전통에 빛나는 우리들 대한국민은 기미 삼일운동으로 대한민국을 건립하여 세상에 선포한 위대한 독립 정신을 계승하여 이제 민주 독립국가를 재건함에 있어서'라고 하고, 부칙 제100조에서는 '현행 법령은 이 헌법에 저촉되지 아니하는 한 효력을 가진다'고 규정하였"고, "또한 현행 헌법도 그 전문에 '유구한 역사와 전통에 빛나는 우리 대한국민은 삼일운동으로 건립된 대한민국임시정부의 법통과 불의에 항거한 4·19 민주 이념을 계승하고'라고 규정하고 있다"는 사실에 비추어 볼 때, "일제강점기 일본의 한반도 지배는 규범적인 관점에서 불법적인 강점(强占)에 지나지 않고, 일본의 불법적인 지배로 인한 법률관계 중 대한민국의 헌법 정신과 양립할 수 없는 것은 그 효력이 배제된다고 보아야" 하기 때문에, "일본 판결 이유는 일제강점기의 강제 동원 자체를 불법이라고 보고 있는 대한민국 헌법의 핵심적 가치와 정면으로 충돌하는 것이므로, 이런 판결 이유가 담긴 일본 판결을 그대로 승인하는 결과는 그 자체로 대한민국의 선량한 풍속이나 그 밖의 사회질서에 위반되는 것임이 분명"하며, "따라서 우리나라에서 일본 판결을 승인하여 그 효력을 인정할 수는 없다"라고 선언했다. 판결의 이 부분은 일본 재판소 판결의 승인 여부를 훨씬 뛰어넘는 중대한 의미를 가진다. 그것은 일제강점기와 광복 이후의 법적 단절을 명확하게 선언한 획기적인 판단이다.

파란만장한 근현대사의 굴곡 속에서, 일제강점기의 법령은 미 군정기를 거치면서도 대부분 연속되었고, 대한민국 정부 수립 이후에도 또한 그러했다. 1948년 헌법 제100조[32]가 분명히 "현행 법령은 이 헌법에 저촉되지 아니하는 한 효력을 가진다"라고 선언하여 대한민국 헌법에 저촉되는 일체의 일제강점기 법령과 미 군정기 법령의 효력이 부정되게 되어 있었지만, 분단과 내전 등 엄혹한 상황이 이어지는 가운데 그것은 그 과거 법령들의 효력을 정당화하는 근거로 역이용된 것이 역사적 현실이었다. 그것은 말하자면 애매한 과거 청산을 정당화하는 '법적 핑계의 원천'이 되어 왔다. 그 결과 대한민국의 역사 속에서 일제강점기는 '선언적인 단절'과 '법적·현실적인 연속'의 괴리 속에 애매하게 자리매김되어 왔다.

그런데 대법원의 이번 판결은 바로 그 애매성의 고리를 잘랐다. "일제강점기 일본의 한반도 지배는 규범적인 관점에서 불법적인 강점(占)에 지나지 않고, 일본의 불법적인 지배로 인한 법률관계 중 대한민국의 헌법 정신과 양립할 수 없는 것은 그 효력이 배제된다고 보아야 한다"라고 명확하게 선언했다. 일제의 한반도 지배가 "불법적인 강점"임을 법적으로 확인했

32_1948년 헌법 제100조에 대한 분석은, 김창록(1998)을 참조. 다만 위의 글 중 III-4 부분은 잘못된 기술이므로 폐기되어야 한다.

다.[33] 그리고 그 연장선상에서 "불법적인 지배로 인한 법률관계 중 대한민국의 헌법 정신과 양립할 수 없는 것은 그 효력이 배제된다"고 선언했다. 이것은 강점기 동안 일제가 만든 법령과 그 법령에 근거한 일체의 법률관계는 "대한민국의 헌법 정신과 양립"할 수 없는 한 모두 무효라는 선언에 다름 아니다. 그렇다면 일제가 그 법령에 따라 독립지사를 체포, 감금, 처벌한 것은 모두 무효인 것이다. 한반도의 인민을 징용, 징병으로 끌고 간 것을 포함하여, 한반도 인민에게 피해를 가한 일체의 행위는 모두 불법행위인 것이다.

이와 같이 한국의 대법원은 일제의 한반도 지배가 "불법적인 강점"이며 "식민 지배와 직결된 불법행위"로 인한 청구권은 '청구권협정'에도 불구하고 소멸되지 않았다고 명확하게 선언했다. 이 선언은 대한민국의 모든 국가기관을 구속하는 것이다. 그런데 이 선언이 '1965년 체제'에 기낸 일본 정부의 주장 및 그것을 수용한 일본 재판소의 판결[34]과 정면으로 충돌하는 것임은 말할 것도 없다. 따라서 '1965년 체제'는 '법적'으로 붕괴 직전의 상태에 이르렀다고 하지 않을 수 없는 것이다.

V. 맺음말: 새로운 법적 구조의 구축에 나설 때이다

2013년 1월 현재, 일제에 의한 35년간의 한반도 지배라는 청산해야 할

33_이에 관해서는 김창록(2002) 참조.

34_이에 관해서는 김창록(2007, 362-365) 참조.

과거를 가지고 있는 한국과 일본 사이에서, '1965년 체제'는 더 이상 법적 구조로서의 의미를 가지기 어렵게 되었다. '1965년 체제'의 출발선상의 불안정성과 1990년대 이후의 균열은 한일 간에 해결해야 할 본질적인 문제에 관한 것이다. 그것은 애당초 '1965년 체제'를 전제로 하여 해석의 불일치를 해소하는 방식으로 해결할 수 있는 것이 아니다. 게다가 2011년의 헌재 결정과 2012년의 대법원 판결은 그 불안정성과 균열을 더 이상 돌이킬 수 없는 것으로 확정지음으로써, '1965년 체제'를 붕괴 직전의 상태에 직면하게 만들어 놓았다.

돌이켜 보면 이런 역사적 전개는 '식민지 지배 책임'에 대한 민감도 확산의 과정이기도 했다. 식민지 종주국들이 여전히 국제 질서와 국제법을 지배하고 있었던 1965년에는 '식민지 지배 책임'은 현실적으로도 법적으로도 설 자리가 없었다. 그래서 '1965년 체제'에서 '식민지 지배 책임'은 배제되었다. 냉전이 종식된 이후 그 질서가 흔들리게 된 1990년대에 이르러 비로소 '식민지 지배 책임'은 조금씩 발언권을 얻게 되었다.[35] 그래서 '1965년 체제'에 균열이 생기게 되었다. 뒤를 이은 한국의 헌재 결정과 대법원 판결은 그 과정을 선도적으로 이끌었던 한국인 피해자들의 지난한 노력에 대한 화답에 다름 아니었다.

그런데 때마침 지난 2012년 12월 26일 일본에서는 1995년의 '무라야

35_2001년에 남아프리카공화국 더반(Durban)에서 개최된 반인종차별 국제회의에 의해 채택된 더반선언이 노예제와 식민지주의에 의해 야기된 "엄청난 고통과 참상"을 인정하고 그에 대해 유감의 뜻을 밝혔으며, 특히 식민지주의와 관련해서는 "식민지주의에 의해 야기된 고통을 인정하고, 언제 어디서든 식민지주의는 비난받아야 하며 재발이 방지되어야 한다"라고 밝힌 것은(http://www.un.org./WCAR/durban.pdf), 냉전 종식 이후의 그런 흐름이 응축되어 담겨진 것이라고 할 것이다.

마 담화'를 수정하겠다고 공언해 온 아베 신조(安倍晋三)가 이끄는 새 내각이 출범했다. 아베 내각은 "전문가의 지혜"를 모아 '무라야마 담화'를 수정한 '아베 담화'를 2015년 8월에 내놓겠다는 일정까지 밝혔다(『연합뉴스』 13/01/11). 아베 정권이 언제까지 지속될지 알 수 없으므로 '아베 담화'가 발표될 것인지 발표된다면 그 시기는 언제가 될 것인지는 불명확하지만, 1995년 이전으로 돌아가려는 강력한 정치적 움직임이 일본에 존재한다는 사실은 명백하다.

일본의 그런 움직임이 '1965년 체제'가 걸어온 역사적 흐름을 거스르는 것임은 말할 것도 없다. 그것은 1995년에 생겨난 일본으로부터의 균열을 억지로 메우겠다는 것에 다름 아니다. 하지만 이미 살펴본 것처럼 한국은 그 반대의 방향으로 매우 많이 나아가 있다. '아베 담화'의 시도가 일본으로부터의 균열을 메워 '일본의 1965년 체제'를 부활시키게 될지도 모르지만, 그것은 '한국의 1965년 체제'와의 간극을 더욱더 벌어지게 만드는 것일 뿐이다. 그래서 그것은 결국 본의 아니게도 '1965년 체제의 사망 선고'가 될 것이다.

한일 과거 청산의 법적 구조와 관련하여 나아가야 할 방향은 명확하다. '1965년 체제'가 그 수명을 다했다는 사실을 공식적으로 선언하고, '식민지 지배'를 전면적으로 청산하는 새로운 법적 구조를 구축하는 것이 그것이다. '1965년 체제' 50주년이 되는 2015년은 그 점에서 주목되고 준비되어야 할 해이다.

제2부

재산의 해방/분리

4장

전후 한국의 대일 배상 요구의 변용

미국의 대일 배상 정책에 대한 대응과 청구권으로의 수렴

장박진

I. 문제 제기

주지하듯이 독립 후 식민지 지배를 둘러싼 대일 과거 처리 문제를 당초 '배상' 개념에 입각해 추진하려 했던 한국 정부는, 대일강화조약 서명국 참가가 좌절됨에 따라 이를 '청구권' 문제로 처리하게 되었다. 이로 인해 배상과 청구권 사이에 커다란 단절이 발생했다는 인상을 주는 것[1]과는 반대로, 배상이 청구권과 개념적으로 대조되는 동일 개념으로서 인식된 결과 배상

• 이 글은 당초 이 책을 위해 집필되었으나 이에 앞서 『아세아연구』 150호(2012년 12월)에 게재되었다.

1_'단절'이라는 인상과 달리 '배상'과 '청구권' 간에 밀접한 관계가 존재한다는 점에 대해서는 장박진(2008)에서 이미 논했다.

구상 자체에 기인하는 변용에 주목하는 일은 없었다.

물론 청구권과 대조되는 배상 문제에 관한 논의가 없었던 것은 아니다. 그러나 이들 연구는 『대일 배상 요구 조서』(이하, 『배상 조서』)[2] 작성으로 이어지는 한국의 배상 요구 준비 과정에 초점을 맞춘 것으로, 이 과정에서 일어난 대일 요구의 변용에 주목한 것은 아니었다(太田修 2003; 박진희 2008).[3]

이 글은 한국의 대일 배상 구상이, 전후 대일 배상 처리 문제에 결정적인 영향력을 발휘하게 된 미국의 대일 정책의 변화와 연동하면서 변용을 거듭해 결국 '반환'적 성격의 요구로 귀결됨으로써, 사실상 한일회담 개시 후의 '청구권' 요구로 수렴되어 갔음을 밝히고자 한다.

여기서 말하는 '청구권'이란 물론 대일강화조약 4조 (a)항에 기초한 한일 간의 청구권(claims)을 뜻한다. 그것은 한일 간의 식민지 지배 등의 정치적인 배경을 따지지 않는 민사상 확정채권의 환수를 뜻한다. 이와 관련, 한국이 일본에 제기한 '배상' 개념에는 주의가 필요하다. 통상 배상은 1차 세계대전 후의 대독 처리가 상징하듯이 교전 관계에 따른 처리 방식으로서 전승-패전이라는 정치적 역학 관계를 반영하게 마련이다. 그 결과 배상 요구는 실제 발생한 비용에 구속되지 않고 그 이상의 요구가 가능하다는 점

2_『배상 조서』는 1949년 3월에 『對日賠償要求調書 第1部: 現物返還要求』로, 이어 9월에 제2부, 3부, 4부를 수록한 『對日賠償要求調書(續)』로 정리되었으나 이하에서는 그들을 총칭해 『배상 조서』로 약기한다. 또 『배상 조서』는 그 후 1954년에 다시 제1부, 2부, 3부, 4부를 합쳐 한 권의 책자로서 정리되었다. 그러나 국회도서관에 소장된 1949년 원본의 보존 상태가 지극히 좋지 않아 정확한 판독이 어려워, 이하 『배상 조서』의 검토에서는 주로 1954년판을 활용한다.

3_이 같은 점은, 한국의 대일 배상 요구의 움직임을 가장 상세히 분석한 오오타가 이 글도 중시하는 이상덕 배상론을 『배상 조서』로 이어지는 '대일 배상 요구의 원형'으로 논하고 있다는 점(太田修 2003, 39)을 통해서도 알 수 있다.

에서 정치적 성격을 띠며, 이런 의미에서 청구권 요구와 그 성격을 달리한다.

피식민지 국가의 피해 청구 근거가 충분히 확립되지 않았던 2차 세계대전 후의 전쟁 처리에서도 배상은 주로 대일 전승국인 연합국이 주도한 전통적인 '교전 피해 배상'을 뜻했다. 그러나 본론에서 논하는 바와 같이 병합에 따른 한일의 일체화라는 조건을 배경으로 한국이 제기한 배상은 그에 그치지 않았다. 한국이 제기한 배상에는 같은 전쟁 피해라도 대일 교전에 따른 것 이외에 전쟁으로 강제적으로 동원되었다는 의미에서 제기한 '전쟁 동원 피해 배상,' 또 전쟁 이전 식민지 통치 자체에 따른 피해 보상을 요구하는 '식민지 피해 배상' 등도 있었다. 이것들은 비록 피해 보상 요구의 직접적인 내상이 다르나 모두 배상이라는 개념으로 제기됨에 따라 정치적 색채를 띰으로써 청구권 요구와 다른 것으로 이해되기 쉽다.

이상과 같은 관점에서 이 글은 전후 한국이 제기한 대일 배상 요구가 교전 배상, 전쟁 동원 배상, 그리고 식민지 배상 요구를 교차시키면서도 결국 미국의 정책에 대한 대응의 논리적 결과로서, 최종적으로 정치적인 책임을 실질적으로 불문으로 하는 '반환'적인 요구로 귀결됨에 따라 그 의미에서 청구권 요구로 수렴되었음을 밝히고자 한다.

II. 재한 일본인 재산을 둘러싼 배상론의 변용

독립 후 한국 사회가 대일 피해 보상 처리에 관한 배상 문제로 안게 된 두 가지 과제는, 재한 일본인 재산과 그 이외의 피해 보상 문제로 구성된다.

먼저 재한 일본인 재산 문제부터 고찰하고자 한다.

1945년 9월 3일 김구는 임시정부로서 당면의 정책을 발표했는데 그 제12항에는 '적산 몰수'를 규정하고 있었다(國會圖書館立法調査局 1976, 13). 이 조항에는 '일본인 재산'이라는 직접적인 표현은 없다. 비록 일부지만 여기에는 일본 이외에도 추축국으로서 연합국과 교전한 국가들의 재한 재산도 포함될 수 있다. 실제 재산의 동결을 명한 군정령 2호는 일본과 함께 독일 등 추축국 재산도 대상으로 하고 있었다. 그러나 한반도가 일본의 지배하에 있었던 구조에 기인하는 재산 규모를 고려할 경우, 김구가 밝힌 한반도 내 '적산'의 실태가 사실상 일본인 재산을 겨냥한 것이었음은 말할 것도 없다. 김구가 직접 '일본인 재산'을 명시하지 않고 '적산 몰수'라고 일반적으로 표현한 까닭은 바로 몰수 대상을 교전 관계에 있었던 적국의 재산으로 한정해야 하는 국제적 선례를 의식한 것에 불과하다고 해석해도 무방할 것이다.

그러나 국제적 선례에 따른 임시정부의 이 방침은 반대로 식민지 관계라는 한일 관계의 특수성을 반영할 수 있는 논리가 아니었다. 일본을 패전으로 몰아간 교전의 구조는 재한 일본인 재산의 취득을 정당화하기 위해 대일 교전 관계를 자부한 임시정부의 주장 관철을 어렵게 했다. 미 태평양 육군총사령부 포고령 제1호로 인해 한반도 진주의 근거를 일본의 항복 문서에서 찾은 미국은 애초부터 한반도가 연합국에 대한 적국, 즉 일본 영토임을 전제로 하고 있었다.[4] 즉 대일 교전이라는 논리에 따라 재한 일본인 재산을 몰수할 수 있는 것은 한국이 아니라 미국이었다.

4_또한 항복이 바로 한반도에 대한 일본의 주권 상실을 의미하지는 않는다는 인식을 미국이 가지고 있었다는 점에 관해서는 長澤裕子(2011)를 참조.

물론 한반도는 단순한 적지(敵地)가 아니었다. 주지하는 바와 같이 카이로선언 등에서 표방된 한반도의 독립은 바로 미국이 주도한 것이었다. 즉 한반도는 '적국'으로서의 지위와 동시에 식민지 지배로부터의 '해방국'이기도 했다. 실제 주한 미군 사령관에게 민생에 관한 점령 행정의 내용을 지시한 SWNCC 176/8은 "적국 영토의 군사 점령자가 통상 갖는 권한을 귀관에게 부여한다"면서도 바로 그 뒤에서 "민정은 귀관의 군대의 안전과 양립하는 한 최대한 한국(Korea)을 해방된 국가로서 취급할 것을 기본으로 한다"(神谷不二 1978, 171)[5]고 적시했다.

그러나 가령 한국이 해방국이라고 하더라도 그것 자체가 저절로 구 지배국의 재산을 취득할 근거를 주는 것은 아니었다. 실제 당시 전후의 적산 취득 권리를 둘러싼 법적 기반을 제공하고 있었던 1907년 10월의 이른바 '헤이그 육전법규'는 부속서 제3관 '적국 영토에서의 군의 권력'에서 비록 사유재산, 종교, 교육, 자선 관련 재산 등을 제외했으나, 점령군에게만 적산을 몰수하는 권리를 허용하고 있었다.

1945년 10월 23일 미 군정청은 일본인 재산 처리에 관한 방침을 발표, 일본인 재산을 미 군정청 재산으로 관리할 것을 천명했다(國史編纂委員會 1968, 295). 이 발표는 일본인 재산을 최종적으로 미국의 소유물로 할 것을 공언한 것은 아니었으나, 국제법이 허용하는 점령군의 권한에 기인한 것이라는 관측이 자연스럽게 제기되었다. 실제 이에 보조를 맞추듯이 12월 4일 군정 장관 알치볼드 아놀드(Archibald V. Arnold)는 기자회견을 통해 "한국에서는 배상 문제가 있을 리가 없어 보인다. 한반도는 일본 영토였으나 전

5_이 문서에 관해서는 神谷不二(1978)에 수록된 일본어 번역 자료를 활용했다.

대일 배상 문제를 조사하기 위해 일본을 방문한 폴리(가운데)가 맥아더 사령관(왼쪽) 및 휠러 대령과 함께 GHQ를 나서고 있다. [출처: 미 국립문서기록청]

쟁 피해가 없었으므로 배상 근거가 될 수 있을지 알 수 없다"(國史編纂委員會 1968, 522)고 말했다. 즉 배상은 교전에 따른 연합국들 고유의 피해 보상 권리이므로 일본 영토였던 한반도가 일본과의 교전으로 인해 실제로 피해를 입은 일이 없는 이상, 한반도에는 배상 취득 권리가 없음을 사실상 천명한 것이다.

이 같은 미국의 입장은 미국의 초기 대일 배상 정책에 결정적 역할을 맡고 있었던 에드윈 폴리(Edwin W. Pauley)의 발언에서도 전해지고 있었다. 11월 28일 한국에서는 "일본은 연합국에 몰수된 조선, 만주, 중국, 대만, 필리핀, 난인(蘭印, 네덜란드령 인도네시아) 등지의 투자만으로도, 즉 수십억 불에 상당한 배상을 지출할 수 있다"(國史編纂委員會 1968, 484)는 폴리의 발언이 크게 보도되었다. 다시 말하면 일본의 지배하에 있던 다른 지역의 일본인 재산과 더불어 한반도에 있는 일본인 재산 역시 직접 한국으로 귀속되는 것이 아니라 일본의 대연합국 배상으로 충당될 것이라는 우려가 제기된 것이다.

이 보도의 진의와 상관없이 책임 있는 미국 관계자로부터 잇따라 나온 이 같은 발언은 당연히 재한 일본인 재산 처리의 귀추에 지대한 관심을 갖고 있던 한국에 파장을 일으키지 않을 수 없었다. 예를 들어 12월 3일 조선인민당은 폴리 사절단의 시각을 "일본의 군국주의의 침략 정책에 어두워 배상의 양에만 편향하고 질적으로 그 투자가 우리 한국인들의 응혈체(凝血體)인 것을 모르고 있다"(國史編纂委員會 1968, 513)고 비판했다. '응혈체'라는 말은 구체성을 결여한 지극히 추상적이고 정서적인 표현이다. 그러나 그 개념은 재한 일본인 재산이 한국인들의 피와 땀으로 만들어진 원래 '한국인의 것'임에도 불구하고 식민지 지배 아래서 일본인의 소유물이 되었다는 의미에서, 식민지 피해를 부각시키기 위한 개념이었음은 틀림없다. 즉 그것은 적산 몰수의 논리가 자칫 이 재산의 연합국 귀속을 자초할 위험성을 간파하면서 그 대체 논리로 식민지 통치의 불평등한 역학 관계에서 재한 일본인 재산의 취득 근거를 찾으려 한 것으로 풀이된다.

그러나 응혈체론 같은 정서적인 담론이 일본인 재산의 한국 취득을 정당화하는 데 아무런 힘을 발휘하지 못했음은 자명했다. 말할 필요도 없이 대일 전승국인 많은 연합국들은 식민지를 보유하고 그에 따라 각 지역에 재산권을 설정하고 있었다. 따라서 독립되는 지역에 대해 갖고 있던 구 종주국의 재산권을 부정하기 위한 응혈체 논리는 자칫하면 연합국의 재산권에도 부정적으로 작용할 수 있었다. 또 한국이 의지할 수밖에 없었던 미국 자체가 일본의 한반도 지배를 합법적인 것으로 인정하고 있었다.

이 같은 불확실성이 한국을 뒤덮고 있던 12월 6일 군정법령 제33호(이하, 군정령 33호)가 공포되었다. 재한 일본인 재산을 9월 25일자로 미 군정청이 '취득'(vest)하고 '소유'(own)할 것을 지시한 이 법령 역시 재한 일본인 재산을 최종적으로 미국으로 귀속시킬 것을 결정한 법령은 아니었다. 그러나 재한 일본인 재산이 적산으로서 미국으로 돌아갈 우려가 컸던 그 시기, 군정령 33호는 적어도 공포 당시의 한국 사회에 이 재산의 상실에 대한 위기의식을 한층 더 높였다.

이 같은 국제정치의 현실 앞에서 적산 몰수로부터 시작된 한국 사회의 담론은 응혈체론을 거쳐 드디어 국가 경제 재건이라는 지극히 현실적인 담론으로 돌아서게 된다. 예를 들어 방한한 폴리에 대한 메시지로서 1946년 5월 22일 비상국민회의 홍진(洪震)의 명의로 작성된 서한은 재한 일본인 재산의 처리에 관해 다음과 같이 호소하고 있다.

> 한국에 있는 일본의 재산은 전 한국 재산의 90%나 되는 막대한 거액이니 이것은 한국 독립의 경제적 기초로 삼지 않으면 안 됩니다. 각하께서는 이런 사정을 양찰(諒察)하시고 그 재산을 한국의 이익을 위하여 또는 한국 본위로 처리하심을 바라고 건투하심을 비나이다(國史編纂委員會 1969, 681).

공식적인 탄원의 성격을 띤 이 메시지에서 '응혈체' 같은 추상적인 구호는 완전히 그 자취를 감추고 있다. 여기에는 오직 한국에서 차지하는 일본인 재산의 규모가 매우 크므로 독립 한국의 경제 재건을 위해 이 재산이 절실하다는 현실적인 호소만이 담겼다. 재한 일본인 재산의 처리 문제에 대해 커다란 영향력을 가진 폴리에게 직접적으로 전달하기 위한 이 메시지에서 응혈체 같은 추상적인 기술이 빠지고, 현실적인 호소만이 담겨졌다는 사실은 주목할 만하다. 그것은 구 지배 지역과 일본의 경제적 연결을 절단시켜 이 지역의 부흥을 통해 일본의 지배력을 차단하려 한 폴리의 정책 구상으로 접근하려는 것에 다름 아니었다.

결국 폴리의 중간 배상 구상에 따라 1946년 5월부터 대일 정책의 최고 기관이었던 극동위원회는 구체적인 중간 배상 계획 작성에 들어갔다. 12월 결정된 중간 배상 계획에서 철거 대상으로 실제로 지정된 시설은 일본 내에 있는 것들만이었다.[6] 또 11월 16일 폴리가 발표한 최종 보고서는 일본이 지배 또는 점령한 지역에 있는 일본인 소유의 산업 시설을 철거하는 정책은 취하지 말고 이들 시설은 그대로 각 지역에 남길 것을 권고했다(岡野鑑記 1958, 89에서 재인용). 그 후 미 군정청으로 귀속되었던 일본인 재산은 대한민국 건국 후 1948년 9월에 체결된 "대한민국 정부 및 미국 정부 간의 재정 및 재산에 관한 최초 협정"(이하, 한미협정)에 따라 정식으로 한국에 이양되었다.

물론 그와 같은 '성과'를, 적산 몰수나 응혈체와 같은 민족적 정서를 포기하고 국가 경제 재건이라는 현실적인 담론으로 선회한 직접적인 결과로 보기는 어렵다. 그것은 어디까지나 미국을 중심으로 한 연합국들의 대일 정책의 결과에 불과하다. 그러나 이유야 어찌 되었건 교전 관계나 식민지 피해를 강조한 적산몰수론이나 응혈체론의 쇠퇴와, 이를 대신해 대두된 국가 경제 재건이라는 현실적 담론은 한국 사회로 하여금 재한 일본인 재산의 취득 근거를 스스로 애매하게 했다.

다시 말하면 그것은 이 재산을 교전이나 식민지 지배에 따른 피해 보상

6_자세한 지정 과정에 관한 연구는 岡野鑑記(1958, 82-87)를 참고.

으로서 받는 것인가 아니면 경제 재건을 위한 지원으로서 받는 것인가라는 근거에 관해서도, 또 일본으로부터 받는 것인가 아니면 미국으로부터 받는 것인가라는 재산 소유자에 관해서도 아무런 언급을 하지 못했다. 실제로 그와 같은 규정의 정치적인 영향을 고려한 한미 양국 역시 재한 일본인 재산을 이양시킨 한미협정 제5조에서, 군정령 33호로 인해 미 군정청이 취득한 일본인 재산 가운데 미 군정청이 이미 처분한 것을 제외한 나머지를 한국으로 이전시킬 것만을 규정했을 뿐이며, 한국의 취득 근거에 관해서도, 또 이양 전의 법적 소유자에 관해서도 아무런 규정을 두지 않았다.

이렇듯 재한 일본인 재산은 연합국의 배상 문제와 연동해 처리되었다. 그 결과 그 처리의 성격은 식민지 지배나 전쟁에 따라 한국이 입은 피해에 대한 일방적인 배상 취득이라는 의미가 퇴색되고, 한일 간의 청구권 처리에 관한 일본의 한국에 대한 선불(先拂)이라는 성격을 띠게 되었다. 실제 이 같은 애매함 때문에, 한일회담 개시 후 재한 일본인 재산의 한국 취득과 한국의 대일 청구권을 서로 상쇄시키는 문제가 대두되게 된다.

III. 대일 추가 배상론

1. 중간 배상으로부터의 한국 배제

대일 배상 문제는 물론 재한 일본인 재산의 귀속 문제에만 그치는 것이 아니었다. 1946년 6월 18일 당시 조선상공회의소는 폴리에게 제출한 청원서에서, 재한 일본인 재산과 더불어 일본 본토 및 기타 점령 지역에서 일본이 소유한 군사시설 및 군수품들이 한국인의 강제 노동과 원료의 일부로 생산되었다는 것을 이유로 들어 이를 한국으로 이전시킬 것을 요청하고 있다(國史編纂委員會 1969, 785-786). 즉 응혈체론을 활용하여, 당시 진행 중이던 중간 배상 계획에 따라 한국에도 재한 일본인 재산의 취득과 더불어, 일본 본토 및 기타 일본 점령 지역에 있는 일본 시설들을 이전시킬 것을 요구한 것이었다.

한국 사회로부터 그런 요청이 제기되던 1946년 6월 22일 폴리는 해리 트루먼 대통령에게 한반도에 관한 보고서("Ambassador Edwin W. Pauley to President to President Truman")를 보내고 있다. 그 가운데 폴리는 한반도의 경제구조가 일본의 지배하에서 일본을 위한 원재료 및 중간재 생산을 위해 형성되었다고 지적하면서, 한국이 향후 자립적인 경제에 필요한 생산물을 제조하기 위한 시설을 필요로 하고 있다는 인식을 드러내고 있다. 그 결과 폴리는 한국(Korea)이 필요한 산업 시설을 일본으로부터의 배상 철거물(reparations removals)의 일부로서 받을 수 있도록 하자고 권고했다(Department of State 1971a, 709). 물론 이 보고는 한국의 희망에 부합하는 측면이 있었다. 그러나 그것은 한국이 연합국으로 참가함으로써 일본으로부터 직접 배상을 받는 권리까지 인정한 것은 아니었다.

1946년 11월 23일 이승만은 워싱턴의 주미 한국대표부 대표인 임병직에게 전문을 보내, 일본의 배상 문제에 절대적인 이해관계를 갖고 있는 한국을 12월 초에 예정된 배상 회의에 직접 참가시켜 타당한 배분을 받을 수 있도록 요구할 것을 지시했다(國史編纂委員會 1996, 166). 이 훈령을 받은 임병직은 25일 이승만의 지시임을 밝히면서 폴리에게 배상 회의로의 참가 허가를 요청했다(國史編纂委員會 1996, 169).

그러나 1947년 1월 8일자로 폴리로부터 돌아온 답장은 일본의 배상 교섭이 극동위원회 참가국 차원에서 해결될 것이며 한국의 건설(installation)을 위해 일본으로부터 이전시킬 산업 시설은 미국에게 배분될 것으로 충당할 방침임을 밝혔다(國史編纂委員會 1996, 201). 즉 미국은 대일 배상 문제를 위한 교섭에 한국이 직접 참여할 것을 거절하고, 일본 본토에 있는 시설 등의 한국 이전 문제는 미국이 대일 배상으로서 받는 것 중에서 배정할 성격의 문제임을 통보한 것이었다. 또 주목되는 것은 한국의 배상 교섭 참가를 거절한 폴리의 답신은 다년간에 걸친 일본의 착취에 대한 대가 보상을 위해 미국이 계속 노력할 것을 비록 약속하고 있지만, 구체적으로는 일본으로부터의 원조(assistance)를 그 방안으로 제시하고 있다는 점이다.

요컨대 폴리의 답신은 중간 배상 계획과 연동하면서 일부 시설의 한국 이전을 부정한 것은 아니었으나, 그렇다고 한국에 식민지나 전쟁 피해국으로서 일본으로부터 직접 배상을 받는 권리를 인정한 것 또한 아니었다. 오히려 그것은 한국에 대한 배정이 단지 분리 국가의 경제 건설을 위한 지원의 성격으로 일본으로부터 받는 원조의 문제임을 천명한 것이었다. 실제로 대일 배상 처리에 관해 한국의 법적 지위를 정식으로 결정하는 강화조약 관련 구상에서도 한국의 지위는 그 시기의 연합국과는 명확히 구별되고 있었다. 예컨대 1946년 10월 25일자로 미국 정부의 일각에서 작성된 '대일강화조약'에서는 동 제1항 영토 조항에서 한반도(Korea)를 전 일본제국의 잔여(remainder)로 명확히 규정하고 있으며,[7] 또 제2항에서 '할양 지역(ceded

7_"Peace Treaty with Japan"(unpublished manuscript), *Drafts of Treaty(Ruth Bacon)*, YF-A10, Box 1; Folder 15, R. 01, p. 213. 단, 이 문서에 찍힌 날짜 표기가 애매하다. '1945'년일 가능성도 있다.

territories)에 관련된 조항들'을 따로 설정해 배상 협정 등의 확정이 들어간 제7항 '전쟁으로부터 생긴 청구권'과 명확히 구분하고 있다.[8]

즉 이 시기 한국의 법적 지위를 정식으로 결정하는 강화조약 구상에서도 한국은 일본제국의 '잔여'로서 연합국의 배상 권리에서 제외되고 있었던 것이다.[9] 결국 그런 한국에게 일본 본토 등에 존재한 관련 일본 시설의 직접적인 이전 권리가 주어지는 일은 없었다. 1947년 4월 미국이 내놓은 중간 배상 추심 지령 속에서 그 배정을 우선적으로 받게 된 국가들은 중국, 네덜란드, 필리핀, 영국 등 4개국이었다. 더욱이 이후 이 계획은 미국의 대일 배상 정책 자체의 변경에 따라 중단되었고, 그 결과 일본으로부터 미국이 중간 배상을 취득하는 일은 없었다. 따라서 비록 미국이 받을 대일 중간 배상으로부터의 재배분에 불과했으나 재한 일본인 재산 이외에 일본의 생산 시설들이 한국으로 이전되는 일 역시 일어나지 않았다. 그러나 설령 그것이 실행되었다고 하더라도 식민지나 전쟁 피해에 대한 배상 권리로서 처리되는 일은 없었을 것이다. 오히려 그것은 재한 일본인 재산과 마찬가지로 한일 양국 간의 재산청구권 처리에서 일본의 선불 재료로서 활용되는

8_"Peace Treaty with Japan"(unpublished manuscript), *Drafts of Treaty(Ruth Bacon)*, YF-A10, Box 1; Folder 15, R.01, p.214, 219. 이 문서는 한반도를 직접 할양 지역으로 명시하지 않았으며 또 정확히 말해 대만 등 '할양' 상대가 있는 지역도 아니었으나, '전 일본제국의 잔여'로 인식되고 있었던 한반도가 연합국이 아닌 '할양 지역에 관련된 조항들' 관련 규정에 종속될 지역이었음은 틀림없을 것이다.

9_이후 강화조약과 관련해 한국은 1949년 12월 초안부터 1951년 3월 초안까지 연합국으로서 배상 권리를 적용 받는 국가가 되었다. 그러나 이와 관련해 주어진 권리는 재한 일본인 재산의 취득 이외에 추가 배상을 포기하는 '권리'였다. 즉 연합국 자격 상실 여부와 상관없이 한국은 재한 일본인 재산 이외에 추가 배상을 취득하는 권리를 부여받은 적이 없다는 것이다. 이에 관해서는 장박진(2011)에서 논했다.

데 그쳤을 것이다.

2. 이상덕 배상 구상

대일 피해국으로서의 처리를 위해 한국에게 남겨진 마지막 가능성은 이 문제를 최종적으로 마무리 짓는 강화조약에 연합국으로 참가하고 배상 권리를 획득하는 것이었다.

선행 연구들도 언급하고 있듯이 한국의 대일강화조약을 향한 구체적인 움직임은 1947년 여름쯤 시작되었다. 그해 8월 남조선 과도정부는 연합국의 대일 배상 회의가 정식으로 성립될 때 일본에 요구할 배상액에 대한 구체적 조사 및 대책 수립을 위해, 오정수 상무부장을 책임자로 하는 조사위원회를 조직하고 있었다(國史編纂委員會 1972, 250). 1947년은 2월에 이탈리아가 연합국과 평화조약을 체결하고 4월에는 중간 배상 계획이 가동하기 시작하는 등 대일 배상 문제에 영향을 주는 움직임이 가시화한 시기였다.

조사위원회의 출범과 함께 그 시기 한국의 대일 배상 문제를 둘러싼 대외적인 움직임 역시 활발해졌다. 8월 18일 입법의원은 제131차 본회의에서 대일 평화회의 참석을 요청하는 결의를 냈다(國史編纂委員會 1972, 231). 이 결의가 나오자 당시 입법의원 의장이던 김규식은 한일 관계가 오랜 기간 복잡한(complicated) 관계에 있었다는 사실로 인해 한국이 평화회의에 직접 참가할 것이 정당하다는 이유를 들어, 회의 참가를 허락할 것을 당부하는 메시지("The Political Adviser in Korea(Jacobs) to the Secretary of State")를 트루먼 대통령에 보냈다(Department of State 1971b, 511).

대일 평화회의를 향해 1947년 여름쯤 시작된 준비 작업 과정에서, 주목할 만한 대일 배상 구상이 발표되었다. 그것은 1948년 1월 당시 조선은행 업무부 차장이었던 이상덕이 집필한 "대일 배상 요구의 정당성"이다. 여기서 주목하고자 하는 것은 이 배상 구상이 결코 이상덕 개인의 사견이 아니라, 후술할 『배상 조서』 작성으로 이어지는 한국 정부 내부의 준비 과정에서 과도기적이면서도 공적인 성격을 지닌 요구 구상이었다는 점이다.

실제 같은 금융기관에 몸담은 조선식산은행의 김남용은, 1947년 9월 재무부 산하에 각 은행 관계자의 대일 청산위원회가 구성되었다고 증언하고 있다(金南瑢 1948, 20). 국내 금융기관의 핵심이었던 조선은행이 각 은행 관계자로 조직된 청산위원회에 참가하지 않았다는 것은 상상하기 어렵고, 시기적으로 보아도 이 위원회가 배상조사위원회와 연계된 것이었음은 틀림없다. 더욱이 이상덕은 그 후 한일회담 청구권위원회 대표로서 깊이 관여한 인물이었다. 무엇보다 오오타 오사무가 지적하고 있듯이 이상덕이 발표한 배상 구상은 다음에 검토할 『배상 조서』 서문의 내용과는 물론이고, 심지어 그 표현까지 지극히 흡사하다(太田修 2003, 50).

또한 이상덕은 1947년 배상 준비 단계부터 『배상 조서』 작성을 거쳐, 그 후 대일 청구권 교섭까지 깊이 관여한 인물이다. 그 점에서 이상덕은 정부 관계자로서 대일 배상 조서 작성 과정을 몸소 경험한 사람이었으며 그만큼 이 과정의 연속과 변용을 구현하는 위치에 있었다. 따라서 그가 발표한 최초의 배상 구상은 1947년 여름쯤부터 1948년 초까지 대일 배상 문제의 준비에 관여한 정부 관계자 간에 공유되던 공적 견해를 짙게 반영하고 있다고 판단된다. 이 점에서 그것은 『배상 조서』로 귀결된 한국 정부의 대일 배상 요구의 변용을 이해하는 데 가장 중요한 근거를 제공하는 기초자료로서 의미가 있다.

이상덕은 먼저 2차 세계대전 후의 대일 배상 문제에 대한 연합국의 일련의 방침에 주목하고 있다. 그는 전후 연합국의 대일 배상 방침이 침략국의 전력 제거나 재군비 저지에 있으며 종래와 같이 승자의 보복을 패자의 부담으로 가하려는 것이 아님을 논하면서, 한국의 대일 배상 요구의 실현을 위해서는 그와 같은 세계적인 조류(潮流)에 부합하는 것이 중요하다고 지적했다. 이어 그는 제2차 세계대전의 성격에 주목해 이것이 제국주의적 식민지 쟁탈 전쟁이었던 1차 세계대전과 달리 파시즘의 침략에 대한 민주주의 방위전이라는 성격을 지니고 있으며, 따라서 그 특징이 해방전쟁이라는 성격에 있음을 강조하고 있다(이상덕 1948, 29-32). 이 같은 지적이 한국의 대일 배상 요구 정당화의 핵심 근거를 마련하기 위한 것임은 틀림없다. 즉 한국의 대일 배상의 정당성을, 연합국이 주도한 제2차 세계대전의 성격과 그에 부합하는 '민족의 해방'을 위해 필요한 조치라는 데에서 찾은 것이었다.

이어 근거를 강화하기 위해 이상덕은 일본의 한반도 지배가 국제 정의의 기본적 조건인 도의·공평·호혜의 원칙을 어긴, 폭력과 착취로 얼룩진 지배였다고 강조하면서 한일 병합이 한민족의 자유의사에 반해 강제된 것이라고 규정했다(이상덕 1948, 32). 즉 일본의 한국 지배가 한국 국민의 의사를 반한 것인 만큼, 2차 세계대전 후의 한국 독립은 '해방' 전쟁이라는 제2차 세계대전의 역사적 성격에 부합하는 일임을 부각시킨 것이다. 그러면서도 이상덕이 한국의 대일 배상 요구가 일본을 징벌하기 위한 보복의 부과가 아니라 피해 회복을 위한 필연적 수행임이 기본적 이념이며 이는 연합국이 일본에 가하려는 정신과 일치하는 것으로 믿는다고 표현한 것은, 한국의 대일 배상 근거를 연합국의 대일 전후 처리의 정신에 둘 것을 그 실현 여부의 관건으로 보고 있었기 때문이었다.[10]

한국의 대일 배상 요구의 근거를 연합국의 대일 처리 방침에 연결시킨 후, 이상덕은 대일 배상 요구의 범주를 다음과 같은 '기본적 표준'으로 제시하고 있다.

1. 일본으로부터 강제된 합병 이래 약탈·강탈·학대·강압 등으로 인한 일절의 희생 또는 손해, 손실은 그 정당한 소유자 또는 피해자에게 보상 또는 반환할 것이다.
2. 일본이 기도하고 강제로 관련된 전쟁의 결과 한국인이 피(被)한 일절의 손해 및 손실이 그 책임이 일본국에 있음을 단정하고 그 보상금을 주장한다.
3. 1945년 8월 9일 포츠담선언 수락 이후 9월 7일 미군 진주시까지의 허공 상태에 일본 잔존 세력의 집정과 책임하 한국의 불이익을 초래한 일절의 배신적 불법행위 또는 재산상의 침략은 무효 또는 보상할 것이다.
4. 한반도 내 유체(有體)·무체(無體) 일절의 일본인 재산은 우리의 노력(勞力)과 우리의 자원을 착취하야 비대한 것이므로 그 소유가 일본 정부 그 대행 기관(機關) 또는 보통 인민 여하를 막론하고 한반도에 수립되는 국가에 무상 귀속할 것을 주장한다.
5. 한반도 내 거주 또는 한반도 외 거주 또는 소재를 막론하고 일본인 또는 일본인 지배하의 법인의 부담하는 금전 채무는 변제 기간 도래 또는 미도래를 막론하고 즉시 반납을 주장한다(이상덕 1948, 32).

10_가장 먼저 이상덕 배상론에 주목한 오오타는 '보복의 부과가 아니라 피해 회복'이라는 논리가 미국의 대일 배상 정책의 전환에 영향을 받지 않기 위한 논리였다고 평가하고 있으나(太田修 2003, 46), 이는 오히려 반대라고 해야 하겠다. 즉 이 논리는 한국의 대일 배상이 연합국의 처리의 틀 안에서 이뤄질 수밖에 없는 조건하에서 한국의 대일 요구가 2차 세계대전 후의 연합국의 방침과 일치하는 것임을 강조하기 위한 논리였다. 그것은 무엇보다 본론에서 말한 바와 같이 이상덕 자신이 연합국의 대일 처리가 승자의 보복이 아님을 지적하고 한국의 대일 배상 실현을 위해 그와 같은 세계적인 조류에 부합해야 할 것을 강조하고 있다는 점에서 알 수 있다.

표 1 | 이상덕이 밝힌 구체적인 배상 요구 항목[11]

(1) 약탈에 의한 손해	a) 일본이 자의 또는 강제로 반출한 국보 미술품, 문헌, 유물, 기타 역사적 물건의 반환 또는 보상. b) 일본 육해군 또는 신사 건축에 기부, 헌납 또는 위문(慰問) 기타 방법으로 강탈한 금전 또는 물건의 반환 또는 보상. c) 공출 헌납 또는 금속 회수령 등으로 강탈한 귀금속 제품, 수기(輸器) 등의 반환 또는 보상.
(2) 강제로 동원된 금차 전쟁의 결과 피한 손해	a) 동원, 지원 또는 출정(出征)한 군인, 군속의 사망, 질병 또는 불구, 폐질(廢疾)의 희생이 된 일절의 수당 은급 및 보상. b) 전투 또는 군사적 행위의 직접의 결과 사망, 상해에 의한 손해. c) 징용 근로봉사 또는 보국대(報国隊)의 명목으로 강제 노동의 희생이 된 자 및 생존 피부양자의 손해. d) 직접 또는 간접의 군사적 목적에 의한 시설 공작물 또는 수용령의 결과 피한 재산의 파괴 몰수 또는 훼손.
(3) 학대, 강폭(强暴)에 의한 손해	a) 관공서, 한교 정부기관 회사 등에 있어 급여상 민족적 차별 대우로 의한 손해. b) 가문의 명예, 인권의 존엄을 무시한 창씨개명의 강제에 기인한 손해. c) 종교, 신앙, 사상, 학문의 자유 탄압으로 폭학(暴虐)한 희생이 된 자 및 그 생존 피부양자의 손해. d) 언론, 출판, 집회, 결사의 자유를 억압하고 부당히 폭행, 고문, 재산 파괴 또는 몰수의 희생된 자 및 그 생존 피부양자의 손해. e) 이민 또는 인구정책의 명목하 간도, 만주 등에 추방의 희생이 된 자 및 생존 피부양자의 손해. ※ 일본의 폭학에 의한 피손해 및 위자료 일체가 포함될 것이다.
(4) 해방 직후 발악 일인이 조선의 불이익을 초래할 목적으로 각종 시설, 공장, 부동산 또는 재고품 파괴, 소각, 매장 또는 훼손에 의한 손해. 또는 경비의 부정 지출, 회계의 문란, 급여의 과불 등 배덕(背德)적 불법행위에 의한 손해.	
(5) 전시 중 일본의 작전 목적으로 사용된 선박, 차량, 자동차, 기타 수송기관의 상실, 파괴, 훼손 등에 의한 ( ) 고의 보상.	
(6) 미곡 강제 반출의 보상: 당시 미곡 시장가격과 공출가격의 교환, 불균등한 수탈 차액에 대한 보상.	
(7) 일군 10만 명의 양병(養兵)비: 우리나라 국민경제와 생활 자원에 속하는 막대한 물자의 강탈적 보급으로 구성된 양병비에 대한 보상.	
(8) 전시 중 일본이 전비 염출의 목적으로 강제 징수한 과세, 부금(賦金), 벌금 기타 이에 유(類)하는 피해 일절.	
(9) 반출 지금(地金)의 현물 반환.	
(10) 본방(本邦)인의 해외 재산: 전후의 혼란으로 상실 또는 손실된 만주·중국 또는 해외에 소유한 본방인의 재산에 대한 보상.	

자료: 이상덕(1948, 33-34).
주: (5)에 있는 ( )는 인쇄 상태 불투명으로 인해 판독 불가능함을 뜻한다.

이상의 다섯 가지 '기본적 표준'을 간략하게 정리하면 (1) 강제 병합에 따른 식민지 피해 보상 (2) 일본의 전쟁 수행에 따라 발생한 피해 보상 (3) 해방 후의 혼란기에 생긴 피해 보상 (4) 재한 일본인 재산의 무상 취득 (5)

일본 관련 법인에 대한 한국인들의 채권 청산으로 나눌 수 있을 것이다. 이상덕은 이 '기본적 표준'을 제시한 후 보다 구체적인 대일 배상 요구 항목들을 〈표 1〉과 같이 제시하고 있다(이상덕 1948, 33-34).

이상덕이 거론한 구체적인 항목은 10개항이며, 이들 항목이 정확히 5가지 '표준'에 따라 정리된 것이라고는 볼 수 없다. 예를 들어 (1) '약탈에 의한 손해'에는 미술품 등의 반출과 함께 일본 육해군의 강탈, 공출 등이 섞여 있으며, 따라서 이 요구는 '표준' 1. '강제 병합에 따른 식민지 피해 보상'과 2. '일본의 전쟁 수행에 따라 발생한 피해 보상'의 양쪽에 걸쳐 있는 것일 가능성이 크다. 원래 한국의 경우 전쟁 수행에 따른 피해가 식민지 지배 관계와 얽히는 것이 많으니만큼 세부적인 차원에서는 '식민지 피해'와 '전쟁 동원 피해'를 사실상 구별할 수 없는 것이 많았다.

그러나 배상 내용의 변용을 이해하는 데는 비록 식민지 피해와 전쟁 피해를 엄격히 구별하지 못하더라도 이상덕이 개념적으로 식민지 피해를 부각시키고 있는 점은 주목할 만하다. 특히 그것은 (3) '학대, 강폭에 의한 손해'에 들어간 구체적인 항목들로 나타났다. 예컨대 이 항에 포함된 민족적 차별로 인한 급여 차별, 창씨개명 등은 식민지 지배로 인한 피해를 부각시킨 것이며, 또 신앙·학문의 탄압, 언론·결사의 억압 등도 전쟁 수행 여하와 상관없이 식민지 지배에 대한 한민족의 저항에 대한 탄압을 추궁하는 성격

11_이상덕은 구체적인 항목들을 직접적으로 '청구권'으로서 제시하고 있으나(이상덕 1948, 33), 이 '청구권'이 대일강화조약 이후 성립된 '청구권' 요구가 아니라 '배상청구권'의 의미로 제기되었다는 것은 그가 '청구권 문제'에 해당하는 '금전채권' 문제를 별도로 거론하고 있다는 점(이상덕 1948, 36-39)을 통해 알 수 있다. 이 글은 배상의 변용을 논하고 있으므로 글자 수 제한도 고려해 후술할 『배상 조서』 제2부 '확정채권'에 들어가는 금전채권 항목은 별도로 제시하지 않는다.

을 띠고 있었다.

1948년 초 전쟁 피해와 더불어 식민지 지배에 대한 피해 보상 요구를 포함시킨 것은 당시 아직 미국의 대일 정책이 완전히 전환된 것이 아닌 가운데, 한국의 대일 배상을 연합국이 주도한 민족의 '해방'에서 찾을 수 있다는 논리에 기초한 것으로 보아도 큰 과오는 없을 것이다. 실제 미국의 대일 배상 정책이 무배상 원칙으로 돌아서게 됨에 따라 한국의 대일 배상 구상은 크게 변화하게 된다.

3. '배상 아닌 배상 요구'로의 후퇴

주지하다시피 일본의 생산능력을 억제하려 한 미국의 초기 대일 배상 정책은 그 후 냉전의 격화에 따라 크게 변모하게 되었다. 냉전의 격화에 민감한 육군성 주도로 클리포드 스트라이크(Clifford S. Strike)에 의해 작성된 1947년 2월의 제1차 스트라이크 보고서("Report on Japanese Reparations," First Strike Report)는 대일 정책에 필요한 기초 조건이 바뀌었다는 이유로 폴리 배상 방침에 따를 것을 부인했다(大蔵省財政室 編 1982, 464). 또 1948년 4월 육군성에 제출된 퍼시 존스톤(Percy H. Johnston)의 보고서("Report on the Economic Position and Prospects of Japan and Korea: Measures Required to Improve Them")는 "일본의 공업 생산물이 극동 지역 전체에 필요하다"는 인식하에 "미국이 바야흐로 일본의 부흥을 도와야 한다"고 권고했다(大蔵省財政室 編 1982, 483-484). 이 조사를 위해 방일한 존스톤은 일본 관계자와의 회담에서, 자신들의 사명은 어떻게 일본으로 하여금 자립경제 위에 서게 할 것인가에 있다는 것, 이는 물론 단지 애타적인 정신으로 수행하는 것이 아니라 그것이 자신들의 이익에 부합하기 때문임을 피력하고 있다(外務省 2006, 349). 그 후 미국은 1949년 5월 이른바 프랭크 맥코이(Frank R. McCoy)에 의한 맥코이 성명을 통해 중간 배상 계획을 중단시키고 정식으로 무배상 정책으로 돌아섰다.

전술한 1948년 초의 이상덕 배상 구상으로부터 후술할 『배상 조서』로의 변용은 바로 미국의 대일 배상 정책의 변화를 반영한 것으로 볼 수 있다. 실제 미국의 대일 배상 정책의 전환이 가시화하는 가운데 1949년 3월 연합국 최고사령관(SCAP)에 대해 『배상 조서』 제1부 '현물'을 제출한 당시, 임병직 외무부 장관은 『배상 조서』를 통한 대일 요구에 대해 "그는 배상이 아니다. (…) 배상이라는 문구는 당초에 부당한 것"이라고 설명하고 있다. 표면상 드러난 '배상'이라는 개념과는 달리 이 『배상 조서』를 제출한 당사자가 그 내용에 대해 '배상'으로 형용하는 것에 회의적인 시각을 보인 것이었다. 임병직은 그 이유를 "소위 배상이란 정신적 손실이나, 이는 앞날의 강화회의 시에 요구할 것"이라고 말하고 있다(國史編纂委員會 1999, 298-299). 다시 말해 임병직은 '배상'이 '정신적 손실'의 요구인 데 반해 한국의 대일 요구는 그와 같은 성격이 아님을 내비친 것이었다.

그렇다면 이 『배상 조서』를 통해 밝힌 한국의 대일 요구라고 함은 어떤 성격이었는가? 임병직은 미국 정부의 방침이 대일 추가 배상을 부정하는 것임을 전한 외신 보도에 대한 답변에서 다음과 같이 반론하고 있다.

> "대일 배상은 미군정 밑에서 받을 것이 아니다. 따라서 미국에서 운운한 것이 아니라 직접 우리가 일본에서 배상을 받을 것이며 민국 정부가 일본 정부에 대하여 배상을 요구하는 것은 과거 왜정 40년 동안 강도 당한 국보 및 국가와 민족의 자원·재산의 현물의 반환을 요구하는 것이다"(國史編纂委員會 1999, 191. 밑줄은 인용자).

이 발언은 먼저 현물을 대상으로 한 『배상 조서』 제1부의 제출에 맞춘 것인 만큼 그 반환 대상을 '현물'에만 한정한 것이나, 이 발언을 통해 임병직은 한국의 대일 요구가 미국의 정책과 무관한 것임을 강조하기 위해 '정신적 손실'을 요구하려는 것이 아니라 '반환'을 요구하는 것임을 부각시켰다. 주목해야 할 것은 이 발언 역시 단지 임병직 개인의 생각이라고는 볼 수 없다는 점이다. 실제 임병직은 1949년 1월, 35년 만에 한국에 귀국했는데 도착 시에 처음으로 자신이 외무부 장관으로 취임하게 된다는 것을 들었던 인물이었다(임병직 1964, 323). 그는 『배상 조서』가 작성될 때 한국에 있지 않았으며, 따라서 그가 밝힌 요구 근거는 귀국 후 대일 배상 문제를 담당하던 주변 사람들로부터 전달받은 것이었을 것이다.

이와 같이 미국의 대일 배상 정책의 전환을 맞이해 1949년에 그 체계적인 모습을 드러낸 대일 요구는 '배상이 아닌 배상 요구'였다. 다시 말해 그것은 이미 반환적인 요구로 재구성되었다는 의미에서 한일회담 '청구권' 요구와 근본적으로 차이가 있는 것이 아니었다.[12] 이하 『배상 조서』의 구체적인 고찰을 통해 '반환'적인 성격을 검증하고자 한다.

12_나중에 임병직은 회고록에서, 한일교섭은 "대일 배상 요구를 철폐하고 재산권을 청구하게 되었다는 사실에 독자는 주목하여야 할 것이다"라고 일부러 강조하면서, 그 차이에 대해 배상 요구가 일본이 한국을 침략하고 한국 국민의 정신적, 육체적, 재산상의 피해를 입힌 사실에 대한 강경한 태도인 반면, 재산권에 대한 청구 요구는 실질적인 피해에 대한 청구라고 설명하고 있다(임병직 1964, 499). 그러나 본론에서 언급한 임병직의 발언을 볼 때 회고록에서의 증언은 배상 요구가 추진되고 있었던 실제 과정을 정확히 반영한 것은 아니라고 말할 수 있겠다.

IV. 『배상 조서』의 성격

1. 『배상 조서』의 구성

그 성격이 반환적이며 미국의 정책과 무관함을 강조한 임병직의 언설과 달리, 『배상 조서』는 애초부터 미국의 대일 정책을 인식해야만 했던 고심의 산물이었다. 그것은 무엇보다 한국 정부가 『배상 조서』를 미국에 제출하기 위해 작성했다는 사실이 입증하고 있다.[13] 또 『배상 조서』 전문은 "한국의 대일 배상의 응당성(應當性)은 다시 의심할 여지가 없는바, 이미 (1) 포츠담선언, (2) 연합국 일본 관리 정책, (3) 폴리 배상 사절단 보고에 명시되어 있다는 것을 명백히 하는바"(대한민국정부 1954, 1)라고 선언하고, 대일 배상의 정당성을 연합국에 의한 대일 정책에서 찾고 있다. 그러나 문제는 대일 배상의 정당성을 담보한 미국의 대일 정책이 근본적으로 수정되었다는 현실이었다. 다시 말해 『배상 조서』는 미국에게 제출되면서도 그 대일 정책 변화의 영향을 받지 않는 것이어야 했다. '반환'적인 『배상 조서』의 성격은 바로 그와 같은 모순에 부응하기 위한 산물이었다고 판단해도 무방할 것이다.

이 같은 모순 속에서 작성된 『배상 조서』는 제1부 '현물', 제2부 '확정

13_1949년 4월 7일 제1부가 GHQ에 제출된 것은 『배상 조서』에 명시되어 있으나(대한민국정부 1954, 2) 제2, 3, 4부를 담은 속편이 언제 제출되었는지는 불명확하다. 그러나 9월의 속편에도 제2부 '확정채권'에 관한 설명에서 맥아더 사령부가 확정채권 문제를 일반 배상 요구에 포함시켜 제출할 것을 요구해 왔다는 기술이 있으므로(대한민국정부 1954, 2) 이 속편 역시 미국에 제출하기 위해 작성된 것임은 확실하다.

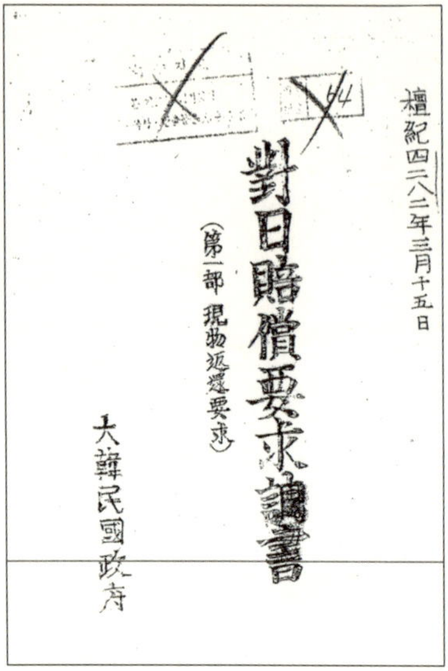
檀紀四二八二年三月十五日

對日賠償要求調書

(第一部 現物返還要求)

大韓民國政府

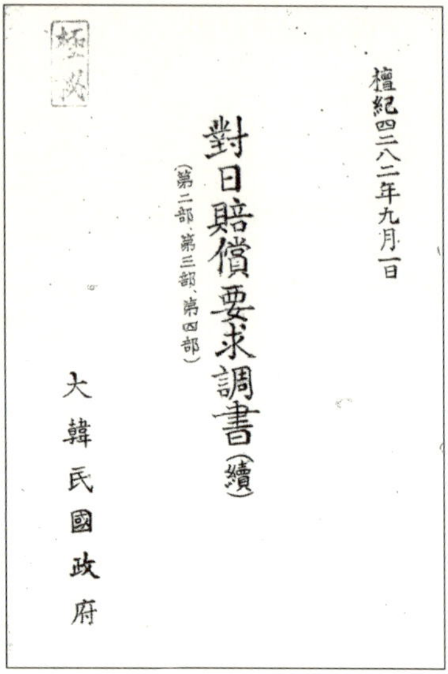
檀紀四二八二年九月一日

對日賠償要求調書(續)

(第二部, 第三部, 第四部)

大韓民國政府

대일 배상문제 처리와 관련해 GHQ에 제출하기 위해 한국 정부가 1949년 3월 및 9월에 각각 작성한 『대일배상요구조서』 제1부 및 제2·3·4부. [출처: 국회도서관]

채권', 제3부 '중일전쟁 및 태평양전쟁에 기인한 인적, 물적 피해,' 그리고 제4부 '일본 정부 저가 수탈에 의한 손해' 등 4부 구성으로 편성되었다.

이 가운데 먼저 지금·지은, 미술품, 골동품, 선박, 해외 부동산 등을 포함한 제1부 '현물'과 관련, 『배상 조서』는 이 요구 내용이 '반환' 요구임을 직접 명시하고 있다(대한민국정부 1954, 2). 또 제2부 '확정채권'에 관해서도 『배상 조서』는 그것이 "단순한 채권·채무 관계이며 따라서 배상 문제와는 본질적으로 아무 관련이 없는 것이고 (…) 신속히 상환 또는 변제될 것을 요구는 바"(대한민국정부 1954, 2-3)라고 적고 있다.

즉 제1부 요구는 과거 한반도에 존재했으나 일본으로 반출된 지금, 미술품 등의 현물을 다시 한국으로 되돌려 줄 것을 요구하는 것으로, 반출 자체에 대한 책임을 추궁하고 현물 가치 이상의 지불을 요구하는 것이 아니었다. 제2부는 식민지 지배나 전쟁 등의 정치적인 요인과 상관없이 생긴 단순한 채권의 환수를 요구하는 것이었다. 이런 맥락에서 제2부가 애초 반환적인 요구를 모은 것이라는 점은 따로 설명할 필요가 없을 것이다.

즉 제1부 및 2부는 임병직이 설명한 '정신적인 손실'의 피해 보상 요구가 아니라 '반환'적인 요구와 일치하고 있다. 따라서 자세한 검증이 필요한 것은 '전쟁 피해'나 '저가 수탈' 등의 정치적 성격을 표면상 강조한 제3, 4부의 요구 내용이다.

2. 제3부의 분석

1) 인적 피해

제3부 '중일전쟁 및 태평양전쟁에 기인한 인적, 물적 피해'의 첫째 요구 항목은 인적 피해에 관한 요구 항목들이었다.

한국 정부는 이 항목들을 '피동원 한국인 제 미수금'으로 총칭하면서, 보다 구체적으로 "일본 정부의 관계 법규와 각 사업장의 제 급여 규정에 의한 제 미수취(未受取) 금품과 동원으로 인하여 받은 당사자 및 그 유가족의 피해에 대한 배상 등을 요구하는 것"(밑줄은 인용자)이라고 설명하고 있다(대한민국정부 1954, 329). 구체적인 요구 내역은 〈표 2〉와 같다.

『배상 조서』는 〈표 2〉에 제시한 각 세부 항목들의 어느 범위가 '미수취 금품'이며, 또 '배상' 요구인지를 구별하고 있지 않다. 개념적으로 보면 ① '사망자 조위금'부터 ④ '부상자 및 일반 노무자 위자료' 또는 ⑤ '부상자 부상 수당'까지가 후자인 '배상'으로, 그리고 ⑤ '부상자 부상 수당' 또는 ⑥

표 2 | 인적 피해에 관한 요구 항목들

요구 항목	『배상 조서』 중의 추가 설명
① 사망자 조위금	보험금도 합쳐, 규정에 따라 1만 2,603명에 대해 1인당 5,000엔(신고액 평균)으로 함.
② 사망자 상제료	규정에 따라 사망자 1만 2,603명에 대해 1인당 100엔(신고액 평균)으로 함.
③ 유가족 위자료	사망자 1만 2,603명에 대해 1인당 1만 엔(신고액 평균)으로 함.
④ 부상자 및 일반 노무자 위자료	전시 재해 수당, 기타 수당을 '위자료'로 하여 이하로 함. – 부상자 1인당 5,000엔. – 일반 노무자 1인당 1,000엔(전체 노무자 수 10만 5,151명).
⑤ 부상자 부상 수당	-
⑥ 퇴직 수당 총액	신고액.
⑦ 상여금 총액	신고액.
⑧ 현금 기타 보관금	신고액.
⑨ 미수 임금	신고액.
⑩ 가정 송금액	기본 보조금, 특별 보조금, 가족수당, 가정 송금을 일괄 '가정 송금'으로 했으며 규정에 따라 1인당 월평균 80엔(신고액 평균)을 한도로 함.
⑪ 징용 기간 연장 수당	규정에 의하여 1인당 월평균 400엔(신고액 평균)으로 함.

자료: 대한민국정부(1954, 323-324)를 기초로 재정리.

'퇴직 수당 총액'부터 ⑪ '징용 기간 연장 수당'까지가 전자인 '미수취 금품'으로 분류해도 큰 과오는 없을 것이다.

먼저 '수당, 상여, 보관금, 임금, 송금' 등으로 구성된 '미수취 금품'이 '반환'적인 것이라는 점은 쉽게 알 수 있다. 비록 그 요구가 전쟁으로 동원된 사람들에 관한 것이라는 의미에서는 정치적인 배경을 가지지만 이 요구의 실태는 정치적인 것과는 무관한 것이었다. 그것은 관계 법규나 급여 규정에 따른 수당 등 이미 노무의 결과로서 받을 수 있는 한국인의 금전 채권을 요구하는 것이며, 또 한국인이 보관을 의뢰한 자산의 회수를 요구하는 것이니만큼 그것은 한국인을 동원했다는 것 자체의 정치적인 책임을 추궁한 것이 아님은 분명하다.

따라서 주의가 필요한 것은 '당사자 및 그 유가족의 피해에 대한 배상' 관련의 항목이다. 이들 '배상' 항목들은 기본적으로 '조위금, 상제료, 위자료' 등으로 구성되어 있다. 이런 의미에서 수당 등 노무 보수와 같은 직접적인 미수금 지불 요구와 차이가 있다.

그러나 『배상 조서』는 조위금이나 상제료에 관해 '규정'에 의해서, 또 위자료에 관해서도 '전시 재해 수당', '기타 수당'들을 위자료로 간주해 산출했음을 명시하고 있다(대한민국정부 1954, 329). 이 같은 설명은 산출에 적용한 '규정'들이 무엇인지를 구체적으로 밝히지 않았으나, 일제강점기 한국이 독자적인 규정을 갖지 못했던 조건, 또 그것이 일본으로 동원된 노무에 관련된 요구였다는 점을 고려하면 그 '규정'이란 정부 차원이건 각 사업소 차원이건 일본의 관계 법규임은 틀림없다.

즉 『배상 조서』가 제기한 '조위금, 상제료, 위자료' 등의 '배상'은 비록 그것이 임금, 상여 등 직접적인 노동 보수라는 '채권'이 아니었으나, 그것 역시 일본의 관계 규정에 따라 일본 국민에게도 같이 적용되는 사망, 부상에 따른 수취 채권의 회수 요구를 뜻했다. 이런 의미에서 이 요구 역시 한국인을 동원시켜 사망, 부상으로 몰아갔다는 정치적인 책임을 추궁한 '정신적인 손실'을 요구한 것이 아니었다. 요컨대 『배상 조서』가 제기한 인적 피해 요구는 그것이 '미수취 금품'이건, '당사자 및 그 유가족의 피해에 대한 배상' 요구이건 모두 '반환'적인 것이라고 해석할 수 있다.

2) 물적 피해

전쟁 관련 피해를 다룬 제3부의 두 번째는 물적 피해에 관한 요구 항목들이었다. 그것들은 기본적으로 세 가지 유형으로 나눠진다.

표 3 | 물적 피해 중, 일본군 점유·사용에 의한 피해 요구 항목들

요구 항목	추가 설명
문교본부 관계	서울대학, 이화여자대학, 경성신학, 동국대학, 연희(延禧)대학(1947년 조사 당시 시가에 의함).
서울시 학무국 관계	고등학교, 중학교, 초등학교 등 전 103 학교의 건물 파손 및 일본인 교사의 비행으로 인한 부정처분된 비품 등(1947년 10월 1일 현재).
경기도 학무국 관계	상업학교, 초등학교 등 전 6 학교(1947년 조사 당시 시가에 의함).
강원도 학무국 관계	중학교 2 학교(1947년 조사 당시 시가에 의함).
충청남도 학무국 관계	중학교, 초등학교 등 전 57 학교(1947년 조사 당시 시가에 의함).
전라북도 학무국 관계	사범학교, 중학교 등 전 13 학교(1947년 조사 당시 시가에 의함).
전라남도 학무국 관계	중학교, 초등학교 등 전 19 학교(시기에 관한 기술이 없음).
경상북도 학무국 관계	중학교, 초등학교 등 전 13 학교(1947년 조사 당시 시가에 의함).
경상남도 학무국 관계	중학교, 초등학교 등 전 22 학교(1947년 조사 당시 시가에 의함).
교통부 관계	철도학교 기숙사가 해방 직전, 직후에 만주, 38 이북에서 남하한 일본인 전재민의 수용소였던 관계로 파괴된 피해.
제주도 학무국 관계	농업학교, 중학교 2 학교(1947년 조사 당시 시가에 의함).

자료: 대한민국정부(1954, 330-332)를 기초로 재정리. 각 도별 구체적인 대상 학교 리스트는 대한민국정부(1954, 332-359)에 수록되어 있다.

(1) 일본군 점유·사용에 의한 피해

물적 피해 중의 첫째 항목은 전쟁을 위해 일본군이 점유·사용함에 따라 발생한 피해 보상 요구였다. 그러나 그 상세 내용을 보면 요구 대상은 기본적으로 한반도 내의 각 학교 시설을 대상으로 한 것임을 알 수 있다. 그 내역은 〈표 3〉과 같다.

『배상 조서』는 이 요구에 관해, 일본군의 병력 확충으로 인하여 기존 병사(兵舍)만으로는 소기의 병력을 수용할 수 없게 되자 각 장소의 큰 건물(주로 학교)을 병사로서 사용하거나 그 부근에 진지를 설정하고 주둔한 관계로 발생한 건물 피해 및 물품의 파손, 분실 등의 '원상 복구비'를 요구하는 것임을 밝히고 있다(대한민국정부 1954, 331). 다시 말하면 이 요구는 1947년의 시가 등을 기준으로 자의적인 사용에 따른 상실 가치의 충당을 요구하려 한 것이었고, 따라서 학교 건물들을 자의적으로 사용했다는 것 자체의 책임을 추궁하려 한 정치적인 요구가 아니었다. 이런 의미에서 이 요구가 상실 가치의 '반환'만을 요구하는 것이라는 점은 분명하다.

(2) 부정 파괴 또는 소모에 의한 피해

물적 피해의 두 번째 청구 항목은 '부정 파괴 또는 소모에 의한 피해' 요구였다. 『배상 조서』는 이 요구 내용과 관련, 전쟁 중 일본 정부가 전쟁 완수를 목적으로 각종 군용 시설을 건설하고 기존 시설을 철거하여 군수품으로 전용한 것, 또는 방공(防空) 목적으로 일반 주민의 가옥들을 소개(疏開)시킨 것, 그리고 각종 방공 시설의 건설 등을 위한 불필요한 공사, 기존 시실의 철거, 소개 등을 강요한 것들에 따른 피해 요구임을 밝히고 있다(대한민국정부 1954, 359-360). 그 내역은 〈표 4〉와 같다.

이 요구에는 구 왕궁과 관련해 동물의 독살, 모기 족출에 따른 피해 요구 등 일반적인 시설 파괴 이외의 피해 요구도 포함되어 있다. 그러나 각 도별로 정리된 이 항목 요구의 실태는 사실상 전쟁 수행을 위해 공출된 자원, 자재의 손실 비용, 불필요한 공사에 들어간 비용, 철거에 따라 잃게 된 자산 가치 등의 원상 복구 비용을 요구하고 있는 것으로 풀이된다. 즉 이 요구 역시 실질적으로는 전쟁으로 동원된 결과 손실된 실제 비용의 회수만을 요구한 것으로 볼 수 있다.[14]

물론 『배상 조서』가 이 요구에 즈음하여 "전부가 그들의 일방적 의사

14_본론에서도 후술하나, 이 요구에는 예를 들어 교통부 관계에서 '공습'이라는 '교전' 피해가 일부 포함되어 있으나 이것은 미국의 공습에 따라 발생한 재산 피해를 일본에 요구하는 것으로 판단된다.

표 4 | 물적 피해 중 부정 파괴 또는 소모에 의한 피해 요구 항목들

요구 항목	추가 설명
구 왕궁 관계	수류(獸類) 독살, 조류 사료 무배급, 문류(蚊類) 족출(簇出), 열대식물 처분.
임야 피해 복구비	군용으로 송근(松根), 탄(炭) 기타 자재의 무질서한 채취로 인해 황폐화된 임야의 복구, 사방(砂防) 공사비 등.
교통부 관계	- 강제 사용 중의 한국 선박 파손. - 강제 사용 토지 피해. - 부정 소각 도부(圖簿) 복구비. - 전시 중의 공습, 폭발, 또한 종전 직후 일본인에 의한 불법 파괴, 방화 등으로 인한 시설(등대, 건물, 교량, 수도(隧道), 부두 등) 복구비. - 철거 선로 복구비. - 불필요한 방공 시설 제거 비용. - 소개 기타로 인하여 파괴 또는 이전된 시설의 복구비. - 소개로 인하여 파괴 또는 분실된 물품 피해. - 해방 직후 미군정으로의 사무 인계 당시 장부와 대조하여 부족한 물품.
서울시 관계	군기 제작 등을 위해 무상으로 회수한 철재(鐵材) 1,504톤, 방공호 매설 공사비, 소개 건물 미불금.
경기도 관계	교량 난간(欄干), 시설물 철거로 인한 피해, 불필요한 방공 시설 및 기타 공사 피해, 소개 건물 대금 미불금.
충청남도 관계	시설물 철거로 인한 피해, 불필요한 시설(부여신궁 참도(參道)) 및 공사 피해, 내선일체를 위해 신궁을 건설하고 부여시를 신도(神都)로 건설하기 위한 건물 강제 이전으로 인한 피해.
충청북도 관계	교량 시설물 철거로 인한 피해, 방공 시설 철거 비용.
전라북도 관계	교량 난간 시설물 철거 피해.
전라남도 관계	교량 난간 철거 피해, 건물 철거 피해, 지방도로 개수(改修) 공사 궤지(潰地) 원상 복구 비용, 기타(방공호, 신사 조성 공사).
경상남도 관계	군사시설로 인한 피해 원상 복구비, 신사 축지(築地) 원상 복구비, 방공호 공사 및 방공 진지 원상 복구비, 소개 건물 보상비, 교량 난간 및 기타 철재 회수로 인한 피해.
제주도 관계	불필요한 도로 신설로 인한 피해.

자료: 대한민국정부(1954, 359-489)를 기초로 재정리.

에 의한 불법 파괴 또는 소모”(대한민국정부 1954, 360)로 규정한 점이나, 충청남도 관련 청구에서 내선일체를 위해 부여신궁을 건설하고 부여시를 신도로 건설하기 위해 건물을 강제로 이전시킨 것 등을 문제시하고 있는 점은 주목된다.

그러나 표면상으로 ‘불법’이나 ‘내선일체’와 같은 정치적인 책임을 부각시킨 이들 요구도 실제 요구 대상은 불필요한 공사, 기존 시설의 철거, 또

표 5 | 물적 피해 중, 기타로서 정리된 피해 요구 항목들

요구 항목	추가 설명
수산 관계 공공단체 피해	전쟁 중 폭격으로 인해 파괴된 수산 관계, 공공단체, 회사와 공장의 건물 및 비품 피해(1944~45).
기업정비령에 의한 피해	군수품 확정을 목적으로 한 '기업정비령'으로 인해 해체된 해당 기업의 시설이 염가(廉價)로 처분된 것에 대한 피해와 '정비' 이후 해방까지의 조업 불가능으로 인한 손해.
단양 광산 '리삼운모' 광석 대금	한국인이 소유한 이 광산을 총독부가 '주요광물생산령'을 악용, 일본 기업인 '일본희유금속주식회사'에 채취 사업을 시켰으나 한국인 소유자는 그 부당성을 이유로 대금 수령을 거절. 해방 후 그 광산은 귀속재산이 되었으나 1941년 7월부터 1945년 8월까지 일본이 불법적으로 채취한 광석의 대금.
부산수산대학	이 대학 건물 신축 공사 대금를 전액 일본 기업에 선불했으나 해방으로 인해 공사가 미완료되었으므로 그 미완성 공사에 대한 피해 보상.
교통부 관계	일본군에 대여한 물품 회수, 일본인에게 지급한 가공 재료의 미납금(본사가 한국에 있는 기업은 제외).

자료: 필자가 대한민국정부(1954, 489-501)를 기초로 재정리.

는 소개 등으로 인해 발생한 파괴의 원상 복구 비용이라는 점을 감안하면, '불법' 또는 '내선일체' 등의 기술은 일본의 식민지 통치 자체를 '불법'으로 규정하고 그에 따른 배상 요구를 추진하는 의도에서 도출된 것이 아님은 분명하다.[15] 이 요구 역시 그 의미에서 '반환'적 성격을 벗어나는 것이 아니었다.

(3) 기타

물적 피해와 관련해 '기타'로서 정리된 세 번째 범주들의 구체적인 내역은 〈표 5〉와 같다.

15_이 '불법'은 예를 들어 교통부 관련에서 제기된 전후 일본인의 방화 등 전쟁 동원 체제하에서도 '불법'으로 간주되는 일부 범죄행위에 대응한 개념이었을 가능성도 있다.

첫째 '수산 관계 공공단체 피해'는 폭격으로 인한 건물 및 비품 파괴에 대한 피해 보상을 요구하는 것이었다. 물론 한일 일체화란 조건하에서 일본이 한반도를 공습한 것이 아니므로, 이 피해가 당시 한반도 남부에 가해진 미국의 폭격으로 인한 것을 의미함은 의심의 여지가 없다. 미국의 폭격으로 인한 피해를 일본 정부에 청구하려 하는 것은 정치적인 의미를 띤다. 물론 그것은 일제 강점에 따라 일본이 개시한 대미 전쟁의 결과 이 피해가 발생했다는 입장에서 그 책임을 부각시켰던 것으로 해석된다. 그러나 이 요구 내용 역시 파괴된 건물, 비품 비용을 회수하려는 것이며 폭격 등을 당하게 한 정치적 책임을 추궁하는 것은 아니다.

다음으로 '기업정비령에 의한 피해'는 전쟁 수행을 위해 일본이 취한 자의적 정책을 문제로 삼은 것이었다. '기업정비령'은 전쟁 수행 중인 1942년 5월 경제통제 정책의 일환으로서 같은 업종의 기업들을 통합, 재편시켜 국가관리를 강화하기 위해 취해진 조치였다. 이 법령은 그해 6월 한반도에도 적용되었다. 이런 맥락에서 이 요구는 자의적인 법령에 따라 한국 관련 기업이 입은 피해 보상을 요구하려 했다는 점에서 일정 정도 정치적 의미를 지닌다. 그러나 이 역시 시세보다 염가로 처분된 것에 따른 차액과 기업 정리 이후 영업하지 못했던 것에 따른 소득 상실의 충당을 요구하는 것이며 그 법령의 시행과 그로 인한 사업 정리 자체를 추궁한 것이 아니었다.

세 번째 이하의 요구 항목들의 내용은 사실상 제2부 '확정채권' 요구와 전혀 다를 바가 없다. '단양 광산 '리삼운모' 광석 대금'은 한국인 소유 광산의 광석을 일본이 채취한 것에 대한 대가 환불, '부산수산대학'은 건물 공사의 중단에 따른 선불 공사비의 회수, 그리고 '교통부 관계'는 물품 및 가공 재료의 미납금에 대한 환수 요구였다. 이들이 비교적 단순한 채권 회수 요구였음은 분명하다.

표 6 | 8·15 전후 일본인 관리 부정행위에 의한 피해 요구 항목들

요구 항목	추가 설명
법무부 관계	부정 지출, 물품 매각.
재무부 관계	부정 지출, 선불 급여 및 여비, 위영(慰榮)금, 기타.
공보처 관계	부정 퇴직금 중 미회수금.
교통부 관계	공사 대금, 물품 대금, 보조금 기타, 해방 후 영춘(榮春)선 부정 매수를 위한 지불액.
남선합동전기회사 관계	인양, 하물 정리 등의 가불금, 부정 지출금, 배급 쌀 대금, 여비 지출 등.
수리조합연합회 관계	한국 내 수리 사업을 위한 국영 기관인 이 연합회 회장이 자신 및 부하 직원들에게 특별 상여 명목으로 지불한 것 중 회수하지 못했던 것.
농지개발영단 관계	일본인 직원에게 귀향 여비, 해방 기념품, 퇴직 상여금 명목으로 부정 지출한 것.

자료: 대한민국정부(1954, 327-328, 502-506)에서 정리.

이상에서 보듯 물적 피해에 관해 세 번째 '기타'에 들어간 요구 내용 역시 피해를 유발한 전쟁 책임 자체를 추궁한 것이 아니라 전쟁 동원에 따라 실제 발생한 비용의 회수를 요구하고 있다는 점에서 '반환'적인 요구였다.

3) 8·15 전후 일본인 관리 부정행위에 의한 피해

인적, 물적 피해에 이어 『배상 조서』 제3부의 세 번째 요구 항목은, 해방 직후의 혼란 상황 속에서 관련 기관의 일본인 책임자가 일본인 직원들에게 각종 명목으로 부정 지출한 공금 및 관용 물품을 부정 매각하고 착복한 물품 대금 등을 요구하는 것이었다(대한민국정부 1954, 502). 구체적인 요구 항목들은 〈표 6〉과 같다.

각 부처 및 기관별로 정리된 이 요구의 내용은 기본적으로 같다고 간주해도 무방하다. 해당 기관의 관리 및 경영자들이 물품의 매각 대금을 착복하거나, 각 기관의 공금을 급여, 상여 명목으로 지불한 것, 또 일본 귀환을 위한 여비, 하물(荷物) 정리 비용, 심지어 '해방 기념품' 명목으로 지출한 것

들의 환불을 요구하는 것이었다.

『배상 조서』는 이 요구에 즈음하여 '부정행위'임을 부각시키고 있으나 어떤 의미에서 '부정'인지, 또 가령 부정이라고 하더라도 이것들이 왜 한국 정부의 대일 요구로서 성립할 수 있는지에 대해선 일절 설명하지 않고 있다. 즉 공금횡령 같은 범죄행위를 문제로 할 경우에도 그에 대한 반환 요구는 일차적으로 관련 기관이 횡령한 자에 대해 제기하는 문제이며 원래 한국 정부의 대일 배상 문제와 직결되는 것은 아니었다.

『배상 조서』가 급여, 상여, 물품 구입 대금의 지출 등을 포함해 이것들을 일괄적으로 '부정'으로 규정하고 이에 대한 환불을 한국 정부에 대해 실시할 것을 요구한 것은 1945년 8월 9일의 포츠담선언 수락으로 총독부 권한이 정지되었다는 점, 군정령 33호로 인해 8월 9일자로 재한 일본인 재산이 모두 주한 미 군정청으로 귀속되고 그 후 한미협정으로 한국 정부로 귀속되었다는 점 등을 전제로 한 것이라고 볼 수 있다. 즉 8월 9일 시점에서 이미 자신의 자산도 아니며 지출 권한도 없는 일본이 지출했다는 것 자체가 그 명목을 막론하고 모두 '부정'이며 그에 따라 일본에 대해 한국 정부가 요구할 권리가 생긴다는 논리로 풀이된다.

따라서 이 요구는 전후 처리의 일환으로 미국이 정치적으로 취한 재한 일본인 재산의 처분을 전제로 하고 있다는 점에서 일종의 정치적인 성격을 띠고 있다. 그러나 동시에 이 요구가 자금을 유출시키거나 매각 자체를 행했다는 '부정' 행위의 책임을 추궁하는 것이 아니라, 유출된 공금, 물품 매각대금 등의 환불만을 요구하고 있다는 점에서 여전히 '반환' 요구에 불과했음은 다른 항목들과 마찬가지였다.

이런 사실은 한일회담 개시 후의 '청구권' 교섭에서 군정령 33호로 인한 일본인 재산의 귀속이라는 정치적 논리가 몇 가지 대일 청구 항목 요구

표 7 | 일본 정부의 저가 수탈에 의한 손해 관련 피해 요구 항목들

요구 항목	추가 설명
축우(畜牛)	군수용, 지방 부대용, 만주·일본 수출분에 대한 당시 시가와의 차액(1941~45년까지의 실적).
우피(牛皮)	군수용에 한하며 당시 시가와의 차액 (1939~45년).
군수용 건초(乾草)	군수용이며 생산 비용과의 차액(1937~44년까지).
면화(棉花)	시가와의 차액(1939~45년).
임산물	군수용으로 제공하기 위한 임산물, 송근(松根), 탄유(炭油) 등 자재의 생산가격과의 차액(요구 대상 시기는 기술되어 있지 않음).
철기	조선인 가정에서 사용하던 철기를 전쟁 목적 수행에 사용했으면서도 대가를 지불하지 않은 대금으로, 가격은 공출 당시의 공정가격(1940~45년).

자료: 대한민국정부(1954, 507-516)를 기초로 재정리.

의 기초에 깔려 있었다는 점에서도 엿볼 수 있다.

3. 제4부의 분석

『배상 조서』의 마지막 제4부는 '일본 정부 저가 수탈에 의한 손해'였다. 『배상 조서』는 이 제4부에 적용되는 통일된 요구 근거를 따로 자세히 설명하고 있지 않다. 그러나 "강제 공출에 의한 손해"(대한민국정부 1954, 509)로 묶고 있으므로 이 요구가 한국인의 자발적인 의사와 상관없이 한반도 내 물품을 강제적으로 반출했다는 입장에 의거한 요구임은 틀림없다. 이 요구의 세부 요구 항목들은 〈표 7〉과 같다.

이 요구에는 판매 시가, 생산가격, 공정가격 등 차액 산출의 기준이 다른 것이 포함되어 있으나, 전쟁 수행을 위한 공출에 따라 통상적인 상태와 비교해 한국인이 물품 가치의 감가를 겪었음에 대해 그 감가 가치의 환불

을 요구하려는 점에서는 모두 동일하다. 이 요구는 비록 표면적으로 '저가 수탈'을 근거로 들었으나 이것 역시 공출의 강제성 자체를 추궁한 것이 아니라 공출 시의 시장가격, 생산가격, 그리고 공정가격 등과의 결손 가치의 보충만을 요구하는 것이었다. 그 점에서 '반환'적인 요구임에는 별 차이가 없다.

무엇보다 제4부에서 주의해야 할 점은 이 표제가 '저가 수탈'로 표현됨으로써 제3부와 달리 전쟁 피해에 그치지 않는 식민지 지배의 책임 자체를 추궁하는 요구로 간주되기 쉽다는 점이다. 그러나 내역을 보면 이 요구 역시 전쟁 수행에 따른 피해에만 요구 범위를 한정하고 있음을 알 수 있다.

실제로 6개 항목으로 나눠진 각 세부 항목의 요구 시기는 길어야 1937년 중일전쟁 발발 이후가 대상으로 되어 있다. 『배상 조서』는 임산물에 대해서는 직접 대상 시기를 명시하지 않았으나, 이 설명에는 군의 사용에 제공하기 위한 것임을 명시하고 있으므로 이 요구 역시 전쟁 수행에 따른 공출 부분을 대상으로 하고 있었다고 보아도 무방할 것이다.

따라서 비록 직접적인 언급은 없더라도 제4부의 요구 역시 전쟁에 관련된 요구로 한정되는 것이었다. 다시 말해 『배상 조서』는 본격적인 전쟁 동원 체제 이전부터 시작되어 식민지 통치 자체의 상징으로 여겨져 왔던, 쌀 등 미곡의 저가 반출 문제는 요구 대상에서 제외하고 있다.

'저가 수탈'을 문제로 삼으면서도 한국 정부가 왜 전쟁 개시 이후만을 대상으로 했는지에 대해 『배상 조서』는 아무런 설명을 하지 않고 있다. 그러나 그 이유가 미국의 대일 배상 정책의 흐름과 관련이 있다고 판단해도 큰 과오는 없을 것이다. 실제로 미국의 배상 정책이 본격적으로 전환되기 전에 발표된 이상덕의 배상 구성에서는 '미곡' 저가 반출 관련 요구가 포함되어 있다. 즉 미국의 대일 정책이 무배상 정책으로 돌아가는 가운데 그 영향을 차단하기 위해서 이 배상 요구는 '배상'이 아니라 '반환'을 강조해야만 했던 것이다. 이를 위해서도 제2차 세계대전 처리와 상관없는 식민지 통치의 행정적인 책임을 연합국에게 제기하는 것은 어려웠다. 요구의 범위를 전쟁 수행기에 한정하고 또 그 내용을 차액 보충으로 제한한 것은 바로 대일 요구를 '반환'적인 요구로 수렴시켜야 하는 사정에서 도출된 것으로 풀이된다.

4. 배상 내용의 변용

이상, 『배상 조서』가 표면적인 '배상' 요구와 달리 '반환'적 요구로 재편성된 결과물이었음을 확인했다. 무엇보다 이 같은 성격은 실은 이 『배상 조서』 제출에 즈음하여 한국 정부가 그것을 '반환'(Restitution) 요구로서 제출하고 있었다는 데서 상징적으로 나타나고 있다(戦後補償問題研究会 編 1993, 125-126).[16] 전쟁이나 식민지 지배에 대한 피해 요구를 상기시키는 제3, 4부 역시 전쟁 행위나 식민지 통치 자체를 추궁하고 실제 생긴 피해 이상의 요구를 제기하려 한 정치적 요구가 아니었다. 이런 의미에서 이 요구들은 임병직이 말한 '정신적 손실'이 아니라 '반환'적인 요구였던 것이다.

이 같은 『배상 조서』의 성격은 이상덕에 의해 발표된 당초의 대일 배상 구상과 비교할 때 보다 명확해진다. 이상덕이 발표한 대일 요구(〈표 1〉을 참

16_"RESTITUTION CLAIMS TO THE GOVERNMENT OF JAPAN"이라는 제목으로 제출된 설명 문서에서 한국은 대일 배상(Reparations)에 대한 요구의 기본 정신이 정서나 편견이라는 측면을 모두 억제하고 법적으로 엄격히 정당화되는 것에 기초한 것임을 강조하고 있다.

표 8 | 이상덕 배상 구상과 『배상 조서』 요구의 대조

이상덕 배상 구상의 항목 내용들		『배상 조서』 해당 항목
(1) 약탈에 의한 손해	a) 문화재 반환 또는 보상.	제1부
	b) 군, 신사 건축 등에 헌납된 금전, 물건의 반환 또는 보상.	제3부 (2) 물적 피해
	c) 공출, 금속회수령으로 인한 귀금속 등의 반환 또는 보상.	제3부 (2) 물적 피해 및 제4부
(2) 강제로 동원된 금차 전쟁의 결과 피한 손해	a) 군인·군속의 사망, 질병, 불구 등에 대한 수당, 은급 및 보상.	제3부 (1) 인적 피해*
	b) 직접적인 전투, 군사 행위로 인한 사망, 상해 등의 손해.	없음
	c) 징용 근로자 등 강제 노동으로 인한 손해.	제3부 (1) 인적 피해
	d) 군사 목적을 위한 물적 파괴, 몰수, 훼손.	제3부 (2) 물적 피해
(3) 학대, 강폭에 의한 손해	a) 민족 차별로 인한 대우 차별 손해.	없음
	b) 가문, 인권, 창씨개명 등으로 인한 손해.	없음
	c) 종교, 신앙, 사상, 학문의 자유 억압으로 인한 손해.	없음
	d) 언론, 출판, 집회, 결사 등의 억압으로 인한 손해.	없음
	e) 이민·인구정책에 따른 추방으로 인한 손해.	없음
(4) 해방 직후의 시설·공장·부동산·재고품 등의 파괴, 소각, 매장, 훼손. 또 경비의 부정 지출, 급여 과불 손해.		제3부 (3) 8·15 전후 일본인 관리 부정행위에 의한 피해
(5) 전시 중 작전 목적으로 사용된 선박·차량·기타 수송기관의 상실, 파괴, 훼손에 대한 보상.		제3부 (2) 물적 피해
(6) 미곡 강제 반출의 보상.		없음
(7) 일군 100만 명의 양병비.		없음
(8) 전시 중 전비 염출 목적으로 강제 징수된 과세, 부금, 벌금 등.		없음
(9) 반출 지금의 현물 반환.		제1부 현물
(10) 본방인의 해외 재산.		제1부 현물

주: 한일회담 2차 회담 기간 중인 1953년 5월 23일 한국이 조회 요청으로 제시한 '청구권' 요구 내용에 따르면 『배상 조서』가 애매하게 제시한 인적 피해 중의 사망자 1만 2,603명은 노무자와 관련된 수치임이 확인되므로(外務省日韓会談公開文書 1953, 36(쪽수는 표지에서 필자가 세었음)) 이 인원수로 판단해 볼 때 『배상 조서』에서는 군인·군속이 포함되지 않았을 가능성이 크다. 그 경우 이상덕 배상 구상에 있었던 이 군인·군속 피해 요구가 『배상 조서』에 포함되지 않은 것이 된다. 그러나 이 요구는 한일회담 청구권 교섭에 들어가 다시 포함된 것을 고려하더라도 배상 조서의 성격 변용에 맞추어 필연적으로 이뤄진 삭제로 보는 것은 타당하지 않아 보인다. 이런 맥락에서 개념적으로 당연히 들어가는 것으로 판단해 『배상 조서』 제3부 '인적 피해'를 해당 항목으로 표시했다.

조)와 『배상 조서』의 내용들을 대조하면 〈표 8〉과 같다.

이상덕의 대일 배상 구상은 바로 구상 단계에 그친 것으로 반드시 체계화된 것이 아니므로 자료상 세부 항목까지 포함된 정확한 대조는 불가능하다. 그러나 〈표 8〉에서 제시한 바와 같이 이상덕 배상 구상에 포함된 요구 가운데 『배상 조서』의 요구 범위로부터 개념적으로 제외된 것은 결국 (2)의 b항, (3)의 모든 항목, 그리고 (6), (7), (8)로 볼 수 있다.

일견 다양해 보이는 삭제 항목들을 신중히 고찰하면 거기에 일정한 공통점을 발견할 수 있다. 먼저 (2)의 b항은 전투행위로 인한 사망, 부상에 대한 보상을 요구하고 있으나 그 전 항목인 (2)의 a항이 군인·군속에 대한 이 보상을 대상으로 하고 있는 만큼, b항은 그 이외의 한국인 희생자를 대상으로 한 것으로 보인다. 군인·군속의 전투 피해에는 이른바 군인 은급 제도 등이 있었고, 또 다음 (2)의 c항이 제기한 노무 재해에 따른 피해 보상 역시 관련 법규가 존재한 반면, 전투행위로 인한 일반 시민의 피해는 일본 국내에서도 그 보상에 관한 관련 법규가 없다. 즉 (2)의 b항 요구는 일본 국내적으로도 그 보상에 대한 법적 근거가 없으며 따라서 보상 권리에 기초한 반환 요구를 제기하기 어려웠다. 그것은 대일 교전에 따라 전승국이 요구하는 일반적인 전시 교전 배상으로서 요구할 수는 있더라도, 미국의 대일 배상 정책 자체가 전승국에 대해서조차 무배상 원칙으로 돌아서는 가운데 한국이 내세울 수 있는 요구가 아니었다.

이 같은 경향은 다음 (6) '미곡 강제 반출의 보상'에서도 엿볼 수 있다. 언급한 바와 같이 이 요구는 원래 『배상 조서』 제4부 '일본 정부 저가 수탈에 의한 손해'에 해당하는 요구 항목이었다. 그러나 『배상 조서』가 전쟁 수행을 위해 강요된 공출에 대한 차액 요구에 한정된 것과는 대조적으로, 제외된 미곡 강제 반출은 전쟁 수행 이전, 즉 1920년대에 이른바 산미증식계획 등에 따른 미곡의 일본 수출을 문제로 삼은 것이었다. 이것은 전쟁과 직접 상관없이 합일 병합하에 실시된 사회·경제정책에 따른 것이었으며, 그런 만큼 이 요구는 식민지 통치의 행정적인 책임을 추궁하는 성격을 띠고 있었다. 이것을 전쟁 시기에 한정하고 실제 발생한 비용의 회수만을 요구하는 '반환'적 요구로서 미국에 제기하기는 어려웠다.

이상덕이 "우리나라 국민경제와 생활 자원에 속하는 막대한 물자의 강탈적 보급으로 구성된" 것이라고 설명한 (7) '일군 100만 명의 양병비'가 제외된 것 역시 같은 문맥에서 이해할 수 있다. 『배상 조서』에서도 제3부 '물적 피해'에는 전쟁 중 일본이 자의적으로 사용, 개조, 소개 등을 실시한 결과 발생한 비용의 회수라는 유사한 요구 항목이 포함되어 있었다. 그러나 '양병비'는 전쟁 중 일본이 임의로 이용한 물적 피해와 달리 한반도에 일본군이 존재하고 이를 유지하기 위해 들어간 비용을 문제로 삼은 것이었다. 이것은 일본의 한반도 병합 자체를 추궁하는 의미를 지녔으며 실제 발생한 비용의 '반환' 요구로서 미국에 요구하기에는 부담이 큰 것이었음을 충분히 상상할 수 있다.

이 같은 사정은 (8) '전시 중, 전비 염출 목적으로 강제 징수된 과세, 부금(賦金), 벌금 등' 요구가 『배상 조서』에서 제외된 데서 잘 나타났다. 이상덕은 이 요구에 관해 "전시 중 일본이 전비 염출의 목적으로 강제 징수한 과세, 부금, 벌금 기타 이에 유(類)하는 피해 일절"이라고 설명하고 있으므로 문맥상 그 요구는 한국인이 징수당한 세금, 부금, 벌금 등을 요구하려 한 것으로 판단된다. 그러나 비록 이 요구가 전시 중으로 한정되고 있다고 하더라도 과세, 부금 같은 것은 행정 권한에 속하는 것이니만큼 납부한 세금 등의 '반환' 요구는 바로 일본의 한반도 통치 자체를 부정하는 것 이외에는 성립될 여지가 없었다.

무엇보다 이 같은 삭제의 의도는 (3) '학대, 강폭에 의한 손해'에 속한 요구 항목들이 모두 삭제된 점에 상징화되어 있다고 볼 수 있다. 즉 '민족 차별' '가문·인권·창씨개명' '종교·신앙·사상·학문의 자유 억압' '언론·출판·집회·결사 억압' '이민·인구정책에 따른 추방'으로 구성된 이 피해 보상 요구는, 전쟁 수행에 따라 발생한 실제 비용의 보충 요구를 넘어 식민지 통치의 근간을 건드리는 요구였다. '대우 차별'을 문제로 삼은 이 a항은 급여상의 차액을 요구한다는 점에서 '반환'적인 측면이 있으나, 그 차액의 원인은 '민족 차별'이었다. 그것은 일본 지배의 부당성을 근거로 삼은 것이었으며 동원된 한국인의 미불 임금, 수당 등 국내 관련 규정에 따라 요구한 『배상 조서』 제3부의 인적 피해 요구들과 그 성격을 달리하고 있다.

이상 1948년 초 이상덕에 의해 공표된 배상 구상에 포함되었다가 그 후 『배상 조서』에서 제외된 요구 항목들을 주의 깊게 고찰한 결과, 그 변용의 배경이 드러났다. 삭제된 항목들은 직접 또는 간접적으로 전쟁 또는 식민지 지배의 책임 자체를 추궁하는 정치적인 의미를 강하게 지닌 항목들이었으며 그런 의미에서 '반환'적인 요구를 넘어섰다. 미국의 무배상 원칙의 영향을 차단하기 위해 '반환'적인 요구로 재편성해야 하는 상황에서 그들을 계속 유지하기가 어려웠던 것이다. 이 점은 한일회담 개시 후의 '청구권'에도 결국 이들 요구가 제기되는 일이 없었던 점에서 확인 가능하다.

V. 결론

이상 청구권 개념과 대조되는 단일 개념으로 이해되기 쉬운 한국의 대일 배상 내용이 미국의 대일 정책의 흐름 속에서 중요한 변용을 겪었음을 고찰했다.

종전 직후 초미의 과제가 된 재한 일본인 재산의 취득은 적산몰수론으로 정당화되었다. 그러나 적산론이 오히려 재한 일본인 재산의 연합국 귀속을 강화하는 논리가 되는 현실 속에서, 한국에서는 식민지 피해를 상기시킨 응혈체론이 대두된다. 그러나 원래 일본의 한반도 지배를 시인하고 또 스스로도 식민지를 영유한 연합국이 식민지 통치의 책임 추궁으로서 일본인 재산의 한국 취득을 인정할 리가 없었다. 결국 경제 재건을 위해 필요한 자원이라는 현실적인 입장으로 돌아선 한국의 담론은 미국의 애매한 정책과도 맞물려 이 재산의 한국 이양에 관한 명확한 근거를 확립할 수 없었다. 그 결과 이 재산의 이양은 이후 한일 간에 제기된 청구권 문제와 관련되는, 일본의 한국에 대한 선불 채권의 성격을 지니게 되었다.

한편 중간 배상 계획과 연동해 한국 및 일본 소재의 일본인 재산을 대일 피해의 대가로 일방적으로 받는 것에 실패한 한국은 최종적으로 전후 처리 문제를 매듭짓는 대일강화조약에 기대를 걸었다. 그 과정에서 이상덕에 의해 주목할 만한 구상이 표방되었다. 그것은 어디까지나 구상 단계에 머무른 것이지 체계적으로 구체화된 것이 아니었으나, 창씨개명 등 식민지 통치의 책임 추궁을 도모하려는 적극적인 내용을 포함한 것이었다.

그러나 미국의 대일 배상 정책이 초기의 생산력 억제 정책으로부터 무배상 원칙으로 돌아서는 가운데, 그와 같은 정책 전환의 영향을 차단하면서도 미국의 대일 처리의 일환으로서 배상 문제를 처리해야만 했던 한국 정부는 결국 대일 배상의 내용에 큰 수정을 가했다. 그 집대성이 바로 『배상 조서』였다. 표면상 전쟁 피해를 강조한 제3부, 식민지 통치의 피해와 관련될 수 있는 제4부의 존재에도 불구하고 이 조서의 내용은 전쟁 책임이나 식민지 통치의 책임 자체를 추궁하는 것이 아니었다. 『배상 조서』는 전쟁이나 식민지 통치를 배경으로 하면서도, 일본의 관련 법규에 기초해 이미 받을 권한을 부여받은 수당, 보상 등의 회수나, 실제 발생한 물적 가치의 손실 부분만을 회수하려 한 것이었다.

이런 의미에서 이 요구들은 연합국의 대일 배상 정책의 틀 안에서 처리하는 조건하에서 표면상 '배상'이라고 칭해졌으나, 그 실질적인 내용은 '반환'이었다는 의미에서 '청구권' 요구로 점근(漸近)적으로 수렴되고 있었던 것이다.

5장

제국 청산 과정으로서의 한일교섭

샌프란시스코강화조약과의 관련성을 중심으로

아사노 토요미

I. 들어가며

이 장은 전후 한일 국교 정상화 교섭(이하, 한일회담)을 1951년 연합국과 일본 간에 조인된 샌프란시스코강화조약과의 관계 속에서, 특히 국제조약으로서의 한일 관계에의 적용 방식을 둘러싼 교섭과 논쟁을 중심으로 재검증한 것이다. '청구권 문제'가 정치 문제화된 배경에는 한일 쌍방이 각각 만들어 낸, 그러나 상호 용납하기 어려운 강화조약에 대한 해석과, 이에 의거한 자기 정당화의 법적 논리가 존재한다. 이것이 바로 한일 간의 국민적 감정이나 역사 인식까지도 외교상의 정치 문제가 되어 버리는 주요 원인이

• 이 글은 『아세아연구』 150호(2012년 12월)에 게재된 같은 제목의 논문을 가필, 수정한 것이다.

라고 생각한다.

이 같은 관점에서 본고는 특히 일관성과 체계성을 불가결 요소로 하여 만들어지는 법적 제 논리를 분석 대상으로 하는 법사적(法史的) 분석과, 법이나 권리를 둘러싼 정치·외교사적 분석을 조합함으로써 상기 문제의 전체 구조를 논증하고, 이것이 현대에 이르기까지 해결되지 않은 채 봉인되어 왔다는 사실을 해명하고자 한다.

한일 쌍방의 '법적 정의'에 의해 지탱되는 국민감정과 역사 '인식'은 이제 오랜 봉인으로부터 해체되어 다시 전면적인 충돌 국면을 연출하기 시작했다. 그러나 전후 보상과 식민지 책임 전반에 대한 해결이 상호 간의 국민감정상으로도 수용될 수 있기 위해서는, 이렇게 봉인되어 온 청구권을 둘러싼 문제의 구조를 우선 전후(戰後) 역사의 분석을 통해 밝힌 뒤, 근대 전반에 걸친 역사적 사실과 현대적 가치관에 기초한 정치적 틀을 준비하는 과정이 필요할 것이다. 전후 역사를 학문적으로 파악함으로써 상호 간 국민감정의 역사성을 따지고, 그것을 전후 역사의 산물로서 다시 '이해'할 때만이 미해결로 남아 있는 이 문제가 상호 소통이 가능한 국민감정으로서 재흡수될 것으로 믿는다.

II. 한일교섭의 초기 조건으로서의 샌프란시스코강화조약

1. 연합국과 일본 간의 배상 구조: 재외 일본 자산과 청구권 상쇄의 기원

샌프란시스코강화조약은 제2조에서 '조선'의 '독립'을 일본이 승인하는 것 외에 대만, 치시마 열도 등 일본이 주권을 '포기'하거나 '반환'하는 지역을 전체적으로 명시함으로써, 제국으로서의 일본의 해체를 국제적으로 선언하는 조약의 성격을 분명히 띠게 되었다. 그러나 이 조약은 제국 해체 후에 해당 지역을 실효 지배하는 '시정(施政) 당국'과 일본과의 관계에 대해서는 애매한 부분을 상당히 남겼다. 강화조약 제4조는 그런 시정 당국과 일본 정부가, 각각의 국민이나 정부가 상대방에 대해 소유하는 재산이나 채권, 그리고 각종 보상 요구 전반으로 구성되는 청구권(claims)에 대해 '특별협정'을 맺어야 한다고 규정했다. 또 실체법에 상당하는 동조 (b)항은 "미합중국 군(軍) 정부에 의해, 또는 그 지령에 근거해 실시된 일본국 및 그 국민의 재산 처리의 효력을 승인한다"고 명시했다. 제4조 (b)항에 의해 한국이 누린 것은 주한 미 군정청이 1945년 12월 6일에 발한 군정령 33호에 의한 '재산 처리의 효력'이다. 이 군정령은 같은 해 8월 9일로 소급해 일본인에 의한 일체의 재산 거래를 무효로 하고,[1] 일본인의 모든 소유권(title)은 미 군정청에 '귀속'(vest)되어 '소유'(owned by)된다고 규정했다.[2] 여기서 순수하게 군정령 33호의 대상이 된 재산의 정의만을 둘러싸고, 8월 9일로 소급하는 것이 법의 일반 원칙으로 보아 허용 가능한 것인가, 더욱이 소급법이 유효하다고 하더라도 "미 군정청 관할 내"에 소재하는 재산에 본사를 한

1_군정령 33호는 "1945년 8월 9일 이후 일본 정부, 그 기관 또는 그 국민, 회사, 단체, 조합, 그 정부의 기타 기관 혹은 그 정부가 조직 또는 단속하는 단체가 직접적, 간접적으로 전부 또는 일부를 소유 또는 관리하는 금은, 백금, 통화, 증권, 은행 계좌, 채권, 유가증권 등과, 군정청 관할 내에 존재하는 기타 모든 종류의 재산 및 그 수입에 대한 소유권은, 1945년 9월 25일자로 한국 주둔군 정부가 취득하고, 군정청이 그 재산을 소유한다"고 규정하고 있다.

2_군정령 33호의 발령이 트루먼의 배상 사절단인 폴리 사절단의 방일·방한에 맞춰 실시된 것에 대해서는 浅野豊美(2010)를 참조.

국에 둔 회사의 재일 자산이 포함되는 것인가라는 지리적 범위의 문제가 발생했다(山下康雄 1953). 최대 쟁점은 '귀속'(歸屬)이 곧바로 '몰수'라는 의미의 법적 효력을 갖느냐는 점이었지만, 그 해석을 둘러싼 논쟁의 기준점이 된 것이 바로 일본과 미국 등 연합국 간에 체결된 강화조약에서의 배상의 구조였다.

일본과 연합국 간에 사유재산을 포함한 재외 재산의 접수를 배상으로 간주한다고 정한 것이 강화조약 제14조였다. 즉 제14조에 기초해 일본이 일본의 재외 재산 접수를 승인함으로써 연합국은 그 이상의 배상을 요구하지 않는다는 배상의 틀이 만들어진 것이다. 이 14조는 (a)항과 (b)항의 두 부분으로 구성되는데, (a)항은 일본 정부가 연합국 국내에 있는 일본인 사유재산의 몰수를 외교사절과 종교 단체의 재산을 제외하고 승인한다고 규정하는 한편,[3] (b)항에서는 연합국 측이 일본에 대해 전쟁배상 요구를 중

3_제14조 (a)항 2는 '상쇄'를 전제로 하여 배상 명목으로서의 연합국에 의한 재외 재산 접수를 규정했다. 이것은 각 연합국에 소재하고 그 "관할하"에 있는 모든 일본의 "재산, 권리 및 이익"을 "제압하고, 유치하고, 청산하여" "처분하는 권리"가 연합국 측에 있다고 규정했다. 이 때 "처분"되어야 할 재산의 정의(I)와 처분으로부터 제외되는 예외 항목(II), 그 예외에 관한 청산 대금의 반환 방식(III), 청산에 대한 준거법은 각국의 국내법이어야 할 것(IV)이 규정되었다. 14조 (a) 2(II)는 재외 재산 접수의 예외 규정이지만, 제15조 및 18조와의 관계에서 중요했다. 접수의 예외로 간주된 것은 연합국에 소재하는 외교관 시설(i), 외교관의 사유재산(ii), 종교·자선단체 재산(iii), 엔화로 표시되는 일본 정부와 "일본 국민의 채무, 일본국에 소재하는 유체 재산에 관한 권리, 권원, 혹은 이익, 일본국의 법률에 근거해서 조직된 기업에 관한 이익 또는 이것들에 관한 증서"(iv)였다. 이들 규정은, 가령 주식이나 사채가 미국에서 일본 자산 접수에 따라 처분되었다고 하더라도 그것들이 엔화 표시인 한 그 효력은 일본에 있는 담보 물건이나 주식회사 본체에는 미치지 못한다는 것을 의미했다. 후술하겠지만 한국의 대일 청구권에는 이 같은 종류의 재일 자산이 포함되어 있었는데, 분리 국가였기 때문에 단순하게는 배제할 수 없는 측면이 존재했다.

단하고, 연합국 측의 "모든 배상 청구권"(전투행위에서 유래하는 물질적, 인적 손해에 대한 배상), 전쟁 수행 중에 일본 측이 취한 행동에서 유래하는 "기타 청구권"(군표 지불 등), 그리고 전쟁 후에 발생한 "점령의 직접 군사비"를 포기한다고 말했다.

이제 14조의 적용을 받지 않는 예외 사항으로는, 첫째 2개국 간 교섭에 의한 생산물과 역무에 의한 추가 배상의 가능성, 둘째 재일 연합국 재산, 셋째 전전(戰前) 채무, 넷째 민간인에게 식량이나 의약품이 원조되었을 때의 간접 군사비, 즉 점령 경비였다.[4]

첫 번째 예외 사항이라고도 볼 수 있는 제14조 (a)항 1은 버마(미얀마), 필리핀 등 예전 연합국이나 일본의 식민지였던 지역이 희망할 경우 역무와 생산물에 의한 2개국 간 배상 협정을 체결할 의무가 일본에 있다는 점을 명시했다. 일본이 원재료 구입을 위한 외환 부담을 지지 않는다는 조건이 붙어 있었지만, 공장 설비 자체로써 지불하는 자본 배상 외에도 이 규정에 의해 생산물과 역무에 의한 배상이 2개국 간 협정으로 가능해졌다. 이후의 한일 국교 정상화 때의 경제협력도 이 규정에 준거한 것이라 생각된다. 연합국이 전체적으로 배상을 포기했다고 하더라도, 일본은 각 연합국으로부터 2개국 간 협정을 요구받았을 때에는 이에 응하지 않으면 안 되는 법적 근거가 여기서 정해졌다(入江啓四郎 1951, 281).

일본의 재외 재산 접수에 의한 배상으로부터 두 번째 예외가 된 것은 제15조 (a)항에 의한 재일 연합국 재산의 반환 규정이다. 이것은 일본국에 있는 연합국 및 그 국민의 재산·권리 또는 이익으로, 전쟁 기간 내의 어느

4_점령 중 일본에 공장 설비 반출이란 형태로 부과된 중간 배상분도 반환된 적은 없었다.

시기에 일본 국내에 있었던 것의 반환은 일본국의 책임이라는 규정이다. 연합국(국민)의 동산·부동산 등 유체(有體) 재산과 채권·주식 등의 무형 재산을 "반환"하고, "손해"를 변상할 의무가 일본에 부과된 것이다. 이 규정이야말로 이후 한국 측이 재일 한국계 자산을 청구하는 근거가 된 것으로 여겨진다.

실제로 1951년 4월 25일 일본 외무성과 미국 실무자 간의 협상에서는 재일 연합국 재산 문제와 관련, 일본 측의 연합국 국민 재산에 대한 보상액을 200억 엔에서 300억 엔 사이로 견적하고, 구(舊) 엔화에서 신(新) 엔화로 바뀌었을 때의 배율을 120배에서 150배로 하는 방안이 논의됐는데, 이를 입증하는 문건에는 한국의 참가 문제가 동시에 기술되어 있다.[5] 또 7월 13일에는 재산의 정의나 반환의 형식에 관한 실무적 문제를 규정한 일본 국내법 연합국재산보상법이 미일 간 교섭을 통한 양해를 거쳐 내각에서 결정되었다. 강화조약 제15조에도 언급되었지만, 이 법안의 심의 과정에서 미국 측은 한국인의 재산을 언급하자고 제안했는데, 이는 일본 측에 의해 거부되었다. 요컨대 일본은 한국이 연합국이 될 경우 재일 연합국 재산으로서 일본 정부가 반환 책임을 지는 금액이 비약적으로 증가할 것을 우려했다. 이와 관련된 상세한 내용은 이하 법적 논리를 분석하는 부분에서 언급하고자 한다.

제3의 예외인 제18조는 전전(戰前)부터 일본 정부와 기업·개인이 갖고 있던 대외 채무가 유효하다고 인정한 규정으로 이는 상호적인 것이었다. 영국, 프랑스, 미국에 대한 전전 외채를 달러 표시로 환산한 합계 채무는

5_"ダレス使節団との会談経過 一九五一年四月二五日," 일본 외무성 공개 문서, 공개결정번호 1166-문서번호 1861.

미지불 이자 누적 액수와 원금을 합쳐 4억 달러 정도였다(外務省 2002a, 745; 2002b, 155). 게다가 전쟁에 의한 외채 상환 손해분이 엔화 표시로 59억 엔, 유체 재산에 대한 손해가 61억 엔, 연합국이 전전에 일본에 주식 투자한 것 가운데 일본 업체의 자산·영업 내용의 변동에 의해 그 자산 가치가 저하된 부분이 "물가변동률을 150배," "기업의 손해율을 30% 내지 50%"로 잡아 60억 엔에서 100억 엔가량 되는 것으로 견적되었다(外務省 2002a, 673-674).

그리고 제4의 예외가 된 것이 바로 간접 점령 경비로 간주된 GARIOA(점령 지역 구제 미국 정부 자금, Government Appropriation for Relief in Occupied Area) 채무였는데, 이는 미국의 대일 청구권으로서 약 19억 달러에 달했다.

이상과 같은 배상의 틀은 미국이 제1차 세계대전 후의 금전배상 실패의 교훈을 근거로 하여, 재외 추축국(樞軸國) 자산(사유재산 포함)의 접수를 통한 자본 배상 방식을 법적인 축으로 하면서도[6] 그 예외 조항을 마련해 미래의 국제정치적 결정 사항으로 유연하게 남겨 놓은 것이라고 평가할 수 있겠다. 강화조약 중에는 일본이 "전쟁 중에 끼친 손해 및 고통"에 대해 "보상하는 원망(願望)"(제16조)도 있었지만, 일본이 경제를 유지하면서 제15, 18조에 유래하는 예외로서의 "기타 채무를 이행"하는 완전한 배상은 불가능하다(제14조 (a)항의 첫머리)는 현실적 상황을 지적하고 있다. 관점을 바꿔 말하면, 첫 번째 예외인 2개국 간 교섭에 의한 생산물과 역무, 네 번째 예외인 점령 경비 등 어느 것도 명확하게 금액이 산출되지 않는 장래의 지불이며, 이는 사실상 일본 측에 요구할 수 있는 권리를 유보한 것이다. 결국 재

6_그 탄생의 경위 등 자세한 내용은 Asano(2010, 109-129)를 참조.

외 재산 접수에 의해 그 이상의 배상을 법적으로 차단한 셈이다. 다른 한편으로 일본 경제가 부흥했을 때에는 그 부흥한 정도에 따라 미국뿐만 아니라 미국이 컨트롤하는 '자유세계'를 향해 서서히 배상을 이행하도록 하는 구조를 의식하고 있었다고 말할 수 있다(入江啓四郎 1951).

일본 자체가 경제적으로 부흥할 수 있을지 불투명했던 초기 국면에서 이런 배상의 구조는 '관대한' 배상으로 기능했다. 그러나 전후 일본 경제가 미국을 주요 수출 시장으로 하여 일정 궤도에 진입함에 따라, 이제 일본 경제로 하여금 미국 국민과 정부에, 그리고 자유주의 세계에 속한 동남아시아에서 한국에까지, 경제협력이라는 형식으로 미뤄진 배상을 지불하도록 하는 것이 가능해진 것이다. 배상과 경제협력을 둘러싼 법적 구조를 보면, 미국에 의해 전후 일본이 통제된 가운데 중화학공업 설비가 집중된 일본 경제의 부활이 추진되고 일본을 '아시아의 공장'으로 활용하는 체제가 존재했다는 것을 알 수 있다. 다음으로 한국과의 관계에서 이런 틀이 어떻게 기능하기 시작했는지에 대해서 논하고자 한다.

2. 한국의 연합국 자격 강화회의 참가 추구

대한민국 건국 후 한국 정부가 가장 많이 노력을 기울인 것은 『대일 배상 요구 조서』의 정리였는데(太田修 2003, 47-59), 이는 강화회의 참가 자격을 입증하기 위해 GHQ에 제출하기 위한 작업의 일환이었다. "다년간 일본의 강탈로 가장 많이 신음한" 나라가 한국이라는 인식하에, 전승국의 입장에서 강화회의에 참가하고자 한 것이다. 실제로 이승만 대통령은 건국 직후인 1948년 8월 17일 쓰시마(對馬) 및 문화재 반환·배상을 제기했고,

한국 국회도 같은 해 11월 27일 전시 중 한국 국민이 징용·징병된 것에 대한 배상 요구의 건의를 채택했다. 이에 근거해 한국 정부가 민간으로부터 자료를 모아 대일 배상 요구 조서를 편찬하여 GHQ에 제출한 것은 이듬해인 1949년 3월 26일이었다. 그 전달에 막 설치된 주일 한국대표부 공사가 도쿄의 총사령부에 제출, 한국의 강화회의 참가도 함께 요구했을 것으로 추측된다. 당시 한국은 미국이 "정치적으로는 민주주의 안정 세력으로서, 경제적으로는 동양의 공장으로서의 일본의 등장을 합법화하는 것"을 추진하는 데 대해 강한 불신을 갖고 있었다. 따라서 한국은 연합국의 일원으로 강화회의에 참가하여 "그 위험성이 근본적으로 해소되는 것을 철저히 감시하고," "군국주의적 침략주의 잔존 세력의 완전 소탕을 요구"함과 동시에, "대일 배상에 있어서는 한국이 보유한 막대한 채권의 상환을 추구해야 한다"는 입장이었다.[7]

한국이 연합국 자격으로 강화회의에 참가하고자 했던 것은 당시 한국 외교부 장관이었던 임병직의 증언을 통해서도 명확하다. 이승만이 한일회담 개최에 즈음해 임병직에게 보낸 세 개의 훈령 중 마지막 하나는 한일회담과 관련, 한국은 사실상 연합국의 일원이라는 자세로 임하라는 것이었다. 그 '근본 의도'는 한국이 "제2차 세계대전의 참전국 자격으로 샌프란시스코 회담에 참석해 조약 서명에는 참석하지 않더라도, 을사조약 이후 현재까지 계속되어 온 한일 간의 적대 관계와 전쟁 중에 한인이 일본에 대하여 사실상 취해 온 모든 전쟁 행동으로부터 보아 한국은 다른 참전국과 동

7_"対日講和問題の推移と韓国,"『朝鮮銀行調査月報』 1950년 2월호(1952년 1월 17일에 아시아국 2과에서 야마구치 씨한테서 접수), 일본 외무성 공개 문서, 공개결정번호 186-문서번호 1836.

1945년 9월 일본을 대신해 서울을 점령한 미군들이 한국 전통의 갓을 쓰고 웃고 있다. [출처: 미 국립문서기록청]

일한 위치에서 일본을 대하고 있다는 것을 세계에 과시"하는 데 있었다(林炳稷 1964, 496). 즉 임시정부가 일본에 선전포고를 한 것을 근거로 한국은 그 '법통'을 계승하는 국가로서 당연히 전승국의 일원이며 강화회의에 참가할 수 있다는 입장이었다.

한일회담에서 한국 측 전권대표 자격으로 참가한 미국 거주 한국대사 양유찬도 한국의 강화회의 참가와 이에 기초한 연합국으로서의 권리 획득을 추구했다. 양유찬은 "존 덜레스 대사와 사이가 대단히 좋고" "미국에서 성장했으며 한국어도 일본어도 못하고 영어만 할 줄 아는" 인물이었다. 1951년 7월 16일 한국 국회에서 열린 대일강화조약에 관한 심의를 마친 후 양유찬은 7월 19일 덜레스에게 연합국으로서의 회의 참가와 재한 일본

인 재산의 완전 포기에 관한 규정을 마련해 줄 것을 요구했다.[8]

강화회의 직전에 한국 외교부의 조사원으로서 도쿄에 체류하고 있었던 유진오는 1951년 6월 한국의 참가가 어려워지자 미국 측에 강화회의에 대한 한국 측의 요구를 법적인 논리를 바탕으로 설명하며 교섭한 것으로 보인다. 당시의 요점은 같은 해 9월 초순의 영문 문서에 남겨져 있는데,[9] 강화조약에 참가할 수는 없어도 한국도 연합국과 동일한 권리를 향유하는 것에 역점이 두어져 있었다.

우선 재일 한국계 자산에 대해서는 제15조를 한국계 재산에도 적용하고, 조선은행 등 폐쇄 기관의 재일 재산 및 조선총독부 정령상의 선박령에 등록된 일본 선박의 '반환'은 실현될 것이라고 유진오는 주장했다. 또 1949년 1월의 연합국군 총사령부 각서(SCAPIN)에 의해 청산이 진행되고 있던 구 일본 점령 지역에 본점을 둔 회사의 일본 내 재산에 대해서도, 같은 해 8월 10일자 정령 291호에 의해 "일본 내 사업 재개를 목적으로 한 제2회사 설립을 위해 일본 지점의 재산에 대한 정리 작업"이 시작되었다는 점을 상기한 뒤 그중에는 "고주파 회사, 고바야시(小林)광업 등 다수의 한국 귀속

8_"日韓国交正常化の記録(平和條約發行前の日韓關係と日韓会談予備会談)," 일본 외무성 공개 문서, 공개결정번호 1909-문서번호 1124. 덜레스는 한국의 연합국 자격으로서의 강화회의 참가를 전날 거부했지만, 어쩌면 시차 때문에 그 자리에서 거부된 것을 일본 외무성이 미국의 기록을 그대로 적어 놓았을 가능성이 있다(浅野豊美·吉澤文寿·李東俊 編 2010a(第2巻), 148).

9_Yu Chin O, "A korean looks on the Japanese Peace Treaty"(Korea. Sept. 51), 일본 외무성 공개 문서, 공개결정번호 1186-문서번호 1836; 浅野豊美·吉澤文寿·李東俊 編(2010b(第1巻), 130). 영문으로 남겨진 것으로 미뤄볼 때 유진오가 영문으로 견해를 정리했을 가능성도 있지만, 미국 측이 한국 측의 견해를 파악하기 위해 신문 등에 발표된 견해를 번역했을 가능성이 크다.

기업체가 포함되어 있"고 이 같은 "재일 재산은 상당한 거액에 달한다고 추측된다"고 지적하면서, "이런 재산은 모두 한국에 반환되어야 한다"고 주장했다. 왜냐하면 "재일 재산은 재일 기관(지점 등)의 소유가 아니라 그 본사 소유인 것이 명백하고, 본사 재산은 군정령 제33호에 의해 모두 군정청에 귀속된 뒤 1948년의 한미 협정에 의해 한국 정부에 이양되었기" 때문이라고 그는 주장했다.[10]

유진오는 또 제14조의 적용 문제와 관련, 그 권리로부터 한국이 제외되더라도 재한 일본 자산에 관한 한국 측의 완전한 소유권을 인정하는 규정을 특별 협정과 관련된 제4조에 삽입해 주길 기대한다면서, 그 전례로서 베르사유 강화회의의 해외 식민지의 독일 자산 접수와 이탈리아강화조약을 적시하고, 재한 일본 자산은 일본이 한국에서 착취한 결실(fruits)로서 이것이 되돌아오지 않는 한 약소민족의 해방과 장래 일본과의 우호는 있을 수 없다고 주장했다.[11]

또 이 점은 대단히 중요한데, 유진오는 한일교섭에 따르지 않고 가능하면 강화조약에만 의거함으로써 재일 한국계 자산의 반환 및 재한 일본 자산의 완전 획득을 법적으로 실현하겠다는 입장을 표명했다. 즉 연합국과 같은 권리를 우선 분리되는 한국에도 법적으로 적용시킨 다음에, 어떻게 그것을 실현할지는 미국에 대한 배상의 일부로 간주한다는 해석을 취함으

10_대한민국 주일대표부 법률고문 유진오, "일본출장 보고서"(1951年9月10日), 한국 외교부 공개 문서, 등록번호 77, 『한일회담 예비회담(1951.10.20-12.4) 본회의 회의록, 제1-10차, 1951』, 등록번호 0098-문서번호 011; 浅野豊美·吉澤文寿·李東俊 編(2010b(第8巻), 40-44).

11_대한민국 주일대표부 법률고문 유진오, "일본출장 보고서"(1951年9月10日), 한국 외교부 공개 문서, 등록번호 77, 『한일회담 예비회담(1951.10.20-12.4) 본회의 회의록, 제1-10차, 1951』, 등록번호 0098-문서번호 011.

로써, 미일 간의 문제로서 재일 한국계 자산 반환과 재한 일본 자산 몰수를 확정하고 한일교섭에서는 법적 문제를 논의하지 않는 방안을 호소했다고 말할 수 있다.

3. 일본 측이 본 한국의 강화회의 참가 문제

연합국과 같은 권리를 강화회의를 통해 얻고자 한 한국에 대해 일본 측은 어떤 반응을 보였을까? 1951년 4월 23일 강화 준비를 위해 도쿄를 방문한 덜레스는 요시다 시게루 수상에게 강화조약에 한국이 서명하는 것을 수용하길 바란다는 취지를 피력했다.[12] 그러나 미국 측은 "조약 실시의 결과 재일 한국인이 연합국 국민으로서의 지위 및 권리를 취득하고 이것을 주장해 오면, 일본 정부가 곤란하다"는 점을 배려한다는 의미에서 제15조의 적용에서는 한국을 제외할 방침이었다.

요시다 측도 "재일 조선인이 평화조약에 의해 일본 국내에서 연합국인의 지위를 취득하지 않는다는 것이 명백해지면, 한국 정부가 서명하는 것에는 이의를 제기하지 않는다"는 태도를 각서로써 표명했다.[13] 이는 한국의 참가가 제15조의 적용 제외라는 유보적 조건부이면서도, 반드시 일본

12_"[一九五一年]四月二十三日午前十時半ないし正午 吉田ダレス会談記錄"(三井本館にて 總理, 井口, 西村, ダレス, シーボルト, ジョンソン, バブコッフ, フェアリー, スピンクス), 일본 외무성 공개 문서, 공개결정번호 1166–문서번호 1861.

13_"一九五一年四月二三日夕吉田ダレス会談で先方に交付した(イ)対比賠償問題および(ロ)韓国政府の平和條約署名問題に關する補足陳述," 일본 외무성 공개 문서, 공개결정번호 1166–문서번호 1861.

대일 강화문제를 교섭하기 위해 일본을 방문한 덜레스 미 국무장관 고문과 요시다 일본 총리.

측에 의해 거부되지는 않았다는 것을 시사한다.

한국을 연합국으로 대우함으로써 발생하는 가장 곤란한 문제는 재일 조선인이 연합국 국민 대우를 받게 되는 데다, 일본에 있는 구 조선총독부 관련 시설이나 재산에 한국 정부의 권리가 미친다는 점이었다.[14] 실제로 덜

14_실제로 전술한 요시다-덜레스 회담 직후인 1951년 4월 25일에는 재일 연합국 재산 문제에 관한 교섭이 전개되었는데, 관련 문서에는 한국 참가 문제가 동시에 거론되어 있다("ダレス使節団との会談経過 一九五一年四月二五日," 일본 외무성 공개 문서, 공개결정번호 1166-문서번호 1861).

레스가 두 번째로 일본을 방문한 1950년 6월 19일 일본 측은 한국의 연합국 지위 획득에 대한 우려를 전달했다. "주요 문제는 분리 지역의 당국이 일본 본토에 존재하는 재산에 대해, 재일 자산을 보유하고 있는 조직의 본사가 그 분리 지역에 존재하고 있다는 점, 또 일본 소재 자산과 그 분리 지역과의 사이에 어떤 관계가 있다는 점을 이유로 들어 그 재일 자산에 대해 주권을 행사하게 되는 것"이며 이것이 일본 측이 우려한 부분이라고 전해지고 있다. 이에 대해 덜레스는 "한국 정부로부터 이미 광범위한 청구권이 몰려오고 있다"[15]고 지적하면서, "미국의 일반적인 입장은 이 국가들이 이미 분리 지역에 존재한 일본 자산을 얻었으므로 추가로 일본에 소재하는 자산까지 그 청구권을 확대하는 것을 인정하지 않는다. 그리고 본사가 그 분리 지역에 존재한다고 해도 일본에 존재하는 그 단체의 자산을 소유하는 힘을 인정하지 않는다(not entitle the power [of] corporate assets in Japan)"는 것이라고 말했다. 이미 이 시점에서 미국은 한국의 일본에 대한 청구권의 상당 부분을 부인하겠다는 방침을 사실상 확립했던 것이다. 그 증거로서 덜레스는 재일 한국계 자산과 관련, "그런 종류의 청구권이 장점이 되는 것도 특수한 경우에 한해 존재한다"고 지적, 선박과 측량 지도 원판에 대한 청구권에 한해 제15조에 준해야 할 대상으로 인정했다(李東俊 2009).

한국의 강화회의 참가가 중국 문제와의 관련 혹은 영국의 반대에 의해 6월 중순경부터 사실상 실현이 불가능해지고(吉澤文壽 2005, 33), 다른 한편으로 앞에서 언급한 유진오가 법적 논리에 호소해 한국에도 연합국과 같

15_"Japanese Property and Claims Questions, June 19, 1950," Box 1, Folder; Briefing papers for Dulles, 1950(Japanese Peace Treaty), RG 59, E 1228, Lot 56D225, National Archives II in College Park, Maryland, U. S. A.

은 권리를 확보하려 한 와중에, 미국 측이 1951년 7월 상순에 정리한 강화조약 제2차 초안 중의 제4조는 일본에도 한국에도 교섭의 여지를 남기게 되었다. 즉 이 초안은 양국 간의 '특별 협정' 체결을 장래에 실시한다는 방식이었기 때문이다.

이에 대해 일본 외무성은 제4조에 청구권 상쇄 규정을 포함시키기 위한 로비 활동을 전개했다. 1951년 7월 2일 일본 정부는 강화조약 제2차 초안에 대한 일본 측의 관찰을 GHQ에 제출했다. 이 관찰은, 제4조에 있는 특별 협정의 "실시는 실제로 불가능하기" 때문에 일본 측이 "종전에 제시한 방식("적국 및 소극적 재산의 상속은 각 해당 지역에서 종결된다")을 수용하길 바란다. 초안의 규정을 유지하게 되는 경우에는 합중국 정부의 절대적인 외교적 지원이 필요하다"고 지적하면서, 더욱이 "일본 측의 재산 혹은 청구권에 비해 관치(管治) 당국이나 주민의 일본이나 일본인에 대해 갖는 청구권이 근소(僅少)"하고 "상호 간에 전쟁이 없었음도 불구하고," 한국 측은 "이치에 맞지 않게 배상을 청구할 것"이기 때문에, "할양 지역의 재산이나 청구권의 상속 문제는 일도양단으로 각 지역 내에서 종결하고, 서로 일절 청구를 하지 않는다고 규정하는 것 외에는, 실제적인 해결 방법은 없을 것"이라고 주장했다.[16]

이상을 통해 일본 측이 '상쇄'를 강화조약 일반의 방침이라고 주장하면서 이를 한국에도 적용하려 했었던 점이 명확해진 셈인데, 이 상쇄 방침의 기원은 1947년의 초기 강화조약 문제의 검토로 거슬러 올라간다.

1947년 7월 일본 외무성은 배상에 관한 조사 보고서를 정리, 재외 재

16_"日韓国交正常化の記錄(平和條約發効前の日韓關係と日韓会談予備会談)," 일본 외무성 공개 문서, 공개결정번호 1909-문서번호 1124.

산의 평가를 높임과 동시에 이것을 중간 배상으로 철거되어야 할 배상 물자에 포함시키는 법적 논리를 제시했다.[17] 이를 위해 동원된 것이 이미 멸망한 제국의 법적 논리였다.

> 따라서 베르사유조약의 선례를 원용하는 경우에 거꾸로 연합국 측에 의해 조선, 대만, 가라후토(사할린, 樺太)는 독일의 본국 영토의 경우라기보다는 오히려 식민지의 경우에 준하는 것이 되어 일본인 재산의 청산 및 배상 충당의 일익(一翼)이 될 우려가 있다. 이와 관련, 조선은 오히려 폴란드 등의 경우에 준해야 하고, 가라후토는 일본인 거주의 역사, 러일 간의 교환 조약 등의 경위를 고려하여 독일의 해외 식민지와 동일하게 보는 것은 적당하지 않다고 함으로써 사실상 일본 본토의 일부로 간주되어야 한다고 주장하고, 대만에 관해서도 역사적 사정 및 대만에 거주한 일본인이 단순한 식민지적 외지인 노동자가 아니라 오히려 여기를 제2의 고향으로 정주한 이주민의 성질을 갖는 점 등을 강조, 사유재산에 대한 특별 조치를 요망해야 한다.

이 주장은 주변 지역을 내지(內地)의 연장으로 간주함으로써, 독일의 사유재산 취득 사례에 의거해 일본인의 재외 사유재산 처분 및 반출을 인정시키고자 하는 논리와 연결된다. 이것이야말로 한일교섭을 일단 파탄시킨, 1953년 10월의 구보타 간이치로(久保田貫一郎) 발언의 직접적 기원이라고 볼 수 있다. 제국의 시대에, 가령 현지에 남겨진 만주의 중공업 설비나 조선의 광산 등 재외 재산이 사유재산으로 간주되고, 게다가 그 재산 가치가 높게 평가될수록 일본 본토로부터 철거되는 물자의 양은 적어진다.

17_"一三. 在外資産の賠償處理に關する件 調査課 管経 昭和二二, 七, 五日,"『占領下の対日賠償關係一件 調書類(第一卷)』, 일본 외무성 공개 문서, 전후 외교 기록, B0003, 431 코마.

후술하는 유진오가 적용하려 한 제국 법제(帝国法制)의 원리와는 반대의 논리라고 볼 수 있는데, 이미 존재하지 않는 제국의 법제는 제국의 청산에 즈음하여 그 방향성을 좌우하는 요인으로서 여전히 기능하고 있었던 것이다.

더욱이 일본 측의 사유재산 예외 원칙은 또 하나의 중요한 논리였던 '상쇄'와 짝을 이룬 것이었다. 앞서 언급한 외무성 조사 보고서에서 일본 외무성은 패전국의 입장과 한계를 인식하면서, 사유재산을 포함한 모든 재외 자산의 접수와 청산이 불가피하게 되었을 경우에는 이를 인정하는 대신에, 전쟁이나 전쟁 이전의 사회에 유래하는 모든 현지 주민으로부터의 청구권과의 상쇄를 요구하는 방안을 준비하고 있었다. 보다 구체적으로 외무성은 "재외 자산의 배상에 의해 충당되어야 하는 대상은 전쟁에 의한 피배상국 및 그 국민의 손해, 개인 채권 기타 청구권, 군표 기타의 공적 채무 등 모든 현지 관련 청구권을 망라하며, 이로써 전쟁 종결까지의 일절의 청구권을 제거하는 것으로 한다"고 말했다. 제국의 청산으로써 전후 배상을 대신하기 위한 정책이 모색되고 있었던 것이다.

이처럼 사유재산 존중의 원칙, 그리고 현지의 모든 청구권과 일본의 모든 재외 자산을 상쇄한다는 원칙, 일본 측은 이 두 가지를 핵심으로 한 법적 논리를 구성했다. 이는 일본 측도 한국과의 직접 교섭을 회피하고 미국을 전술한 논리에 끌어들임으로써 강화조약에 의해 한국과의 사이에서 청구권 교섭을 실질적으로 결정하려 했다는 점을 시사한다. 한일 양측 모두 직접 교섭하는 것이 아니라, 미국의 권위에 의존함으로써 — 방향은 완전히 상반되는 것이었지만 — 강화조약에 의해 큰 틀을 결정지으려 했던 것이다.

한일 쌍방으로부터의 줄다리기 상태에서 미국 측은 재한 일본 자산에 대한 한국 측의 우려를 수용해 8월 13일의 강화조약 최종안에서 제4조에 (b)항목을 삽입했다. 그러나 그 최종 조약안이 통고된 후 샌프란시스코로 출발하는 "마지막 순간(Last Moment)까지 제4조는 실시 불가능하다"고 일본 측은 주장하고 있었다. 일본 외무성은 "한국 정부가 불합리한 요상(要償)을 일본 정부에 제기할 것이 틀림없으므로, 일한 간의 대화로 이 문제가 해결되리라고는 생각할 수 없다. 상호 포기 외에 길이 없다는 것을 자주 문서로 제기하고" 있었다.[18]

실제로 한일 간의 청구권 교섭은 '특별 협정'을 둘러싸고 개시되게 되지만, 양자는 군정령 33호가 1945년 12월부터 8월 9일로 소급하여 일본인 사유재산을 미 군정청에 귀속시키고 이를 1948년 8월 한국 정부의 독립 직후에 해당 정부에 넘겨줬다고 말하는 처분이 어떤 효력을 가지는지를 둘러싸고, 완전히 다른 법적 논리를 기초로 한 제국 법제의 해석을 시작으로 정면으로 충돌한 것이다. 이제부터 이런 법적 논리의 변천을 그 후의 한일 교섭 과정에 관한 연구 성과를 참고하여 논함으로써, 그 배후에서 충돌 요인으로 작용한 '정의'나 '감정'의 문제로까지 깊이 들어가고자 한다.

18_"条約局長に対する依頼事項(亞二)割譲地との間の財産請求權處理方式につき, ダレス大使宛意見書とその反響," 일본 외무성 공개 문서, 공개결정번호 1166-문서번호 1861.

II. 국민감정의 대립을 법적 논리의 대립으로 매개하는 것: 역사 인식 문제의 기원

1. 제4조 (b) 항을 둘러싼 법적 논리와 역사 인식

한국 측의 요구가 어떻게 강화조약 제4조 (b)항으로 삽입되었는가, 또 각 정치 주체들은 이 조항의 정치적 의미를 어떻게 해석했는가. 자세한 내용은 불분명하지만 유진오가 강화회의 개최에 즈음해 이승만 대통령에게 보낸 9월 10일자 보고서를 통해 우선 한국 측의 해석을 엿볼 수 있다.[19] 유진오는 '일본과 일본인에 대한 한국과 한국인의 자산 및 채권을 포함한 청구권 문제'를 거론, "대일강화조약 제4조 (b)항에 따라 한국 및 한국인에 대한 일본 및 일본인의 자산 및 채권을 포함한 청구권 문제는 해결됐다"고 말했다. 즉 미국이 한국 측의 법적 논리를 전면적으로 수용한 것으로 간주한 셈이다. 게다가 유진오는 "제4조 (a)항에 따른 일본 및 일본인에 대한 한국과 한국인의 자산 및 청구권 문제만이 한일 양국 간에 조약이나 협정에서 해결해야 할 문제로 남아" 있다고 주장했다. 한국 측이 주장하는 청구권만이 한일 특별 협정에 남아 있다는 이 같은 판단은 이후 한국 측의 기본 인식이 되었고, 이를 바탕으로 구성된 한국 측의 법적 논리는 1961년 제6차 회담까지 계속된다.[20]

19_대한민국 주일대표부 법률고문 유진오, "일본출장 보고서"(1951年9月10日), 한국 외교부 공개 문서, 등록번호 77, 『한일회담 예비회담(1951.10.20-12.4) 본회의 회의록, 제1-10차, 1951』, 등록번호 0098-문서번호 011.

이 같은 한국 측의 법적 논리는 법인이 영역을 넘어 그 재산을 소유하는 속인(屬人)적 권리에 의거한 것이었다. 미 군정령 제33호로써 접수 대상이 된 회사 재산을 주주 또는 사원이 아니라 회사라는 법인에 귀속시킨 후 그 회사를 다시금 설립 근거 법령에 의거해 구 제국의 관할에 귀속시킨 다음에 법의 일반 원칙으로서의 속(屬)'법인'주의 원리와 결합시킴으로써, 설령 일본 측이 주장하는 것처럼 미 군정령 제33호의 재산 몰수의 효력이 38도선 이남의 남조선(한국)이라는 영역으로 제한된다고 하더라도, 한국에서 일본인 주주로부터 몰수한 주식이 한국인에게 불하될 경우 그것은 한국인 주주만의 한국 법인이 되고, 그 한국 법인이 법역(法域)을 넘나드는 재산을 일본 법역에 소유하고 있기 때문에 그 새로운 회사의 재일 재산에 대해 한국 측은 권리가 있다는 논리를 전개한 것이다. 제국 법제상의 법역론과 속인주권론을 역이용하여, 그것을 제국 해체 원리로서 주장한 것이 유진오가 전개한 법적 논리의 골격이었다고 말할 수 있다.

더욱이 이 법적 논리가 미국을 매개로 성립되었다는 점도 중요하다. 재한 일본인 사유재산의 '귀속'과 이관은 '몰수'와 같은 효력을 갖지만, 만일 이에 대해 이의가 있으면 일본은 미국에 대해 이의를 제기해야 한다는 논리가 태동하게 된다. 이 점을 통해 보더라도 미국의 존재는 한일 간의 협상보다도 커다란 그림자를 드리우고 있었다고 볼 수 있다.

20_"日韓会談問題別経緯(4)(一般請求權問題)昭和37.7.1," 일본 외무성 공개 문서, 제3차 공개, 문서번호 533(원문 쪽수 37-40); 淺野·吉澤·李 編(2010a(第1卷, 問題別経緯), 178-179).

2. 법적 논리의 배후에 존재한 국민 정서: 양자를 매개하는 '역사' 인식

이 같은 법적 논리를 본국 정부를 향해 강조하는 한편 유진오는 강화조약 당시 일본 국내 정치 상황으로 판단컨대 그 해석에 대해 일본 측이 도전할 수 있음을 지적했다. "한국에 있는 일본 재산이 전면적으로 몰수된 것에 대해 일본인들이 몰래 커다란 불만을 갖고 있다는 사실"에 대해 유진오는 한국 "정부의 주의를" 환기시키고 있다.[21] 유진오는 또 "본인이 직접 청취한 정보에 의하면, 일본인들은 제4조 (b)항의 수정을 위해 운동을 전개하고 강화회의 전권인 요시다 총리에게 진정서를 제출했고, 그것이 무망하게 되자 '사유재산제도씨 서거'(私有財産制度氏 逝去)라는 괴문서를 돌리기도 했다"고 보고하고 있다.

유진오가 읽은 '사유재산제도씨 서거'라는 괴문서는 사단법인 전국귀환자단체연합회(전련, 全連)가 강화조약 체결에 즈음해 국회의원들에게 제출한 문서였다. 패전으로 조선과 대륙으로부터 귀환한 일본인 귀환자는 출신지와 거주지, 직장·업계 등을 중심으로 각종 단체를 결성해 일본 국내에서 운동을 시작했다. 특히 군마(郡馬)현의 귀환자가 중심이 된 강화조약 반대 운동은 축제 분위기에 젖은 도민에게 찬물을 끼얹기 위해 도쿄 사무소에 조기를 내걸고, 화물 자동차에 '사유재산지영위'(私有財産之靈位)라고 쓰인 위패를 쌓아 도내를 돌아다니며 국회의원에게 '영결식 거행 통지'를 보내는 등 과격화했다. 당시 한반도에서 귀환한 일본인 귀환자들은 조선의 주택과

21_대한민국 주일대표부 법률고문 유진오, "일본출장 보고서"(1951年9月10日), 한국 외교부 공개 문서, 등록번호 77, 『한일회담 예비회담(1951.10.20-12.4) 본회의 회의록, 제1-10차, 1951』, 등록번호 0098-문서번호 011.

토지, 기업 설비가 배상의 일환으로 접수되었으므로 일본 정부는 책임을 지고 이를 보상해야 한다는 격렬한 요구를 일본 정부에 들이대고 있었다.

'전련'은 1946년 11월에 발족, 재외 재산 보상을 위한 귀환자의 정신적 유대의 중심이 되어 1980년대까지 활동을 계속했는데, 가령 일본을 방문한 덜레스 특사와 딘 애치슨(Dean G. Acheson) 국무장관 앞으로 혈판(血判) 요망서를 송부하거나, 재미 일본 자산 반환을 호소하는 운동을 전개했다.[22] 재외 재산에 대해 '영결식 거행'을 실행한 배경에는 귀환 과정에서 숨진 전몰자의 존재가 있었다. 귀환자 단체는 '재외 재산'을 전쟁이 남긴 귀한 유산으로 간주하여 그 보상을 죽은 전몰자에 맹세했다.[23]

일본 국내에서 치열한 보상 요구를 받는 가운데 한국으로부터도 '과도한' 요구가 장차 도래할 것으로 예상하면서, 일본 정부는 재한 일본 자산과 재일 한국계 자산의 상쇄를 미국에 요청한 것이다. 법적인 상쇄를 실현하기 위해 일본 정부가 제기한 논리는 말하자면 미국도 기존의 국제법이 점령 당국에게 허용하는 범위 내에서만 군정령을 발할 수밖에 없다는 것을 근거로 한 것이었다. 즉 군정령 제33호는 헤이그 육전법규의 사유재산 보호 원칙에 종속된다는 것이 일본 측의 법적 논리였으며, 그 배후에는 '일본군의 무조건 항복'을 규정한 포츠담선언의 해석 문제도 관련되어 있었다.

이 같은 일본 측의 법적 논리의 이데올로기를 제공한 사람이 대만 타이

22_'전련'의 임원으로는 호즈미 신로쿠로(穂積真六郎), 오오노 반보쿠(大野伴睦), 다나카 다케오(田中武雄), 가와시마 쇼지로(川島正次郎) 등이 취임했는데, 귀환자의 다수는 자민당 당원으로서 총재 선거에 영향력을 행사했다. 자민당 의원을 중심으로 '재외재산 법적처리촉진 의원연맹'(회장 長谷川峻)도 결성되었다(総理府大臣官房管理室 1973).

23_1946년 8월 조선으로부터의 귀환 과정에서 사망한 육친을 애도하는 집회가 열렸을 때는 재외 재산을 유산으로 간주한다는 의미의 조사가 읽혔다(浅野豊美 2007).

베이제국대학에서 교편을 잡다가 일본에 귀환한 야마시타 야스오(山下康雄)라는 국제법 학자였다. 야마시타는 아이치(愛知)대학을 거쳐 나고야(名古屋)대학의 국제법 담당으로 있었는데, 그에 따르면 '귀속'은 일종의 전시 중 강제 신탁 행위에 지나지 않으며, 사유재산의 처분 시에는 제3자에 대한 매득 대금(賣得代金)에 대해 원(元) 소유자가 청구권을 갖게 된다. 야마시타는 이 같은 원 소유자의 청구권이 헤이그 육전법규의 사유재산 불가침 원칙에 의해 보호되는 권리라고 해석하면서, 이에 따라 미 점령군은 원칙 없이 명령을 발할 수 없으며 특히 국제법이 허용하지 않는 군정 명령은 수용할 수 없다고 주장했다.[24]

이런 일본 측의 법적 논리에 대해 한국 측이 내세운 것이 다음과 같은 역사 인식을 바탕으로 한 새로운 법적 논리였다. 이것은 재한 일본인 사유재산이 형성된 기원을 역사 문제로서 인식하면서, 민족 자결·독립을 우선시하는 법적 논리를 제시하고자 한 것이라고 볼 수 있다.

> 요컨대 한국 측은 일본 측의 사고방식이 그 근본부터 아직까지 구 지배관계의 타성으로부터 지양되고 있지 않다는 인상을 갖지 않을 수 없다. 1945년 8월 9일 현재 한국의 재산은 그 대부분이 일본이나 일본인의 소유였던 사실에 대해 일본은 정당한 상태였다면서 그 권리를 주장하고 있다. 이로써 일본 측이 한국 측에 재확인을 요구하는 것은 곧 새로운 경제적 병합으로 이어질 것이며, 카이로선언에서 말하는 노예 상태에 대해 새삼스럽게 승인을 요구하는 것이다. (…) 한일 양국 간의 재산 및 청구권 문제의 논의에서는 이 문제를 포함한 정치적 의미에 대한 충분한 인식에서 출발하지 않으면 안 된다. 강화조약 제4조 (b)항은 이 제2조 (a)항과

24_야마시타의 법 이론은 일본 외무성 문서에 흩어져 있는데, 이를 체계화한 것으로서 浅野豊美·吉澤文寿·李東俊(2010a(第4巻)) 참조.

조응하여 한국의 정치적, 경제적 독립을 고려한 후에 규정된 것이다. 따라서 이 조항에 대해 이의를 제기하는 것은 한국의 정치적, 경제적 독립에 대해 이의를 제기하는 것이다.[25]

일본 측이 재한 사유재산에 대한 권리를 주장하는 것은 한국 사회의 공공 부문이 일본인에 의해 지배되고 있는 상황에서 이뤄졌다는 사실을 무시하고 제국의 시대가 '정당한 상태'였다는 역사 인식에 기인하고 있다는 것이 한국 측의 비판 근거였다. 한국 측은 일본 제국주의 시대를 '카이로선언에서 말하는 노예 상태'였다는 인식하에, 만일 한국 측이 일본 측의 요구를 받아들일 경우 이는 "새로운 경제적 병합으로 이어"질 것이라고 강경하게 항의한 것이다.

이런 '경제적 병합'을 거부하는 수단으로서 한국 측은 민족자결의 원칙에 따라 국제법 원칙 자체가 변화하고 있는 데다, 원래 '사유'재산이라고 불리던 것은 조선인을 착취한 부당이득이므로 민족자결의 원칙하에서는 수용될 수 없다는 법적 논리를 제시하게 된다(아사노 토요미 2010).

두 가지의 법적 논리가 대립했다기보다는, 그 배후에 한일 양국의 대립하는 '국민감정'이 존재하고, 이에 의거한 '정의'를 요구하는 충동이 논쟁 속에서 서로 다른 법적 논리를 통해 분출되었다고 보는 것이 적당할 것이다. 유진오가 재한 일본 자산을 오랫동안 일본이 자행한 착취의 결실로 간주한 데 대해 일본인 귀환자는 그것을 전몰자의 유산으로 인식했는데, 이처럼 전혀 상반되는 국민감정이 각각의 법적 논리와 결합되었고, 그 매개가 된

25_"日韓会談第六回請求権委員会議事要録 一九五二年三月一〇日," 일본 외무성 공개 문서, 공개결정번호 1022-문서번호 1183.

것이 바로 체험을 바탕으로 한 강력한 기억과 이와 결부된 '역사' 인식이었다고 볼 수 있다. 강화조약을 계기로 본격적으로 외교 협상에 등장한 역사 인식의 문제는 이후 국교 정상화 시에 일차적으로 봉인되었지만 근본적인 해결을 보지 못한 채 오늘까지 계승되어 왔다고 말할 수 있다.

3. 봉인의 구조와 미국

일본 측의 '상쇄' 제안에 한국 측이 반발한 이면에는 보다 근본적인 역사 인식의 단층이 존재했다. 이것은 미국과 일본 간의, 전승국과 패전국과의 관계를 모델로 한 거부이기도 했다. 한국 측에서 보면, 재외 일본 재산의 몰수 처분은 연합국에 의해 세계적 차원에서 전개된 침략 전쟁에 대한 배상·징계의 일환이며, 미군정이 한국에서 선포한 명령은 강화조약의 또 다른 조항(제14조)에서 재미 일본인 자산을 동결·몰수한 정신과 같은 것이었다. 한국 측의 인식은 제국으로서의 일본 전체에 대한 세계적 제재(制裁)로서 제2차 세계대전이 벌어졌고, 이 와중에 한국은 일본 제국주의에 의해 가장 고통 받은 국가[26]라는 역사 인식을 전제로 했다.

반면 일본 측은 귀환자를 포함한 일본 국민 일반도 전쟁의 피해자라는 역사 인식을 갖고 있었다고 볼 수 있다. 실제로 제3차 한일회담의 석상에서 한국 측은 "종전 당시 한국에 있던 일본인이 빨가벗겨져 돌아갔다는 점"에 대해 동정을 표시하면서도, "[하지만] 그것은 첫째 한국이 한 것이 아니

26_"対日戦争賠償調書"(浅野豊美·吉澤文寿·李東俊 2010a(第3巻)).

라 연합국이 단행했다는 점, 둘째 그것도 한국에서만 벌어진 것이 아니라 세계적으로 행해진 조치이며, 그 일환으로 한국에서 취해진" 것이라고 강조한 뒤 "왜 일본은 미국에 있던 일본 재산의 몰수에 대해선 의심하지 않으면서 한국에 있던 일본 재산의 처분만을 불평하느냐"[27]고 반론을 전개했다.

이에 맞서 일본 측은 연합국의 일본 재산 몰수의 경우 더 이상의 배상을 포기하는 조건으로 일본이 동의한 가운데 강화조약 제14조에 반영된 만큼, 이는 한일 '분리' 후의 관계 원칙을 정한 제4조와는 본질적으로 다르다고 주장했다. 이에 대해 한국 측은 '해방 국민'은 '전승국 국민'이 갖는 권리를 당연히 갖는다고 재반박했다. 그 자세한 내용은 생략하겠지만, 미국은 강화조약의 해석에 대해 권위 있는 최종적 해석을 내릴 수 있는 입장이 아니었다. 이와 관련, 샌프란시스코강화조약 제22조는 만일 "이 조약의 어느 한 당사국이" "조약의 해석 또는 이행에 관한 분쟁이 발생했다고 인정하는 경우에는, 분쟁은 어느 당사국의 요청에 따라 국제사법재판소에 결정을 위해 회부하지 않으면 안 된다"고 밝히고 있다. 이에 따라 일본뿐만 아니라 미국 등 조약 비준국은 "모든 분쟁에 관한 이 재판소의 관할권을 특별한 합의 없이 일반적으로 수락할" 필요가 있었다.

실제로 스스로를 전승국 이상에 해당하는 해방 국가로 규정하면서 일본 제국주의를 엄하게 단죄하고 재한 사유재산에 대한 일본 측의 청구권을 거부하는 한국 측의 주장에 맞서, 일본 외무성은 한때 니시무라 구마오 조약국장을 중심으로 제네바 국제사법재판소에 미국을 제소하는 방안도 진

27_대한민국 주일대표부 공사 김용식, "제2차 청구권 위원회 경과보고"(1952년 2월 23일), 한국 외교부 공개 문서, 등록번호 86, 『제1차 한일회담(1952.2.15-4.21) 청구권 분과위원회 회의록, 제1-8차, 1952.2.20-4.1』, 299-302.

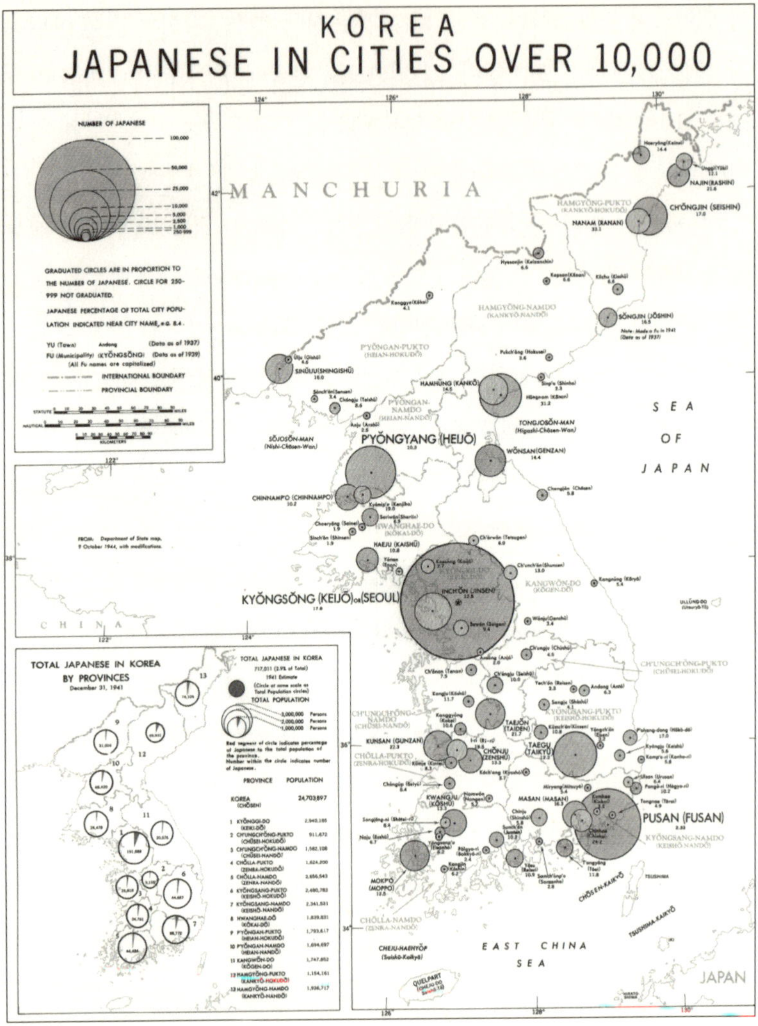

일본 패전 당시 한반도에는 전체 한국인 2,470만여 명의 2.9%인 71만여 명의 일본인이 거주했다.
[출처: 미 국립문서기록청]

지하게 검토한 흔적이 있다. 당시 미국은 국제사법재판소의 강제 관할권을 수락했는데, 일본 측은 군정령 33호의 법적 '효력'을 확정하기 위해서는 미국과의 협상 또는 국제사법재판소에 제소할 필요가 있다고 생각한 것이다.

이에 대한 자세한 내용은 당초부터 기록되지 않았기 때문에 명확하게 파악할 수 없지만, 이 제소는 취해질 수 없었다. 그 자리를 대신한 것이 바로 미국에의 중재 요청이었다. 이에 대해 미국이 내놓은 중재 방안은 재한 일본인 사유재산에 대한 일본 측의 청구권을 인정하지 않으면서도, 그 재산 취득과 한국 측의 대일 청구권이 "관련이 있다"(relevant)고 간주, 그만큼의 부분적 상쇄를 요구하는 '절충안'이었다.

부분적 상쇄를 전제로 한 일본 측의 재한 사유재산에 대한 청구권 주장의 포기를 일본 측이 수용한 것은, 1957년 12월 31일 한일합의서의 체결을 통해서이다. 이 한일합의서는 "미국 정부의 견해 표명을 기초로, 쇼와(昭和) 27년(1952년) 3월 26일 일본국과 대한민국 간의 회담에서 일본 측 대표가 행한 재한 재산에 대한 청구권 주장을 철회한다"는 것을 일본 측이 공식 표명한 것이었다. 이 성명에 이르기까지의 흐름을 만든 것은 일본 외무성의 나카가와 도루(中川融) 아시아 국장과 김용식 공사 간의 수십 차례에 걸친 비공식 회담이었지만, 일본 측 관점에서 보면 기시 노부스케(岸信介) 당시 총리가 대만과 동남아 국가 방문을 계기로 한국과도 기본적인 합의에 도달하고자 했던 정치적 의도를 갖고 있었기 때문이다.

그러나 한일합의서는 재한 일본 자산에 대한 몰수 처분을 사실상 강화조약 제14조 수준으로 승인한 반면, 제15조에 기초한 재일 한국계 자산에 대한 한국 측의 주장까지 전면적으로 인정하진 않았다. 미국의 견해는 재한 일본 자산의 몰수에 의해 한국 측이 재산을 획득한 것이 한국 측의 일본에 대한 청구권과 "관련이 있다"는 것이었다. 이와 관련, 일본 측은 이 '관련'에 근거해 강화조약 제15조에 상당하는 재일 한국계 자산에 대한 한국 측 청구권 가운데 어느 정도가 재한 일본인 사유재산에 의해 부분적으로 '상쇄'되어 감액할 것인가를 논의해야 한다고 주장, 재한 일본 자산 처분에 관한 자료를 한국 측에 요구했다(太田修 2003, 155-158).

물론 한국 측은 이 같은 요구와 타협을 거부했다. 이후 협상은 박정희 정권이 성립한 뒤 미국이 금액까지도 중재하는 형태로 간신히 정리되었다. 결론만을 정리하자면, 1965년의 기본조약은 청구권의 실제 크기를 금액으로 환산한 부분에 대해선 한국 측의 주장에 맞추는 한편, 청구권의 형식·명목은 일본 측 주장에 맞춘 것이었다. 요컨대 상호 청구권을 완전히 포기함으로써 일본 측이 희망한 '상쇄'를 실현하고, 그것과는 별도로 일본 측이 한국에 경제협력을 위한 자금·생산물·용역을 무상·유상으로 제공하는 것이었다. 이에 따라 일본 측은 재한 사유재산을 상실한 일본인 귀환자에 대한 국내 보상 의무를 피할 수 있었을 뿐만 아니라, 강화조약 제26조가 규정한 최혜국대우에 따른 의무[28]로부터도 해방될 수 있었던 것이다.

4. 미국의 자금 이니셔티브

한일 간의 대립을 목도하면서 내실과 형식을 각각 분리하여 해결을 도모하는 일정한 국제적 틀을 제공한 것이 바로 미국의 이니셔티브라고 할

28_"일본국이 어느 국가와의 사이에 이 조약이 정한 바보다도 더 큰 이익을 그 국가에 제공하는 평화 처리 혹은 전쟁 청구권 처리를 행했을 경우에는, 이것과 동일한 이익이 이 조약의 당사국에도 미치지 않으면 안 된다."

수 있다. 그러나 이 이니셔티브가 금전적으로 가능하게 된 것은 강화조약 제14조에서 '직접 점령 경비'와는 구분되어 '기타 청구권'으로 자리 잡은 GARIOA 자금에 대한 일본 측의 대미 상환 의무를 미국이 감액해 준 것과 깊이 관련되어 있다고 생각된다.

부흥 원조 비용에 해당하는 간접 점령비는 미국 측의 주장으로는 약 19억 달러나 되었는데, 그 반환이 최종적으로 실현된 것은 1961년 6월 22일의 이케다·케네디 합의였다. 이 합의에 따라 이듬해 1월 19일 "일본국에 대한 전후 경제원조의 처리에 관한 일본국과 미합중국 간의 협성," 이른바 GARIOA 상환 협정이 체결됐다. 이 협정은 서독 수준의 3분의 1 상환 비율에 따라 일본의 대미 채무를 우선 감액하고, 더욱이 액면분이 아니라 그 감액분으로 일본 측이 미국에 대해 갖고 있던 대미 채권을 공제하는 관대한 것이었다. 일본이 갖고 있던 대미 채권에는 미군 점령의 통제경제 하에서 점령군이 일본으로부터 한국이나 오키나와로 갖고 간 물자 대금에 해당하는 이른바 '조선 채권' 및 '류큐(오키나와) 채권'이 포함되었다. 여기에 한일 간의 오픈 계정에 의한 무역 대금으로 청산되지 않은 부분도 일본의 대미 채무로부터 공제되도록 인정되었다. 그 결과 일본의 대미 GARIOA 채무는 최종적으로는 4억 9,000만 달러로 감액되어 연간 2푼 5리의 이자를 붙여 15년간에 걸쳐 6개월마다 지불하는 것으로 귀착되었다(外務省 1962, 18-22). 이 결정과 거의 같은 시기인 1961년 5월 일본 측은 한국에 대한 청구권 보상을 대폭 증액해 5억 달러 전후로 검토하는 방안을 이세키 유지로(伊關佑二郎) 외무성 아시아국장 등을 통해 타진하기 시작했다(李鍾元 2009, 115-116).

GARIOA 채무 상환과 관련된 미일 간의 교환 공문은 "자금의 대부분을 저개발국에 대한 경제원조에 관한 미국의 계획을 촉진하기 위해 사용한다," "동아시아 각국 경제의 신속하고 균형 있는 발전"을 위해, 미일 양국이 "계속해서 수시로 상호 긴밀한 협의를 한다"고 규정하고 있다. 또한 전후 일본의 해외 경제협력 관련 제도의 기원도 GARIOA 지원금에 연결되어 있다. 미국의 원조 물자 구입 시의 대금이 적립된 '見返資金(한국식 표현으로는 '대충자금') 특별회계', 이것이 형태를 바꾼 '산업투자 특별회계'로부터 '해외 경제협력 기금'의 설립 재원을 충당할 것이 1960년부터 계획되었다(李鍾元 2009, 115-116). 한일 유상 경제협력은 바로 이 해외 경제협력 기금을 통해 이뤄졌다.

GARIOA 채무 상환과 한국에 대한 경제협력 자금의 대폭 증액은 표면적으로는 관련이 없는 것으로 되어 있지만, 같은 시기에 각각의 큰 범위가 결정되었을 뿐만 아니라 정책 결정 단계에서 일본 측 견해 혹은 미 국무부의 내부 의견 등에 양자 간 연관성의 방증(傍證)이 남아 있다. 예를 들면 일본 외무성은 독일의 GARIOA 채무 문제를 조사한 자료를 국회에 제출할 때, 콘라트 아데나워(Konrad Adenauer) 서독 총리가 미국이 상환 비율을 3분의 1로 결정한 것이 독일의 재외 재산 상실분에 대한 대가라고 서독 의회에서 발언한 사실을 제출 자료에서 삭제했다. 또 미 국무부가 1958년에 작성한 문서는 GARIOA 채무 감액 조치에 동의하면서도, 다만 그럴 경우에는 인도네시아와 한국의 경제협력 자금을 대폭 증액할 것, 일본이 미군 기지 제공에 대해 편의를 봐줄 것 등 두 가지 조건을 붙여야 한다는 의견을 제시하고 있다. 더욱이 1960년 미일 안보 조약이 경신된 직후 일본 외무성은 다음 목표로서 GARIOA 채무 문제의 확정 작업을 개시했는데, 이와 관련 기시 노부스케 총리가 만주국에 관여한 책임자로서 스스로 총리 자리에서 물러선 것이라는 평가도 있다. 이 같은 방증과 한일 협상에 대한 세심한 분석의 결과, 일본 전후사의 최대 밀약이라고 할 수 있는 암묵적 양해가 미일 당국자 간에 존재했을 가능성이 매우 크다.

비유적으로 표현하면, GARIOA 채무 감액으로 대변되는 미국의 보이지 않는 실질적인 대일 편의가 제공됨으로써, 미일 간 강화조약의 법적 구조 위에 한일 국교 정상화의 토대가 한국 내의 정통성을 결여한 채 강제로 설정되었다고 말할 수도 있을 것이다.

이 같이 미국의 경제와 법 양면으로 구성된 이니셔티브에 의해 일본제국은 법적으로도 경제적으로도 최종적으로 해체되었고, 그 자리에 한일 간에 새로운 국민국가 사이의 정상적 관계가 채워졌다고 말할 수 있다. 대륙과 해양에 남겨진 일본인 귀환자 600만 명을 이송한 미국 수송선 LST의 임차료가 종전 처리 비용으로 지불된 것을 출발점으로, 초토화된 일본 본토의 부흥 비용이 미국으로부터 원조되고 그 상환을 위해 마련된 대충자금 특별회계가 이번에는 전후 일본의 해외 경제협력을 위한 제도로서 돌아온 것이라고도 말할 수 있을 것이다.

이처럼 제국 해체와 종전 처리와 함께 발생한 대일 원조 자금 상환 의무를 미국이 일본에 크게 면제해 주는 것을 지렛대로 일본의 한국에 대한 경제협력 자금을 미국이 중재해 대폭 증액토록 하는 동시에, 일본 측의 '역(逆)청구권'도, 한국 측의 대일 청구권도 모두 일방적으로 각자가 포기한다는 상쇄를 실현함으로써 한일 경제협력과 청구권에 관한 최종 협정이 성립된 것이다. 그러나 한국의 국민감정의 측면에서 보면 '정통성'이 결핍된 정상화였고, 그 결과 잃어버린 것이야말로 오늘날 '식민지 책임'이라고 불리는 '식민지 지배의 청산' 문제라고 할 수 있다.

III. 나오며

재일 한국계 재산과 재한 일본인 사유재산 문제와 관련해 샌프란시스코강화조약의 법적 구조를 어떻게 한일 관계에 적용할 것인가, 이것이 청구권 협상의 출발점이었다. 원래 해방·분리된 이후 상호 간의 청구권 문제는 전전(戰前)의 제국주의 시대에 형성된 관민(官民)의 복잡한 제도·조직과 관련된 재산·채권의 청산이라는 문제와 더불어, 제2차 세계대전의 총력전 시대에 식민지에 대해 전개된 사람과 물건의 동원에 대한 청산 문제가 복잡하게 얽힌 것이었다. 게다가 한일 간의 새로운 관계를 논하는 지표로서 연합국 간의 재외 재산 배상과 관련된 틀이 존재했다. 또 본론에서는 논하지 못한 문제이지만, 일본 국민의 전쟁 피해에 대한 일본 정부의 국내 보상 문제와 한일 양국의 청구권이 연동되고 있었다는 점에서, 한일 관계는 일본의 국민감정을 자극하는 문제가 되기도 했다(같은 전장(戰場)에서 싸웠는데 "왜 한국인만 보상 받는가"). 국민감정의 최종 단계에서의 분기점은 패전과 귀환, 해방과 귀환이라는 각각의 정치적 격변이라고 볼 수 있지만, 그 이전 식민지 시대의 제국주의적 사회에서부터 다양한 집단의 감정이 표출되었고, 그것이 해방·분리에 의해 태어난 새로운 국가와 그 체제 속에서 '국민'적 감정으로서 자리 잡아 변화해 왔던 것이 한일 협상을 통해 분출되었다고 말할 수 있을 것이다.

이런 사회 상황에서, 특히 국내 정치와 국제정치를 넘나드는 다양한 이해와 가치에 노출된 상황 속에서 초기 한일 협상은 통상적인 국가 간 관계를 전제로 한 외교의 범주에는 들어가기 어려웠다. 한일 협상은 패전을 계기로 한 국가 분리 문제였으며, 분리 국가와의 외교(분리된 측은 '해방'국이라고 인식)라는 점에서, 연합국·분리국·패전국 간의 전시 및 평시의 국제법적 관계의 해석 논쟁이라는 성격을 노정했다. 이 협상은 또한 국제와 국내라는 차원을 넘어 정치적, 사회적 이해가 복잡하게 얽힌 가운데 전개되었는데, 특히 사람과 물건에 어떻게 경계를 그을 것인가라는 문제 자체가 각각의 국민감정과 얽혀 정치 문제화하는 국내 상황(재일 한국인의 법적 지위, 어업과 영토, 재외 재산)과 결부되는 양상을 띠었다. 이런 점에서 한일 협상을 분석하는 방법론도 다양한 측면의 관점을 고려해야만 했고 기억과 감정의 문제를 피해 갈 수 없게 되었다. 하지만 그렇기 때문에 관찰자의 주관에 의해서만 대상을 설명할 것이 아니라, 객관성, 반증 가능성을 담보하기 위해 각 정치 주체들의 법적 논리와 그 충돌의 위상을 '정의'를 담보한 논리에 맞게 추구함으로써 그 배후에 있는 각각의 감정에 호소하는 것이 유력한 방법이 될 것이다.

협상의 타결은 미국의 중재에 의해 이뤄졌지만, 정상화 이후 태동한 구조는 당시 한국의 엘리트의 눈으로 보더라도 역사 인식을 바탕으로 한 정의와 이에 기초한 책임 본연의 모습과는 거리가 있었다. 그 배후에는 일본 국내의 사상적 냉전 상황, '근대화'를 축으로 한 탈선(脫線)과 전복(顚覆)에 의해 전쟁에 돌입한 것을 일시적인 실수로 간주하는 역사 인식, 그리고 그것과는 모순되지 않는 형태로 전개된 경제협력이 존재했다고 생각되지만, 그 자세한 내용을 모두 언급할 수는 없다. 국민적 신념·감정에 근거한 정의의 모습이 상호 간에 격렬하게 충돌하고 있음에도 불구하고, 한일 간의 국교 '정상화'가 모호한 색깔(玉虫色)로 유지되는 상태를 만들어 낸 미국의 이니셔티브가 최근까지 유효했다고 말할 수 있을지도 모르겠다.

무지개 빛깔의 미묘한 균형이 깨지면, 이는 다시 새로운 틀을 만들기 위한 좋은 기회로 여겨질 수도 있을 것이다. 그 틀은 이번에야말로 국민 정서 면에서의 화해를 전제로 할 필요가 있다. 그렇게 만들기 위해서는 해방·

분리의 시점으로 거슬러 올라가 전후 경제성장의 그늘에 숨겨진 채 다양하게 왜곡되어 정치화된 문제를 경험적 방법으로 밝혀냄으로써 상호 간의 국민감정 자체의 역사적 기원을 따져볼 필요가 있다고 생각한다. 이를 통해 자신 속에 존재하는 타고난 국민적 감정을 차가운 이성으로 관찰하는 한편, 상대의 그것에도 공감할 수 있는 감정을 키울 수 있을 것이다. 새로운 사고로써 '지역'적이라고도 말할 수 있는 새로운 감정과 이성의 틀을 역사 연구와 기억의 점검을 통해 만들어 낼 때가 온 것이 아닐까. 지금까지 역사 문제는 어떻게 외교로부터 떼어 놓을까라는 관점만이 강조되어 왔지만, 외교의 기반이 될 수 있는 사람들을 서서히 늘려 가기 위해 역사 문제를 분명히 하는 작업은 불가피하다. 제국의 청산을 둘러싼 주변 지역과의 사이에서의 전후(戰後) 외교의 연구는 사료의 공개와 더불어 겨우 시작된 단계이지만, 그것을 풀어내기 위해서는 법학적 분석과 그 배후에 있는 사회학적 분석이 필수적이다. 앞으로 국경을 넘어선 연구의 진전을 기대해 마지않는다.

6장

'해방'의 이론과 실제

초기 대한민국 정부의 병합조약에 대한 인식과 행동

이동준

I. 들어가며

"1910년 8월 22일 및 그 이전에 대한제국과 대일본제국 간에 체결된 모든 조약 및 협정은 이미 무효임을 확인한다." 1965년 6월 22일 체결된 '대한민국과 일본국 간의 기본 관계에 관한 조약'(이하, 기본조약)의 제2조, 이른바 '구조약 무효' 조항은 한일 과거사 인식(처리)의 원점이다. 이 조항의 말미에 언급된 "이미 무효"(already null and void)의 효력 발생 시점에 대해 한국 정부는 "처음부터"(ab initio) 무효라는 입장을 고수해 왔다(대한민국 정부 1965, 19).[1] 구조약, 즉 일본의 한국 병합으로 귀결된 일련의 조약[2]이

• 이 글은 『아세아연구』 제54권 4호(2011년 12월)에 게재된 졸고 "초기 대한민국 정부의 한일 관계 인식에 대한 비판적 고찰: 병합조약 무효의 이론과 적용"을 일부 수정한 것이다.

"처음부터" 무효였다면 일본의 식민지 지배는 법적 근거가 없는 위법행위이므로 한국 정부는 당연히 이에 대한 책임과 피해 보상을 일본에 요구할 터였다. 하지만 1951년 이후의 대일 교섭에서 한국 정부가 일제 식민지 지배에 대한 피해 보상을 공식적으로 요구한 적은 단 한 차례도 없었다. 왜 한국 정부는 구조약이 "처음부터" 무효라고 주장하면서 무효의 법적 효력을 따지지 않은 것일까. 이 의문에 대한 고찰의 일환으로 본고는 초기 한국 정부의 구조약 및 일제 식민지 지배에 대한 법적 해석과, 이에 기초한 과거사 처리 방침, 대한민국 및 그 국민의 정체성에 대한 입장 등을 상호 연계적으로 살펴보고자 한다.

기본조약에 언급된 구조약의 무효에 관한 기존 연구는 거의 예외 없이 조항의 애매성을 비판적으로 논하고 있다. 장박진에 따르면, 1965년 7월 『사상계』의 한일협정 관련 특집호에서 양호민이 '이미 무효'에 대해 "과거 군국주의 통치를 합법화할 수 있는 여유를 준 것"이라고 말한 것이 비판의

1_병합조약에 대해서는 대체로 한국의 '불법부당론'과 일본의 '합법정당론'이 팽팽히 맞서는 형국이 지속되고 있다. 일본 측은 "정당한 절차를 거쳐" 유효하게 체결되었던 조약이 "이제는(もはや) 무효"가 되었다고 해석해 왔다(谷田正躬 外 1966, 14). 다만 최근 들어 일본 정부는 병합조약이 "법적으로는 유효"했지만 "식민지 지배의 현실이라는 것을 직시하고, 엄한 반성을 하여 사과할 것은 사과해야 한다"는 '합법부당론'으로 물러섰다. 이종원(2011) 및 1995년 10월의 무라야마 도미이치(村山富市) 일본 총리의 발언 참조(『第134回 国会参議院会議録 第四号』 1995, 19; 『第134回 国会参議院予算委員会会議録 第三号』 1952, 34). 한편 한일 병합은 경술국치, 합병, 합방, 병탄, 강제 병합 등 여러 용어로 표현되고 있으나 본고에서는 조약상의 명칭인 '병합'을 그대로 사용한다.

2_1904년 2월 23일의 의정서, 동년 8월 22일의 협정서, 1905년 11월 17일의 이른바 을사늑약, 1907년 7월 24일의 한일신협약, 1910년 8월 22일(반포일은 8월 29일)의 병합조약 등 식민 지배에 이르기까지 조선(혹은 대한제국)과 일본이 체결한 60여 건의 각종 협정, 조약을 통칭한다.

효시이다(장박진 2008a, 3; 양호민 1965, 50). 이후 상당수의 관련 연구는 이 '이미'라는 문구의 법적 불명확성을 지적하거나(배재식 1970; 김창록 2005), 한발 더 나아가 이 애매한 문구를 수용한 박정희 정권의 '몰역사성' 혹은 대일 '굴욕 외교'를 비판했다(한상범 1995; 이장희 1996).

기본조약의 형성 과정에 대한 연구도 상당한 진척이 있었다. 이원덕, 다카사키 소지(高崎宗司), 오오타 오사무, 요시자와 후미토시(吉澤文寿), 장박진 등의 연구를 통해 구조약 무효에 대한 한일 양국의 입장, 기본조약에 '이미'라는 문구가 삽입된 경위 등이 상당히 해명되었다(이원덕 1996; 高崎宗司 1996; 太田修 2003; 吉澤文寿 2005; 장박진 2007). 특히 이들 연구는 거의 예외 없이 한국 정부가 '이미'를 수용할 수밖에 없었던 외적 요인으로, 미국의 냉전 전략과 이와 연동된 동아시아 지역 통합 전략 혹은 식민지 청산 논리가 배제된 전후 미국의 대일 정책을 지적했다.[3] 특히 장박진은 근년 공개된 한국 측 외교문서를 본격적으로 이용해 구조약 조항이 또 하나의 논란거리였던 이 조약 제3조 '유일합법성' 조항과 긴밀히 연계된 가운데 정치적 담합에 의해 성립됐다는 주목할 만한 논지를 전개했다(장박진 2008a).

본고 또한 한일 관계에 노정된 구조약무효론을 비판적으로 보겠다는 점에서 기존 연구의 연장선상에 있다. 다만 본고는 이하와 같이 기존 연구의 성과를 재평가하고 초기 한국 정부가 제시한 구조약무효론의 법적·역사적 한계와 의의를 수정주의적 관점에서 재해석하고자 한다.

첫째, 초기 한국 정부가 구상하고 제기한 구조약무효론 자체에 대한 분석을 시도하고자 한다. 한국 정부가 구조약 무효를 주창했다면 그 법 이론

3_특히 케네디 및 존슨 정권기에 미국이 청구권 문제를 중심으로 한일회담의 정치 결착을 촉구한 경위에 관해서는 李鍾元(2009a; 2009b; 2010)이 자세하다.

적 근거에 대한 실증적 검토가 필수적이지만, 대부분의 기존 연구는 결과로서의 1965년 기본조약 제2조만을 분석하고 그 원인을 박정희 정권의 '친일성'(親日性) 혹은 미국의 냉전 전략 등으로 환원하기 일쑤였다. 그러나 이하 본론에서 논증하듯 구조약에 대한 해석의 불투명성과 식민지 과거 청산 요구의 포기는 이승만 정권 초기 단계에서부터 명확히 발현되었다. 정권의 성격과 관련 없이 대한민국 정부는 "처음부터" 과거사에 대한 법적 청산을 염두에 두지 않았던 것이다.[4]

둘째, 구조약무효론의 '적용'에 대한 관심이다. 구조약무효론은 단순히 조약 자체가 갖는 법리 해석의 문제만이 아니라, 대한민국 및 국민의 법적, 정치적 정체성과 일제 식민지 지배에 대한 인식이 내포되어 있다. 구조약을 어떻게 해석하는가의 문제는 대한제국과 대한민국과의 관계에 대한 이해뿐만이 아니라, 재일 한국인의 법적 지위에 대한 인식, 구조약의 효력과 직접 관련된 한국 정부의 일제 식민지 지배에 대한 피해 보상 요구 정책에 직접적으로 영향을 미칠 수밖에 없었다. 기존 연구의 경우 조문 분석이나 과정 분석에 주력한 나머지 이 같이 구조약무효론이 낳은 논리적 연계의 맥락에 대해선 대체로 무관심했다. 본고는 초기 한국 정부가 구축한 구조약무효론의 실체를 검토하고 이것이 대일 교섭이라는 프리즘을 통해 어떻게 적용 혹은 변용되었는지를 총체적으로 규명하고자 한다.

셋째, 대체로 기존 연구에서는 이른바 '과거 청산'과 '전후 처리'라는 개념을 분명히 구분하지 않는 논리적(실제적) 결락(缺落)을 노정하고 있는 듯하다. 주지하듯이 한국이 주장하는 과거 청산이란 문자 그대로 '일제 식민

4_이와 관련, 장박진은 주로 청구권 협상의 측면에서 역대 정권 사이에는 단절성보다는 '연속성'이 강하다는 측면을 입증했다(장박진 2009a).

지 지배에 따른 일본의 책임 인정과 피해 보상'을 말한다. 그러나 '전후' 한일 관계는 사실상 미일전쟁이었던 태평양전쟁에 대한 전후 처리, 특히 이를 규정한 1951년 샌프란시스코강화조약의 문맥 속에서 전개되었고, 여기에는 식민지 지배에 대한 청산의 논리가 끼어들 틈이 없었다. 하지만 과거 청산의 논리를 억제한 이 같은 국제정치적 제약 요소를 지나치게 강조할 경우 자칫 한일 관계에서 과거 청산 문제가 사장된 것을 외생적 요인으로 환원하는 모순에 빠질 수 있다. 본고가 초기 한국 정부의 구조약무효론과 일제 식민지 지배에 대한 인식에 주목하는 것은, 과거 청산이란 무엇보다도 민족사적 과제라고 생각하기 때문이다.

II. 구조약무효론의 기원과 전개

1. "어쨌든 무효"론

병합조약 무효론이 국제 무대에 처음 등장한 것은 1952년 2월 시작된 제1차 한일회담 석상에서였다. 그해 2월 16일 본회의 제2차 회의에서 일본 측은 '우호조약'(Treaty of Amity) 초안을 제시했는데, 여기에는 과거사와 관련된 언급이 전혀 없었다. 오히려 이 초안은 전문에서 한일 간에 해결해야 할 문제의 범위에 대해 "양국 간의 신(新) 관계 발생에 유래하는 각종 현안"이라고 기술, 한일 관계의 속성을 과거의 특수한 관계에서 비롯된 것이 아니라 일본제국의 해체와 한국의 '분리'에 따른 새로운 관계의 설정 문제로 제한했다(『제1차 한일회담(1952.2.15-4.21) 본회의 회의록』, 1122). 이에 대해 한국 측은 즉각 반론을 제기했다. 이 문제를 구체적으로 논의하기 위해 개설된 기본관계위원회의 제2차 회의(2월 27일)에서, 한국 측 유진오 대표는 "이 문제에 대해 근본적으로 토의하고자 한다면 한국 정부로서는 과거 양국 간에 노정된 각종 현안, 특히 1910년부터 36년간에 걸친 다양한 문제를 일소하고 실질적으로는 양국의 평화조약이라 할 수 있는 것을 체결하고 싶다는 기분"이라면서 조약의 성격과 명칭에 대해 불만을 토로했다(『第二回 基本関係委員会議事録』, 16). 하지만 전쟁 관계가 아니라 종주국-식민지 관계였던 한국과 일본이 '평화조약'을 체결한다는 것은 "기분"의 문제였지 실천을 염두에 둔 발상이 아니었다. 한국 측이 그 대안으로서 3월 5일의 제4차 위원회에서 제출한 것이 '기본 관계 조약'(Basic Treaty) 초안이었다. 이 조약안 제3조는 다음과 같았다.

> 대한민국과 일본국은 1910년 8월 22일 이전에 구 대한제국과 일본제국 간에 체결된 모든 조약 및 협정이 무효임(null and void)을 확인한다(『제1차 한일회담 기본관계위원회 회의록』, 597).[5]

상기 3조는 "무효"라는 단어가 처음 등장했다는 점에서 1965년 기본조

5_이하, 인용하는 한국 및 일본 외교문서의 밑줄은 필자가 강조를 위해 그은 것이다. 또 외교문서명에 이어 적은 숫자는 마이크로필름의 프레임 번호를 가리킨다. 한편 'null and void'의 기원에 대해 오오타는 이탈리아의 알바니아 지배에 관한 규정을 둔 이탈리아강화조약 제31조에 같은 표현이 있음에 착목, 이 조항을 한국 측이 참고했을 가능성을 지적하고 있다(太田修 2011, 37-38). 실제 당시 초안 작성에 관여했던 김동조는 "정무국 김영주 사무관 등이 중심이 되어 각국의 비슷한 선례를 검토케 한 뒤" 성안했다고 회고했다(김동조 1986, 41).

약 제2조의 원형이라고 볼 수 있다. 하지만 본고에서 주목하고자 하는 바는 이 조항에 대한 한국 측의 법적 인식이다. 이해 3월 12일에 열린 제5차 기본관계위원회에서 일본 측 오오노 다츠미(大野辰巳) 외무성 참사관이 한국 측 조약안 제3조에 거론된 '무효'가 처음부터 무효인지, 아니면 일단 성립했으나 이후 실효했는지를 묻자 유진오는 "중대한 질문"이라면서 다음과 같이 답변했다.

> 1910년 이전의 조약은 의사에 반해서 행해진 것이기 때문에 소급해서 무효라 하지 않으면 안 된다. 그러나 이 법 이론을 관철했을 경우 실제로는 복잡한 문제가 생기므로, 법 이론은 차치하고 어쨌든 무효라고 하고 싶다. 한국 측은, 병합조약은 최초부터 무효로 하고, 일본의 포츠담선언 수락에 의해 실효했다고는 말하지는 않지만, 이 규정에 관해서는 한국 측의 주장을 노골적으로 펴는 것을 피하면서, 또 포츠담선언 수락 시점부터 실효했다는 설도 피하면서 막연하게 어쨌든 무효라고 확인하고 싶다(『第6回 基本関係委員会議事録』, 15-16).

상기 답변 내용으로 볼 때 유진오는 구조약 무효의 소급 적용을 주장하면서도 무효의 근거나 시점에 대한 입장 표명을 유보했다. 이 같은 "어쨌든 무효"론에 대해 일본 측은 "언제부터 무효라든가 등의 문제를 피하고 있으니 아주 막연한 정치적인 것," "이 같은 조문은 쌍방에 과거를 상기시키고, 적어도 일본 측에는 좋은 인상을 주지 않는다"고 지적하면서 "공연히 평지에 파란을 일으키는 것은 피하는 게 어떤가"라고 이 조항의 삭제를 요구했다(『第五回 基本関係委員会議事録』, 17-18). 이에 대해 유진오는 "평지풍파를 일으킨다고는 생각하지 않는다. 오히려 파란을 진정시키는 규정이다"라고 반박하면서 다음과 같이 덧붙였다.

1910년 이전의 조약은 국민적으로 당시까지 소급해서 무효라는 강한 신념, 국민감정이 있지만, 이 자리에서 내가 강하게 주장하면 이 회담이 정리되지 않는다. 일본 측 주장도 있을 것이고, 또 당시까지 소급해서 무효로 하면 여러 가지 복잡한 문제가 발생한다. 그 점을 피하면 한국의 국민감정도 수습되고, 일본 측으로서도 특별히 잃는 것이 없으므로 자극이 되지는 않을 것이다(『第五回 基本関係委員会議事録』, 20-21).

요컨대 한국 측의 구조약 무효 확인 요구는 국민감정과 일본 측 입장마저 감안한 정치적 입론의 성격이 강했다. 종래의 통설처럼 박정희 정권이 '굴욕 외교'를 전개한 결과 합병 조약의 무효가 애매하게 된 것이 아니라, 이승만 정권기의 초기 교섭 때부터 한국 정부는 이미 이 문제에 대해 정치적 절충을 모색했던 것이다. 이에 대해 유진오와 함께 이 위원회의 대표 자격으로 깊숙이 개입한 김동조 당시 외무부 정무국장은 구조약 무효의 확인 요구가 이승만 대통령의 "강력한 지시"에 따른 것이라면서[6] 다음과 같이 회고했다.

우리가 한일합병 조약의 무효 확인을 기본조약에 굳이 명문화하려는 것은 실리(實利) 때문이 아니라 그것이 바로 국민적 자존심을 응축하고 있기 때문이었다. 비록 일본 제국주의에 의해 '합방'이라는 민족적 수모를 겪기는 했지만 이제 양국 관계를 새롭게 설정하는 마당에서 문서상으로나마 그런 치욕의 역사를 씻어 버려야겠다는 의지를 나타낸 것이었다(김동조 1986, 41).

6_다만 김용식은 주일대표부가 구조약 무효 확인 조항의 삽입을 건의했다고 회고했다(김용식 1987, 120).

한국 측이 법리 해석을 극력 회피하면서도 "어쨌든 무효"의 확인을 요구한 배경에는 물론 민족 감정에 기초해 병합조약과 식민지 지배의 부당성을 어떤 형태로든 조약에 명기하고자 한 강한 의지가 있었다. 그러나 한국 측이 상정한 구조약 무효의 범위는 국민적 자존심을 고려해 "문서상으로나마" 확인해야 한다는 것이었지, 그 위법성을 따짐으로써 그로써 발생한 식민지 지배에 대한 책임 추궁과 피해 보상까지 염두에 둔 것이 아니었다. 이에 대해 김동조는 같은 회고록에서 "우리 측은 과거를 보상하라는 입장인데, 일본 측은 과거를 문지 말라는 자세였나"면서 한국 측이 대일 청구권을 염두에 두고 구조약 무효 확인을 요구했다고 밝히고 있으나(김동조 1986, 40), 일본 정부가 공개한 상기 기본관계위원회의 회의록을 살펴보면 한국 측이 구조약 무효의 법적 근거와 식민지 지배와의 인과관계를 분명히 하고자 노력한 흔적은 찾아보기 어렵다.[7] 한국 측은 오히려 이 문제의 논의 자체를 "처음부터" 회피하면서 오히려 '애매성'을 남기는 것을 목표로 일본 측과 정치적 타협을 시도했다.

7_흥미로운 점은 일본 정부가 기밀 해제한 외교문서에는 일본 측이 작성한 기본관계위원회 회의록이 포함되어 있으나, 한국 정부가 공개한 외교문서에는 한국 측이 작성한 회의록이 빠져 있다는 것이다. 이 회의와 관련된 한국 측 문서로는 한일 양국이 공동으로 작성한 영문 회의 요록뿐이다. 한국 외교부는 관련 외교문서를 예외 없이 공개했다고 밝혔으나, 이 회의록만이 존재하지 않는다는 것은 이것이 초기 한국 정부의 구조약 무효 및 식민지 청산에 대한 입장을 적나라하게 드러내고 있기 때문에 비공개했을 가능성을 시사한다.

2. '자구 논쟁'으로 귀결된 무효론

1952년 3월 22일에 열린 제6차 기본관계위원회에서 일본 측은 한국 측의 "어쨌든 무효" 주장을 "충분히 반영, 연구해 마련한 시안(試案)"이라면서 한국 측 초안의 제3조에 해당하는 내용을 전문 제3항으로 옮긴 수정안을 제시했다. "일본국과 구 대한제국 간에 체결된 모든 조약 및 협정이 일본국과 대한민국과의 관계를 규제하는 것이 아니라는 것을 확인한다"고 기술된 일본 측 수정안에 대해 유진오는 "1910년 이전의 조약은 역시 무효라는 것을 확인하는 것이 간단할 뿐더러 명확하다"면서 "어쨌든 무효"론을 되풀이 했다. 이에 대해 일본 측은 "[무효라는 단어만으로는] 실효한 것인지 불성립한 것인지 아주 불명확하다. 불명확한 것이 좋다고 말하는 듯하지만 이는 장래에 혼란을 불러일으킬 불명확함이다"라고 반박했다(『第六回 基本関係委員会議事録』, 15-16, 22-23, 30). 이에 대해 유진오는 3월 26일 열린 제7차 기본관계위원회에서 "어쨌든 무효"를 주장하는 이유를 다음과 같이 설명했다.

> 본국 정부로부터 '무효'라는 자구를 반드시 넣으라는 훈령이 와 있지만, 나는 (병합조약 등이) 처음부터 무효라고 주장할 경우 조약이 타결되지 않을 것으로 생각해, 논쟁이 되는 점, 예를 들면 '언제부터'와 같은 것도 모두 덮어 두고, 어쨌든 무효와 같은 표현을 사용했던 것이다. 이 표현이라면 일본 측은 일본 측으로서 일단 설명이 되고, 한국 측에서도 다른 내용이 될지도 모르겠으나 설명이 가능하다. 때문에 한국 측 안과 같은 표현을 취하고 싶다. 자구는 달라도 좋으나, 어떻게 해서든 무효라는 의미를 나타내고 싶다(『第七回 基本関係委員会議事録』, 13-14).

한국 측이 애초부터 구조약 무효의 법적 효력 문제를 "모두 덮어 두"겠

다는 정치적 의지를 표명한 만큼, 이후 일본 측의 관심은 "무효"라는 용어를 적당히 수용하면서 실질적으로는 무효의 효과를 무력화하기 위한 '자구 찾기'로 옮아갔다. 우선 일본 측 오오노 대표는 "무효라는 자구를 사용한다면 언제부터 무효인가를 확실히 하지 않으면 안 되므로 '이제는'(もはや)이라는 자구를 붙이고 싶다"면서 1965년 기본조약의 '이미' 무효의 원형에 해당하는 타협안을 제시했다. 이에 대해 한국 측이 "효력을 갖지 않는다," "have been invalid" 등의 수정안을 제시하자 일본 측은 다시 "효력을 상실했다," "현재 효력을 갖지 않는다" 등의 재수정안을 내놓았다. 유진오는 "한국어 문구를 일본어와 약간 다르게 두는 방법도 있지만 그것은 속임수이므로 하고 싶지 않다"고 말했지만(『第七回 基本関係委員会議事録』, 16-31), 한일 양측은 이미 구조약 무효의 법적 효과를 각자 편의대로 해석하기 위한 정치적 흥정을 전개하고 있었다.

결국 1951년 4월 2일 열린 제8차 기본관계위원회에서 일본 측이 최종안으로서 (1) "이미(既に) 효력을 상실했다" (2) "실제로(現に) 효력을 갖지 않는다" (3) "효력을 상실하고 있다" 등 3개 문구를 제시하자, 유진오는 일본 측 제2안을 지적하며 "'실제로'라는 단어가 없어도 현재형으로 말하므로 '현재 효력을 갖지 않는다'는 의미가 된다"면서 '실제로'라는 단어의 삭제를 요구했다. 이에 일본 측이 동의함으로써 이른바 '기본조약'안 전문에 수록될 구조약 무효에 관한 언급은 "일본국과 구 대한제국 간에 체결된 모든 조약 및 협정이 일본국과 대한민국과의 관계에서 효력을 갖지 않는다"라는 문구로 결착을 보았다(『第七回 基本関係委員会議事録』, 12). 한국 측이 당초 목표로 한 '무효'의 의미가 "효력을 갖지 않는다"로 완화되었을 뿐 아니라, 구조약이 효력을 갖지 않는 범위가 "일본국과 대한민국과의 관계에서"이므로 구조약이 "처음부터" 무효라는 의미로 해석될 여지조차 사라졌다.[8]

다만 기본관계위원회에서 합의된 상기 '기본조약' 안은 일본 측의 재한 일본인 사유재산에 대한 이른바 역(逆)청구권 제기를 계기로 청구권위원회가 결렬되고 제1차 한일회담 자체가 결렬됨으로써 사실상 사장되었다. 이후 구조약 무효를 둘러싼 한일 간의 논쟁은 오랫동안 동면 상태에 진입하게 된다. 한일 양국 모두 필연적으로 식민지 지배에 따른 책임과 피해 보상이라는 '본질'을 건드리게 되어 회담 자체를 무산시킬 수도 있는 이 문제에 대한 언급을 극력 회피한 것이다.

이 문제가 한일 양국의 현안으로 다시 대두된 것은 '김종필-오히라 합의'로써 청구권 문제가 정치적 결착을 보고 한일회담이 마무리 단계에 진입한 1964년 12월 이후의 제7차 한일회담에서였다. 하지만 제7차 회담 기본관계위원회에서 거론된 구조약 무효와 관련된 논의는 사실상 초기 한일회담의 재판(再版)에 불과했다. 장박진이 규명한 바와 같이 한국 측은 이 회담에서도 구조약 무효와 그 효력에 대한 법적 논지를 전개하기는커녕 "어쨌든 무효"론에 입각한 정치적 타협을 시도했고, 그 종착점이 바로 기본조약 제2조의 "이미 무효"였다(장박진 2008a, 18-34).[9] 결과적으로 '무효'라는 단어를 조약에 되살렸다는 의미에서 제1차 한일회담에서의 합의 사항인 "효력을 갖지 않는다"보다는 진전된 내용이라고 평가할 수도 있겠으나, 앞

8_이 점과 관련, 유진오는 "무효론자를 만족시키기 위해" 조약 명칭을 "우호조약"으로 하는 것을 받아들이는 대신에 "효력을 갖지 않는다"를 "무효이다"로 대체할 것을 제안했으나 일본 측의 반대로 수용되지 않았다(『第七回 基本関係委員会議事録』, 14-15).

9_'이미 무효'의 삽입 경위에 대해 우시로쿠 도라오(後宮虎郎) 당시 일본 외무성 아시아 국장은 회담 막판에 "(일본 정부가 미리 복안으로 준비한 대로) already라는 단어를 null and void 앞에 넣을 것을 가볍게 시사"하자 한국 측이 곧바로 적극적인 반응을 보였다면서, "설마 한국 측이 이 단어를 덥석 물 것이라고는 생각하지 않았다"고 증언했다(『日韓国交正常化交渉の記録』 総説 11, 143-144).

서 살펴본 바와 같이 일본 측은 1차 회담에서도 "이미 무효"안을 제안하고 있었다.

그렇다면 한국 정부는 왜 대일 협상에서 구조약에 대해 막연하게 "어쨌든 무효"라는 주장만 되풀이한 것일까. 이하에서는 한국 측 외교 사료를 분석함으로써 초기 한국 정부의 구조약 및 일본의 식민지 지배에 대한 국제법적 인식을 살펴보겠다.

III. 초기 한국 정부의 구조약 무효에 대한 국제법적 견해

주지하듯이 한국은 정부 수립 후 대일강화조약에 서명국으로 참가하기 위해 준비해 왔다. 한국 정부가 공개한 외교 사료 가운데 강화조약에 대비하기 위한 국제법적 검토의 일환으로 작성된 유일한 자료가 바로 1950년 10월 주일대표부 대일강화조사위원회가 작성한 『대일강화조약에 관한 기본 태도와 그 법적 근거』(이하 『기본 태도』)이다.[10] 소책자의 형식을 취한 『기본 태도』는 한국전쟁의 혼란 속에서 도쿄의 주일대표부 정무과가 작성해 외무부에 보고하는 형식을 취했다는 점에서 당시 정부 입장을 온전히 반영

10_다만 수기(手記) 형식의 『기본 태도』는 인쇄 상태가 매우 불량하다. 이하, 판독 불가능한 부분은 ○로 표시했다. 한편 유진오에 따르면 자신의 제안에 의해 1951년 4월 16일에 장면 총리, 조병옥 내무부 장관, 김준연 법무부 장관, 최두선 동아일보 사장, 홍진기 법무부 법무국장, 박재섭 고려대 교수 등으로 구성된 '대일강화회의 준비위원회'가 설치되어 대일강화조약 제2차 시안에 대한 검토 작업을 벌였다고 하나, 이와 관련된 외교 사료는 확인되지 않고 있다(유진오 1993, 21-22).

하고 있다고 볼 수는 없다.[11] 하지만 한국 외교 사료 가운데 유일하게 구조약에 대한 법적 입장을 개진하고 있다는 점, 한국 정부가 공개한 한일회담 문서의 필두를 점하고 있다는 점, 주일대표부 또한 본국 정부의 입장을 대변한다는 점 등을 고려할 때 이 소책자는 초기 한국 정부의 구조약에 대한 법적 인식을 파악하는 데 필수적 자료로 평가할 수 있을 것이다. 『기본 태도』는 강제로 체결된 조약으로서의 한일 병합조약의 무효론을 다음과 같이 전개했다.

1. "강제에 의한 조약"에 대한 해석

『기본 태도』는 조약이란 국가 간의 자유의사의 합치를 전제로 하는 만큼, '강제에 의한 조약'의 경우 그 법적 효력이 논란이 된다고 주장했다. 이어 강제가 가해진 대상을 국가 대표자와 국가 자체로 구분한 뒤, '통설'(通說)로서 "조약 체결 당사자인 자연인에 대해 강제 혹은 강박이 가해진 후 체결된 조약은 무효"라고 단언했다. 즉 국가 대표자에 대한 강박을 조약 무효화의 법적 근거로서 인식한 당시 국제법의 단면을 지적한 것이다.[12]

조약 체결 당사국 전체에 대한 강제 혹은 강박에 의해 체결된 조약의

11_구체적으로 『기본 태도』는 '머리말'에서 "주일대표부의 정무과 전 직원과 재일 동포 사회에서 송○한 ○○의 권위 4명으로" 구성된 '대일 강화에 대처하는 준비 조사위원회'(가칭)가 "주야겸행으로 진지한 연구·조사를 진행"한 결과라고 이 자료의 출처를 밝히고 있다(주일대표부 대일강화조사위원회 1950, 15).

12_다만 국가 대표자에 대해 강제가 조약의 무효의 원인이 될 수 있는가에 대해서는 상반된 국제법적 이해가 존재한다(이근관 2003).

무효 효과에 대해선 강화조약과 병합조약을 구분해 설명했다. 우선 이 같은 유형의 대표 격인 강화조약의 경우, 체결 과정에서 패전국에 가해지는 강제는 그 위법성이 인정되지만, 국가 질서 혹은 평화 유지라는 위법성 조각(阻却) 사유가 존재하므로 유효하다는 입장을 개진했다(주일대표부 대일강화조사위원회 1950, 21). 이 주장은 조약이 자유로운 의사의 합치여야 한다는 대원칙을 고수하면서도, 그 행위 자체가 불법인 전쟁을 인도적으로 종결짓기 위해 체결되는 강화조약에서의 국가에 대한 강박은 현실적으로 인정할 필요가 있다는 당시 국제법 학자들의 견해를 반영했다고 볼 수 있다.[13]

『기본 태도』는 그러나 병합조약의 경우, 전쟁의 결과인 강화조약과는 근본적으로 다르다는 논지를 전개했다. 강화조약의 체결 과정에서 가해지는 국가적 강제력은 배상 등 전후 처리를 위해 불가피하지만, 병합조약의 경우 "한 국가의 소멸을 초래하는 무력 점령의 계속을 의미하기 때문에 그 조약에 가해진 강제 혹은 강박은 쌍무적이지 않고 절대적"이므로 무효라는 것이다. 특히 병합조약은 "전쟁을 전제로 하지 않고 점진적으로 한 국가의 기능을, 특히 외교권과 사법·경찰권을 무력으로 박탈한 후에 국가 전체를 무력으로 점령하고, 국가기관을 협박"함으로써 체결하는 조약이라는 점에서 위법성조각사유가 없다고 단언했다.

요컨대 『기본 태도』는 "강제로 체결된 조약의 효력은 조약 체결 당사자에게 강제를 가하여 체결되었을 때에는 물론 무효이지만, 전쟁과 같이 쌍방이 강제의 연장이 아닌, 즉 원인이 없는 강제는 그것이 국가 전체의 가담으로써 체결되었다 하더라도 조약은 무효라 논정(論定)한다"고 병합조약

13_이 점에 대해선 김창록(2010, 201-202); 백충현(1996, 76-77); 坂本茂樹(2004, 253) 참조.

의 무효론을 주장했다(주일대표부 대일강화조사위원회 1950, 21-22). 이는 "국가에 대한 강제는 무력과 협박을 행사한 당사국에게 '불법행위에 대한 구제' 혹은 '권리 보장'의 증명이 중요하다"는 당시의 국제법적 이해를 반영한 것이다.[14]

강제에 의한 조약에 대한 이 같은 국제법적 해석의 연장선상에서 『기본 태도』는, 일국의 외교권과 행정권을 정지시켜 사실상의 국가 소멸을 도모하기 위해 대한제국의 황제 및 대신을 "직접 협박"하여 체결한 1905년 11월의 한일협약과 이 협약에 준거한 협약, 1910년의 병합조약은 그 강제성과 일방적 폭력성으로 인해 "조약의 성격을 상실"했다고 결론지었다(주일대표부 대일강화조사위원회 1950, 22-23). 『기본 태도』는 그 구체적인 학설적 근거로서 한일 병합의 강제성을 인정한 법학자 아리가 나가오(有賀長雄)와 프랑시스 레이(Francis Rey)의 논문[15] 등을 인용했다.

『기본 태도』는 또 1943년 10월 미국과 영국이 독일에 의한 1938년의 오스트리아 병합을 무효라고 선언한 점, 1943년 카이로선언에서의 조선에 대한 언급 등을 내세워 "합방조약의 무효론은 법리적 문제에서만 끝나지 않고 현실에 있어 그 무효의 실천이 금차 대전 후 오스트리아, 한국 등에서 실현되었다"고 주장했다(주일대표부 대일강화조사위원회 1950, 25). 이처럼 주일대표부는 어떤 국제법적 문제에 적용할 법은 그 문제가 발생한 당시에 존재하는 국제법을 근거로 해야 한다는 '시제법(時際法)의 원칙'[16]에 입각

14_이 점에 대해선 사사가와 노리카츠(2001, 144); 김창록(2010, 202)을 참조.

15_『기본 태도』는 구체적으로, 『일본외교정보』 제9권 5호에 실린 아리가의 "한일협약과 강제 문제," 레이의 "대한제국의 국제법적 지위"(1906년 2월)라는 논문을 언급했다. 한편 구조약에 대한 근대 관습법의 해석에 관해서는 도츠카 에츠로우(2010)와 김창록(2010)이 자세하다.

16_시제법적 관점에서 병합조약의 절차 및 형식 문제를 논한 연구로는 박배근(2009)을 참조.

하면서, 동시에 현실 정치의 동학까지 고려해 구조약의 법적 모순과 무효론의 논거를 체계적으로 개진한 것이다.

2. 구조약 무효의 법적 효력과 "무권대리론"

하지만 본고가 주목하고자 하는 점은 『기본 태도』가 제시한 병합조약 무효의 효력 범위에 대한 법적 판단이다. 『기본 태도』는 무효론의 당연한 귀결로서 "한일합방조약으로 발생한 그 후의 모든 사태는 1910년 8월 22일에 소급하여 무효일 것"이라고 결론을 내리는 한편, "그러나 그 무효의 효력 발생에 있어 약간 국제관례상의 '묵인 혹은 추인'이 필요하다"고 단서를 달았다.[17] 『기본 태도』가 병합조약 무효의 소급 적용의 '예외'(例外)를 인정한 가운데 일제 식민지 지배에 대한 무효의 효력에 대해 요약한 바를 그대로 옮기면 〈표 1〉과 같다.

〈표1〉과 같이 『기본 태도』는 구조약의 무효를 소급하여 적용한다는 대원칙을 내세우면서도 35년간에 걸친 조선 총독의 식민지 통치에 대해 '선택적 추인 혹은 묵인'할 수 있는 부분이 존재함을 인정했다. 우선 "선의의 제3자의 이익," 즉 일제 식민지 지배 기간 중에 "선의"의 제3국이 합법

17_기존 연구 가운데 장박진은 거의 유일하게 『기본 태도』를 인용했으나, 구조약 무효와 대일 배상 요구의 이론적 근거를 제공했다는 측면만 강조했을 뿐, 이 문서가 '묵인 혹은 추인'하겠다고 단서를 단 점에 대해서는 주목하지 않았다(장박진 2008a). 본고는 이 단서 조항이야말로 『기본 태도』가 제시한 구조약무효론의 핵심이라고 본다.

18_『기본 태도』에 따르면, 대인상권이란 "국민으로서의 기본적 권리·의무의 표현"을 의미하는, 국적을 가짐으로써 향유할 수 있는 각종 권리를 의미한다.

표 1 | 『기본 태도』가 제시한 한일 병합조약 무효의 효력

3. 중요 사항의 열거.

a. 대인상권(對人商權)[18]: 1910년 8월 29일부터 1945년 8월 15일까지 그 기능만 정지.

b. 선의의 제3자의 이익: 묵인. 무효를 주장치 않음.

c. 조선 총독의 일반 행정: 무권대리 행위이므로 원칙적(으로) 무효다. 다만 ㅇㅇ할 수 있다.

가. 순전한 행정 면.

1. 조선은행권: 구한국 사무 해결과 준비금 보지(保持) 및 ㅇ생활의 경제행위 계속으로 유효.

2. 세금: 집단생활자의 최저 의무 범위 내는 유효. 일본의 침략 전쟁을 위한 특별세는 무효.

3. 공채 및 기타: 한국 국민의 복리를 위한 공채는 유효. 그 외는 무효다.

4. 대일 무역: 유효다.

나. 사법 면: 일체 무효다. 다만 도의적 책임 위반의 반사회적 범죄자에 대한 판결은 추인함.

다. 입법 면: 제 령(制令)은 일체 무효다. 다만 사회질서 유지에 필요한 점만 추인한다.

자료: 주일대표부 대일강화조사위원회(1950, 17-18).

적으로 조선으로부터 얻은 이익은 국제관례에 따라 "무효를 주장하지 않는다"고 했다.[19] 또 조선 총독의 일반 행정 가운데 조선은행권의 발행, "집단

19_다만 『기본 태도』는 1909년 9월 4일 청일 간에 체결된 '간도(間島)에 관한 협약'은 당연히

생활자의 최저 의무 범위(最低義務範圍) 내"의 징세, 한국 국민의 복리를 위한 공채의 발행, 일본과의 무역은 '유효'라고 판단했다. 사법에서의 도의적 책임 위반 등 반사회적 범죄자에 대한 판결, 사회질서 유지에 필요한 입법 행위 등도 무효의 대상에서 제외되었다. 이처럼 식민지 지배의 "기성사실" 가운데 "계승적 질서유지를 지속한 선의의 관리자의 행동까지 무효라고 주장하지는 않는다"는 입장을 취한 이유에 대해 『기본 태도』는 다음과 같이 설명했다.

> 법이 사회생활의 질서유지를 근본 목적으로 하는 한, 일정한 기간 기성사실의 지속이 사회질서의 안전을 유지할 때에는 오히려 그 결과를 준 원인의 피차여하(彼此如何)보다 인류 사회의 평화와 안전이라는 현실에 치중하므로, 일반 법질서에 있어서도 "시효"라는 규정하에서 이런 점을 ㅇㅇ있는 것이다. 그리고 (…) 타 국가들의 승인이 장구한 기간 동안 없던 기성사실이 결과적으로 국제 질서를 확립했을 때에는 인류 사회 전체의 행복을 위하여 이 기성사실에 법의 효과를 부여함이 타당하다. 한일 병합조약 그 자체의 무효를 주장하는 동시에, 무효의 효과가 대인상권(對人商權)에 있어서는 물론 원형 회복(natural restitution)이나, 기타의 권리는 전부가 원상회복이라고 주장하지 말고, 무권대리 행위의 추인으로 ㅇㅇ별적으로 그 효력을 결정함이 가하다고 생각한다(주일대표부 대일강화조사위원회 1950, 18-19).

『기본 태도』는 구조약 무효의 효력에 '예외'를 둔 근거로서 '시효'(時效, legal prescription)와 '무권대리'라는 두 가지 법률 개념을 제시했다. 첫째, 시효란 일정한 사실 상태가 일정 기간 계속되어 온 경우에 그 사실 상태가

무효라는 입장을 취했다.

진정한 권리관계와 합치하는가 여부를 불문하고 법률상 그 사실 상태에 대응하는 법률효과를 인정해 주는 제도를 말한다. 즉 병합조약이 원천 무효이므로 일본의 식민지 지배 또한 불법행위라고 규정할 수 있지만, 이 같은 불법적 행위가 "기성사실"로서 장기간 지속되고 이것이 국제적으로 용인되어온 측면이 있으므로 그 법률적 효과를 인정할 수 있다는 것이다.

둘째, 근대 사법의 소산으로 민법에서 통용되어온 '무권대리' 개념은 대리권 없이 행한 대리행위를 의미하는데, 일반적으로 대리권이 없는 자가 행한 대리행위는 무효이지만 대리권의 외관이 존재한 경우 그 무권대리 행위에 대해 무효를 주장할 수 없다.[20] 즉 『기본 태도』는 조선 총독의 식민지 통치를 이 같은 '무권대리' 행위로 간주해, 원칙적으로 무효를 주장하면서도 "조약 자체의 무효와 그 후의 군사점령 및 무권대리의 권리 행사의 계속, 즉 최초에 가해진 강제가 지속되는 가운데 국가 질서에 가해진 사실상의 제2차적, 제3차적 효과 전부에 대해 무효를 주장하는 것이 아니"라는 입장을 취했다(주일대표부 대일강화조사위원회 1950, 18). 그리고 그 연장선상에서 "총독부의 행정에 한해서는 적인(適認)한다"고 밝혔다(주일대표부 대일강화조사위원회 1950, 12). <표 1>의 '중요 사항'의 총독부 행정 가운데 '유효' 또는 '추인', '묵인'이라고 밝힌 부분이 바로 '적인'하는 내용이다.

따라서 여기서 오히려 주목할 점은 『기본 태도』가 조선 총독의 식민지 통치행위 가운데 '적인'하지 않은 부분, 즉 '무효'라고 단정한 내용이다. <표 1>의 총독부 행정 가운데 "적인"되지 않은 부분은 "일본의 침략 전쟁을 위한 특별세"의 징수와 "전쟁을 목적으로 한" 공채 발행 등으로 제한되었다.

20_'무권대리'에 대한 구체적인 법률 해석은 필자의 전문 분야를 넘어서므로 본고에서는 『기본 태도』가 제시한 무권대리의 일반적인 내용만을 문제시하고자 한다.

환언하면 『기본 태도』는 구조약 무효에 따른 법적 효과와 관련, 조선 총독의 통치행위를 대체로 '유효'한 것으로 추인했으며, 다만 일본의 침략 전쟁, 즉 중일전쟁과 태평양전쟁 과정에서 조선이 동원되어 당한 피해에 대해서만 '무효'라는 각론을 전개한 셈이다. 이는 자칫 일본의 식민지 지배에 대한 '실질적 추인' 혹은 병합조약 '유효론'으로 해석될 여지가 있었다.

이 같은 우려는 『기본 태도』에서도 지적되었다. 주일대표부는 『기본 태도』의 서문에 해당하는 "설명서"(1951년 1월 25일)에서 병합조약을 둘러싸고 위원 간에 '무효론'과 '유효론'의 견해차가 존재했다는 점을 상기한 후, "무효론에서 조선 총독의 '무권대리'라는 이론 아래 이를 원칙적으로 부인하면서도 사회질서 유지상 필요한 총독부 행정에 대해서는 적인한다는 입론은 과거 일본의 제국주의적 질서론을 인정하게 되는 이론적 모순에 직면했나고 할 수 있"다고 지적했다(주일대표부 대일강화조사위원회 1950, 12).

이 같은 모순은 제국주의적 국제법 체계를 '시제법의 원칙'에 입각해 수용하면서, 동시에 그 틀 속에서 생성된 병합조약을 무효화하고 그 법적 효과를 논하고자 한 데서 비롯된 이론적 한계라고 볼 수 있을 것이다. 이 모순은 앞서 인용했듯이, 유진오가 구조약의 무효를 주장하면서도 "법 이론은 차치하고 어쨌든 무효라고 하고 싶다"고 법리 논쟁을 회피한 이유였을 것이다. 그러나 이론적 모순에서 비롯된 구조약에 대한 애매한 입장이 낳은 실제적 파장은 훨씬 중대했다. 조선 총독의 식민지 통치를 '무권대리' 행위로 이해함으로써 그 법적 효력을 사실상 추인했듯이, 한국 정부는 "처음부터" 일본의 식민지 지배 자체에 대한 피해 보상을 포기했기 때문이다.

Ⅳ. 봉인된 과거 청산: 식민지 피해 보상에 대한 인식

구조약이 원천적으로 무효라면 일본의 식민지 지배 또한 불법행위이며, 따라서 이에 대한 피해 보상을 요구하는 것이 당연한 귀결이었다. 그러나 이승만 정부는 표면적으로는 '배상'을 내세웠으나 애초부터 식민지 지배 자체에 대한 피해 보상 요구를 포기했으며, 실질적으로 민사상의 '청구권' 차원으로 제한했다. 이는 『기본 태도』가 조선 총독의 식민지 통치를 '무권대리' 행위로 이해해 그 법적 효과를 추인한 것이 주일대표부의 독자적인 해석이 아니라 한국 정부의 정책적 판단이었음을 시사한다.

1. 정부 수립 직후의 대일 '배상' 요구 준비

한국이 정부 수립 직후 대일 '배상' 요구를 염두에 두고 준비한 것이 1949년 9월에 완성된 『대일배상요구조서』(이하 『배상 조서』)이다.[21] 1948년 가을부터 기획처장 이순탁과 함께 법제처장으로서 이 '배상' 준비 작업에 관여한 유진오는 "우리 민족은 35년간 일본의 강점으로 막대한 피해를 받았으므로 정부가 수립된 이상 일본에 대하여 배상을 청구하는 것이 당연하다고 생각했다"면서 "이때 우리가 생각했던 배상은 물론 국제법상의 '전

21_이하 본고가 인용하는 『배상 조서』는 1954년 8월 15일자로 재편집된 『對日賠償要求調書』이다. 이 『배상 조서』는 서문에 "본 조서는 1949년 9월 1일 현재 조사된 것"이라는 주석을 달고 있다. 한편 『배상 조서』에 첨부된 방대한 분량의 증빙 자료는 한국전쟁 중 소실되었다고 한다(유진오 1993, 16).

쟁배상'이었다"고 말했다(유진오 1966, 456; 1993, 8). 즉 유진오의 표현을 액면 그대로 해석한다면, 한국 정부는 일본에 의한 불법적인 식민지 지배를 일종의 전쟁 행위로 간주, 이에 대한 배상을 요구할 태세였다. 당시 국제법상 '배상'(reparations)이란 패전국이 승전국에 대해 전쟁으로 발생한 피해·손해·손실을 보상하는 것을 의미했다(오오타 2008, 29-30). 실제로 『배상 조서』는 서문 "대일 배상 요구의 근거와 요강"에서 한국이 대일 배상을 요구하는 근거를 다음과 같이 밝히고 있다.

> 1910년부터 1945년 8월 15일까지의 일본의 한국 지배는 한국 국민의 자유의사에 반한 일본 단독의 강제적인 행위로서 정의, 공평, 호혜의 원칙에 입각치 않고 폭력과 탐욕의 지배이었던 결과 한국 및 한국인은 일본에 대한 여하한 국가보다 최대의 희생을 당한 피해자인 것이며 '한국 인민의 노예 상태에 유의하여 한국을 자주독립시킬 결의'를 표명한 카이로선언이나 또는 이 '선언의 조항을 이행할 것'을 재확인한 포츠담선언에 의하여 한국에 대한 일본인의 지배의 비인도성과 비합법성은 전 세계에 선포된 사실인 것이다. 대한민국의 대일 배상의 응당성(應當性)은 다시 의심할 여지가 없는 (…) 바이다(대한민국정부 1954, 1).

요컨대 『배상 조서』의 서문에서 제시한 배상 요구의 대상은 "1910년부터 1945년 8월 5일까지의 일본의 한국 지배"로 발생한 "한국 및 한국인"의 희생이다. 하지만 이 같은 일본의 식민지 지배 행위 자체에 대한 포괄적 의미의 배상 개념은 각론에서는 모습을 감추고, 사실상 식민지 말기에 전개된 일본의 전쟁 행위, 즉 중일전쟁과 태평양전쟁으로 인한 한국 및 한국인의 피해 보상 요구로 축소된다. 『배상 조서』는 상기한 바와 같은 대일 배상 요구의 '응당성'을 설명한 직후, "그러나 우리 대한민국 대일 배상 요구의 기본 정신은 일본을 징벌하기 위한 보복의 부과가 아니고 희생과 회복

표 2 | 대일 배상 요구 조서 일람표

제1부	〈현물 반환〉 ① 지금 249톤 633킬로 198.61그램 ② 지은 89톤 112킬로 205.12그램 ③ 서적 ④ 미술품 및 골동품 ⑤ 선박 ⑥ 지도 원판 ⑦ 기타.
제2부	〈확정채권〉 174억 2,936만 2,305엔 및 400만 상하이(上海)달러. ① 일본계 통화 15억 1,413만 4,098엔 ② 일본계 유가증권 74억 3,510만 3,942엔 ③ 상해불화(弗貨) 400만 달러 ④ 보험금, 은급(恩級), 기타 미수금 64억 3,661만 7,521엔 ⑤ 체신 관계 특별 계정 20억 4,350만 6,744엔.
제3부	〈중일전쟁 및 태평양전쟁에 기인한 인적, 물적 피해〉 121억 2,273만 2,561엔. ① 인적 피해 5억 6,512만 5,241엔 ② 물적 피해 113억 2,602만 2,105엔 ③ 8·15 전후 일본 관리의 부정행위에 의한 손해 2조 3,158만 5,215엔.
제4부	〈일본 정부의 저가 수탈에 의한 손해〉 ① 강제공출에 의한 손해 18억 4,888만 437엔.
요구총액	(제1부의 현물 반환 제외) 314억 97만 5,303엔, 400만 상하이달러.

자료: 대한민국정부(1954, 519-523)의 내용을 필자가 요약정리.

(恢復)을 위한 공정한 권리의 이성적 요구에 있는 것"이라면서 '배상'의 범위를 제한할 뜻을 시사했다. 그렇다면 『배상 조서』가 "공정한 권리의 이성적 요구"라면서 제시한 '배상'의 내용을 살펴보자.

우선 제1부 '현물 반환'은 반환이라는 용어가 시사하듯 일본이 빌리거나 불법적으로 차지했던 것을 돌려 달라는 의미이다. 또 제2부 '확정채권'은 『배상 조서』의 서문에서 설명하고 있듯이 "이는 일본의 패전을 계기로 하여 생성(生成)한 어떤 요구 조건이 아니라 전쟁의 승부와는 하등 관련이 없는 단순한 기성(旣成) 채권·채무 관계"이며 "따라서 배상 문제와는 본질적으로 아무런 관련이 없는 것"이다(대한민국정부 1954, 2). 즉 '확정채권'은 상환이 약정되어 있는 재산상의 권리에 대해 권리 소유자(rightful owner)가 요구하는 민사상의 청구권을 의미한다고 볼 수 있다. 요컨대 『배상 조서』의 제1, 2부는 식민지 지배 자체에 대한 피해 보상의 의미를 전혀 담고 있지 않다.

제3부 '중일전쟁 및 태평양전쟁에 기인한 인적, 물적 피해' 및 제4부 '일본 정부의 저가 수탈(低價收奪)에 의한 손해' 또한 일본의 식민지 지배 자체와는 직접적으로 관련이 없는 것들이다. 가령 제3부에서 말하는 '인적 피해'란 중일전쟁 및 태평양전쟁에 동원되어 희생당한 한국인에 대한 사망자 장제료(葬祭料), 유가족 위자료, 상이자 및 일반 노무자 위자료, 부상자 상이 수당, 퇴직수당, 각종 보관금 및 미수(未收) 임금, 징용 기간 연장 수당 등을 의미하며, '물적 피해'란 일본군의 전쟁 수행을 위해 강제로 수용되거나 그 과정에서 손상된 건물(주로 학교 교사) 및 토지·임야의 피해, 군사 목적으로 징빌한 선박 등의 피해, 군수품 생산을 위한 기업정비령에 의한 피해, 방공호 등 불필요한 군사시설 설치로 인한 피해 등을 가리킨다(대한민국정부 1954, 330-506). 제4부의 '저가 수탈'은 일본군이 상기 전쟁을 수행하는 과정에서 군수용으로 강제 공출한 육우·쇠가죽·건초·면화·임산물·유기(鍮器) 등에 대한 피해를 의미한다. 다시 말하면 제3, 4부는 1937년 이후 일본이 중국 및 미국과 전쟁을 수행하는 과정에서 한국에 부과한 각종 동원에 대한 피해 보상을 골자로 하고 있다. 결국 대부분의 기존 연구가 한국 정부의 과거 청산에의 의지의 표현으로 평가해 온 『배상 조서』는, 1910년부터 45년까지의 일본의 식민지 지배 자체에 대한 피해 보상을 전혀 반영하지 않았다. 본고가 모두에서 지적했듯이, '과거 청산'과 일본의 '전후 처리'는 본질적으로 다른 개념이다.

이와 관련, 『배상 조서』는 "우리는 을사조약의 무효성을 국제법적으로 변명(辨明)할 수도 있고 또는 카이로, 포츠담의 양 선언의 진의를 천명하여 한국에 대한 일본의 과거 36년간의 지배를 비합법적 통치로 낙인(烙印)하는 동시에 그간에 피해 입은 방대하고도 무한한 손실에 대하여 배상을 요구할 수도 있다"면서도 "그러나 우리의 대일 배상 요구 기본 정신에 비추어

태평양전쟁기 일본에 동원된 여자근로정신대. [출처: 미 국립문서기록청]

이는 이에 전연 불문에 부치는 바이다"라고 말했다(대한민국정부 1954, 3).

식민지 지배에 대한 방대한 '배상'을 요구할 수도 있지만 모두 불문에 부친다는 '관용'은 어디에서 나온 것일까. 물론 대부분의 기존 연구가 지적했듯이, 점령 초기의 엄격한 배상에서 일본의 전후 복구를 우선시하는 관대한 배상으로 극적인 역전을 이룬 미국의 대일 정책의 영향을 받았을 수 있다. 실제로 연합국 최고 결정 기관인 극동위원회는 1947년 8월, 연합국만이 일본으로부터 배상을 받을 수 있고 이 위원회의 참여국이 아닌 한국은 일본이 남기고 간 재산의 획득으로 만족해야 한다고 결정했다.[22] 그러나

22_극동위원회의 이 결정에 대해 미국은 자국이 받는 배상의 일부(즉 재한 일본인 재산)를 한

『배상 조서』가 작성되기 시작한 시점인 1948년 9월 30일에 이승만 대통령이 시정 방침 연설에서 "연합국의 일원으로서 대일강화회의에 참여하는 것을 연합국에 요청해 (대한)민국이 대일 배상 요구를 하는 정당한 권리를 보유하겠다"고 천명하는 등 한국 정부는 결코 '배상' 요구에의 의지를 꺾지 않았다(『조선일보』 1948/10/01). 더욱이 한국 정부가 『배상 조서』를 작성한 1948년 가을에서 1949년 9월은 이후 한일 간의 청구권 교섭에 중대한 영향을 미치는 대일강화조약의 향방이 여전히 아주 불투명한 시기였다.[23]

따라서 『배상 조서』가 실질적으로 식민지 지배에 대한 피해 보상 요구를 포기한 이유를 미국의 대일 정책 등 외부적 요인만으로 환원하기는 곤란하다. 오히려 상기한 바와 같이 『배상 조서』가 '배상'의 범위를 대폭 축소한 "기본 정신," 즉 "일본을 징벌하기 위한 보복의 부과가 아니고 희생과 회복(恢復)을 위한 공성한 권리의 이성적 요구"가 태동하게 된 내재적 동인에 대한 관심이 아울러 요망된다. 『기본 태도』가 일본의 식민지 지배를 '무권대리' 행위로 인식했듯이, 한국 정부 스스로 '정당한 권리'로서의 식민지 피해 보상 요구를 '이성적'으로 포기했기 때문이다.

국에 충당한다는 의향을 표명했다. 이는 미국이 한국의 대일 배상 취득권을 인정하지 않겠다는 의지를 드러낸 것으로 해석할 수 있다(Cheong 1991, 128).

23_대일강화조약 초안은 1947년 3월부터 몇 차례 작성되었으나 일본에 대한 징벌적 조치가 필요하다는 기조를 유지했다. 다만 이 시기 더글러스 맥아더 일본 점령군 최고사령관 등은 일본의 전후 회복을 강조하는 견해를 워싱턴에 끊임없이 진언했다. 한편 존 덜레스가 미 국무장관 정책 고문으로 취임한 이후 처음으로 대일 강화에 관한 각서를 미 국무성에 제출한 것은 1949년 6월 6일이며, 대일 강화 7원칙이 제시된 것은 50년 9월 22일이었다(塚元孝 1992, 96; 유진오 1993, 38-39).

2. '배상'에서 민사적 청구권으로

하지만 당초부터 식민지 피해 보상을 제외한 한국 정부의 '이성적 요구'는 대일강화조약 발효(1952년 4월 28일) 직전인 1952년 2월 시작된 제1차 한일회담의 '청구권'[24] 협상에서 더욱 '이성적으로' 쪼그라든다. 그때까지 표면적으로나마 주장했던 '배상'이 실질적으로 '청구권'으로 축소되었을 뿐만 아니라 그 범위도 일본의 '전후 처리'의 범주 속으로 완전히 편입되었기 때문이다. 이는 한국 측이 이해 2월 20일 열린 제1차 '재산 및 청구권 문제 분과위원회'에서 일본 측에 제시한 이른바 '대일 8항목 요구'(공식 명칭은 '한국의 대일 청구 요강안')에서 확인할 수 있다. 당시 임송본 한국 측 대표는 '대일 8항목 요구'의 골자를 다음과 같이 설명했다.

> 대한민국은 36년간의 일본의 점령(occupation)에서 발생한 불쾌한 과거의 기억에 의하여 촉구되는 모든 청구권의 충족을 일본에 대해서 요구하는 의도는 없으며 단지 한국에 합법적으로 속하며 그리고 장래의 한국의 생존(existence)을 위해 충족되어야 할 재산에 대해서만 그 청구권을 요구하는 것이다(『제1차 한일회담 청구권 분과위원회 회의록』, 288).

말하자면, 한국 정부는 이후 1965년까지 전개되는 대일 청구권 교섭의 벽두부터 일제 식민지 지배에 대한 피해 보상을 포기할 의사를 분명히 피력한 것이다. 오히려 한국 정부는 청구권의 범위를 "한국에 합법적으로 속

24_오오타에 따르면 청구권 개념은 한일교섭 준비 작업을 했던 유진오가 미국으로부터 전해진 대일강화조약 초안 제4조에 언급된 'Claim'을 '청구권'으로 번역해 한국에 처음으로 소개했다고 한다(오오타 오사무 2008, 31).

표 3 | 대일 8항목 요구

제1항: 한국으로부터 가져간 고서적, 미술품, 골동품, 지도 원판 및 지금과 지은을 반환할 것.
제2항: 1945년 8월 9일 현재 일본 정부의 대(對) 조선총독부 채무를 변제할 것.
제3항: 1945년 8월 9일 이후 한국으로부터 이체 또는 송금된 금원을 반환할 것.
제4항: 1945년 8월 9일 현재 한국에 본사 또는 주(主) 사무소가 있는 법인의 재일 재산을 반환할 것.
제5항: 한국 법인 또는 한국 자연인의 일본국 또는 일본 국민에 대한 일본 국채·공채, 일본은행권, 피징용 한인 미수금, 기타 청구권을 변제할 것.
제6항: 한국 법인 또는 한국 자연인이 소유한 일본 법인의 주식 또는 기타 증권을 법적으로 인정할 것.
제7항: 전기 제(諸) 재산 또는 청구권에서 생(生)한 제 과실을 반환할 것.
제8항: 전기 반환 및 결제는 협정 성립 후 즉시 개시해 늦어도 6개월 이내에 종결할 것.

자료: 『제2차 한일회담 청구권위원회회의록』, 1119-1120.

하"는 것, "장래의 한국의 생존을 위해 충족되어야 할 재산"으로 제한함으로써 일본의 불법적인 식민지 지배의 법적 효과를 사실상 '묵인'했다. '대일 8항목 요구'의 속살을 좀 더 자세히 살펴보자.

한국 측이 설명한 청구 근거에 따르면, 제1항은 한국의 의사에 반하여 반출된 것이므로 '반환'을 요구하는 것이며, 제2항은 조선총독부의 권한이 미군정을 거쳐 대한민국으로 승계됐으므로 총독부가 일본 정부에 대해 갖고 있던 채권(우편저금, 연금 등)을 한국 정부가 청구한다는 것이다. 또 제3~7항은 기본적으로 한국 내 일본인 재산의 몰수를 명령한 미 군정령 제

1958년 5월 이승만 대통령이 기시 노부스케 일본 총리의 개인 특사자격으로 경무대를 방문한 야쓰기 가즈오를 맞고 있다. [출처: 국가기록원]

33호와 몰수된 재산의 한국 이전을 명시한 1948년 '한미협정' 등 '전후' 미국이 정한 룰에 의거해 일본 국내에 남아 있는 한국 재산 및 그 이익의 반환을 요구한 것이었다(『제2차 한일회담 청구권위원회 회의록』, 293-306).

'대일 8항목 요구'를 정부 수립 초기에 작성된 상기 『배상 조서』와 비교하면 그 실상이 더욱 확연해진다. 『배상 조서』의 제1부 '현물 상환'은 거의 그대로 '대일 8항목 요구'의 제1항목으로, 제2부 '확정채권'은 8항목의 제2~7항으로 흡수된 것으로 이해할 수 있다. 반면 전시 피해에 해당하는 『배상 조서』의 제3, 4부는 '대일 8항목 요구'에 전혀 반영되지 않았다. 장박진이 적확하게 지적했듯이, 『배상 조서』 제3, 4부의 청구 내용이 실제 대일 협상에서 제외된 것은 병합조약의 불법성을 전제로 하지 못하는 제약 조건에 기인한 것으로 볼 수 있다(장박진 2008b, 215). 구조약 무효의 법적 효력에 대한 애매한 인식은 대일 협상에서 식민지 지배에 대한 피해 보상 요구를 포기하는 것으로 귀결된 셈이다.

V. 구조약무효론과 대한민국 및 그 국민의 정체성

구조약 무효에 대한 법적 인식은 일본 식민지 지배에 대한 피해 보상 요구 정책만이 아니라 대한민국의 국가 및 국민의 정체성에 대한 이해와도 직결되는 문제였다. 주지하는 바와 같이 1948년 7월 제정된 제헌헌법이 전문에서 "삼일운동으로 대한민국을 건립하여 세계에 선포한 위대한 독립정신을 계승하여"라고 밝힌 이래, 한국 정부는 대한민국이 삼일운동과 그 결과로서 임시정부를 정부로 하여 1919년에 수립된 대한민국과 계속성(continutity)을 가진다는 견해를 피력해 왔다. 1987년 10월에 개정된 현행 헌법에서는 명시적으로 대한민국이 "삼일운동으로 건립된 대한민국임시정부의 법통"을 계승하고 있음을 규정하고 있다. 이는 삼일운동에 의하여 건립된 대한민국과 현재의 대한민국이 국가로서 동일하다는 입장을 표명한 것으로 이해할 수 있다(박배근 2004, 63). 그렇다면 1910년 8월 29일 병합조약으로부터 상하이임시정부의 대한민국이 태동한 1919년 4월 13일까지의 기간은 국가의 법통이 단절되었다는 것인가. 또 그 기간 중에 국민은 무엇이었던가. 대한민국의 법통을 둘러싼 논쟁은 다양하게 전개되고 있지만,[25] 이하에서는 구조약무효론과 관련지어 초기 한일회담에서 표출된 한국 정부의 대한민국과 그 국민에 대한 인식을 살펴보겠다.

1. 대한제국 법통설

상기한 바와 같이 한국 측은 제1차 한일회담의 기본관계위원회에서 병합조약에 대해 "어쨌든 무효"라는, 법 이론적 근거를 회피한 입장을 취했다. 하지만 어떤 식으로든 구조약의 '무효'를 주장하기 위해서는 구조약 체결의 일방이었던 대한제국과 현재의 대한민국과의 법적 관계에 대한 견해를 표명하지 않을 수 없었다.

1952년 3월 12일 열린 제5차 기본관계위원회에서 일본 측 오오노 외무성 참사관은 한국 측의 "어쨌든 무효" 주장에 대해, "구 대한제국이 국제법상의 주체인 국가로서 소멸한 이상 그것은 대한민국과 별개이며, 그 사이에 계속성은 존재하지 않는다. 이미 소멸해 사라진 조약의 무효를 새삼스럽게 문제시하는 것은 거의 의미가 없다"고 몰아붙였다. 이에 대해 유진오는 "(구조약이) 사실상 소멸했으므로 이 3조(한국 측이 제시한 기본조약안의 구조약 무효 조항)에 의해 살아나지 않는다는 점은 알겠으나, 그것(구조약 무효)을 확인하는 것이 좋겠다"면서 대한민국이 대한제국을 "계승한 것이 되지만, 이것도 덮어 두고 싶다"고 말했다(『第五回 基本関係委員会議事録』, 17-18).

한국 측이 헌법에서도 언급하지 않은 대한제국과의 법적 동일성을 사실상 시인할 수밖에 없었던 이유는 간단하다. 즉 신생 대한민국이 구 대한제국이 일본과 체결한 조약의 무효를 주장하기 위해서는 국가로서의 법통

25_대한민국과 대한제국의 국가적 동일성, 이와 연동되는 일본의 식민지 지배 기간 동안의 대한제국의 소멸 여부 등을 둘러싼 학설의 대립과 논점에 관해서는 박배근(2004, 59-61)이 자세하다. 또 임시정부 법통론을 둘러싼 논쟁의 역사적 연원에 대한 최근의 연구 성과로서는 윤대원(2010)이 있다.

성을 인정하지 않을 수 없었기 때문이다. 즉 구조약의 "어쨌든 무효"론의 논리적 구조하에서는 대한제국은 일본의 불법적 식민 지배에 의해 주권이 제한되었을 뿐이며, 그 주권은 상하이임시정부의 대한민국에 의해 계승되어 다시 현재의 대한민국으로 이어졌다는 주장만이 가능했다. 이는 물론 일본의 식민지 강점이 불법이었다는 인식에 기초한 것으로, 한국 국민의 민족적 정체성과 관련된 문제였다. 다만 유진오가 계승론을 인정하면서도 "이것도 덮어 두고 싶다"고 말한 것은 35년간에 걸친 일본의 실효적 지배가 수반하는 법적 효과를 무시할 수 없다는 판단, 자신이 깊숙이 관여한 제헌헌법과의 불일치성 등을 감안했기 때문일 것이다.

이 같은 대한제국 승계론은 앞서 거론한 『기본 태도』에서도 확인된다. 『기본 태도』가 병합조약이 강압에 의해 체결되었으므로 무효라고 단정한 것은 대한제국이 소멸하지 않고 존속했음을 전제로 한 발상이기 때문이다. 더욱이 『기본 태도』는 일본의 식민지 통치를 불법적인 군사점령을 통한 '무권대리' 행위로 간주함으로써 대한제국과 대한민국의 국가로서의 동일성과 계속성을 사실상 인정했다. 무권대리 행위로서의 위법한 군사점령에 의한 법적 효과는 귀속되지 않기 때문이다.[26] 결국 한국 정부는 일본에 대해 병합조약의 "어쨌든 무효"를 확인하는 과정에서 대한제국의 법통을 이었다는, 헌법과는 다른 주장을 펼치는 모순을 연출한 셈이다.

26_군사점령에 의하여 국가가 소멸하지 않는 것은 일시적으로 국가의 구성 요소(대표적으로 정부)를 상실하더라도 국가는 존속할 수 있다는 것을 의미하며, 이는 혁명이나 쿠데타, 혹은 내전에 의한 정부의 부재에도 불구하고 국가가 존속하는 것과 같다(박배근 2006, 262).

2. 대한민국 국민의 정체성과 재일 조선인의 국적 문제

구조약의 "어쨌든 무효"의 논리 구조 아래에서는 그 국민도 또한 대한제국에서 대한민국으로 이어지는 국민이어야 했다. "어쨌든 무효"는 일본의 식민지 지배에 따른 주권의 변동을 부인하므로 당연히 그 국민의 국적 변경 또한 부인하기 때문이다. 국가 없는 국민이 존재할 수 없다고 본다면 대한민국 '정부' 수립 이전에도 그 국민 또한 존재했다는 것이다. 이에 대해 유진오는 "일본의 포츠담선언수락으로 한국은 이미 일본의 굴레를 벗어났으므로 한국인에게 씌워졌던 일본 국적도 그 날짜로 이미 소멸되었다. 그 후 대한민국 정부의 수립으로 모든 한국인(재내(在內), 재외를 막론하고)은 한국 국적을 회복"했다고 설명했다(유진오 1993, 47-48). 즉 한국이 일본의 식민지가 된 것은 불법적으로 씌워졌던 '굴레'였던 만큼, 그 국민의 국적 또한 원래의 상태로 돌이킨다는 것이다.

한국 정부의 이 같은 국적 '회복' 입장은 건국 직후인 1948년 12월 20일 제정된 국적법에서 이미 표출되었다. 이 국적법의 가장 큰 특징 중 하나는 일제 식민지 기간 중에 출생한 자에 대한 국적 규정을 두지 않았다는 것이다(장박진 2009, 217). 달리 말하면 식민지 시대에 태어난 자는 당연히 한국인이기 때문에 국적 선택의 여지가 없고, 따라서 별도로 국적을 확인하거나 취득 요건을 규정할 필요가 없다는 것이다. 이에 대해 당시 법무부 장관 이인은 다음과 같이 설명했다.

> 3·1 독립 정신을 계승하는 우리가 결국 8월 15일 이전에 국가가 없었느냐 하면 국가가 있었다고 생각합니다. 국가가 있더라도 정부가 없는 법이 있습니다. (…) 그런 까닭에 이 법률상의 대한민국 국민은 여전히 이전부터 시작해서 (…) 오래

전부터 정신적으로 법률적으로 국적을 가졌다 (…) 만일 그렇지 않고 이 법률을 제정한 후 그 사람이 국적을 가졌다면 대단히 기이한 상태가 생길 것입니다(『제1회 제118차 국회 본회의 회의록』, 4).

일제의 식민지 지배에도 불구하고 국가는 소멸하지 않았고, 따라서 한국 국적을 가진 사람 역시 국적법이 제정되기 전부터 존재했다는 것이다. 이 같은 구조약무효론 및 혈통주의에 기초한 국적의 계속성 원칙은 한일회담에서의 재일 동포의 국적 문제에 대한 입론에도 그대로 투영되었다. 김태기가 소상히 밝혔듯이 한국 정부는 수차례에 걸쳐 패전국 일본을 점령, 통치한 연합군총사령부(SCAP/GHQ)에 재일 조선인의 한국 국적을 국제적으로 확인할 것을 요구했다(金太基 1997, 632-634).[27] 앞서 인용한 『기본 태도』 또한 할양지 주민의 국적 선택에 관한 국제적 선례를 비판적으로 고찰한 뒤 "재일 교포는 최초부터 최후까지, 즉 어느 순간일지라도 일본 국적을 취득한 적이 없다"면서 "다만 그 기능만을 36년간 정지당했다가 일본의 패전으로 자동적으로 그 기능을 발휘했으므로 재일 교포에 관해 국적 선택 운운하는 법적 근거는 희박하다"고 단언했다(주일대표부 대일강화조사위원회 1950, 72). 또한 상기한 〈표 1〉이 말하듯 『기본 태도』는 '무권대리'의 개념으로써 조선 총독의 통치행위의 법적 효과를 사실상 추인하는 입장을 취했

27_한편 GHQ는 일본 점령 초기인 1945년 11월의 '기본 지령'(JCS-1380/15)에서는 재일 조선인을 '해방 민족'(liberated peoples)으로 대우하여 적국인 '일본인'과 구별했으나, 이후 필요에 따라 '적국인'(enemy nationals)으로 처우해도 된다고 지시하기도 했다. 이런 모호한 태도는 '한국'의 지위에 대해서도 나타났다. 한국은 1945년 10월 31일 작성된 GHQ 각서에서 연합국, 중립국, 적국의 어느 정의에도 해당되지 않았고, 2년 후인 1947년 8월 4일자의 같은 취지의 각서에서는 결국 어느 유형에도 포함되지 않은 '특별지위(Special Status)국'으로 규정되었다(外務省特別資料部 編 1989, 33-37).

지만, 대인상권, 즉 국적을 가짐으로써 행사할 수 있는 권리에 대해서는 "1908년 8월 29일부터 1945년 8월 15일까지 그 기능만 정지"된다는 법리 해석을 내렸다.

흥미롭게도 구조약무효론에 입각한 이 같은 한국 정부의 국적 '회복' 개념은 그 의도하는 바가 정반대였지만 일본 측의 생각이기도 했다. 가령 일본 측이 1952년 2월 16일 열린 제1차 한일회담 본회의 제2차 회의에서 제시한 '우호조약' 초안의 제4조는, "일본국 및 대한민국은, 1945년 9월 2일 이전의 어느 시기부터 일본국에 계속해서 거주하는 한인(韓人)이 대한민국 국민이며 일본국 국민이지 않다는 것을 확인한다"고 밝혀 재일 한국인의 국적선택권을 부인했다(『제1차 한일회담 본회의 회의록』, 1125). 하지만 일본 측의 제안은, 샌프란시스코강화조약 제2조 (a)항을 통해 일본이 조선의 독립을 '승인'함으로써 당초 일본 국적이던 재일 조선인의 경우 '외국인'이 되었으므로 이들의 본국 송환 혹은 강제 퇴거가 가능하다는 주장을 펴기 위한 것이었다. 즉 일본 측이 주장한 재일 조선인의 국적 '회복'의 논리는 병합조약으로 인한 일본 국적취득과, 일본제국으로부터의 조선의 '분리'로 인한 일본 국적 상실, 그 귀결로서의 강제 퇴거 가능이라는 의도를 내포하고 있었다.

그럼에도 불구하고 재일 조선인의 국적을 한국 측의 희망대로 한국이라고 규정하든, 아니면 일본 측의 의도대로 일본이 아니라는 점을 강조하든, 한일 양국이 동일하게 재일 조선인의 국적선택권을 부인했다는 사실은 접점 모색의 가능성을 예고했다. 유진오가 회고했듯이, "한국이나 일본이나 다 같이 재일 한국인에게 국적선택권을 부여하는 데 반대했으므로 전후처리에 관한 국제조약의 선례를 배제하는 데 양국 간에 별다른 이의가 없었"기 때문에 "논란이 된 것은 일본에 영주를 희망하는 한국인에게 어떤 대우를 공여하느냐 하는 것뿐이었다"(유진오 1978, 199-200). 하지만 이 같은 유진오의 언급은 본질적 문제, 즉 구조약 무효 확인 문제를 "덮어 두는" 것을 전제로 한다는 점에서 일종의 동상이몽이 낳은 우연의 역설을 표현한 것에 불과할 것이다.[28]

VI. 나오며

한국 정부는 과거 35년간의 식민지 지배에 대한 피해 보상을 일본에 요구한 적이 없다. 그 원인에 대한 고찰의 일환으로 본고는 주로 한일회담 관련 외교문서를 분석함으로써 초기 대한민국 정부의 구조약 무효에 대한 법 이론적 해석과 이와 연동된 식민지 피해 보상 요구의 이론과 실제, 대한민국 및 국민의 정체성에 대한 인식을 상호 연계해 살펴보았다.

모두에서 지적했듯이, 1965년의 '기본조약'의 구조약 관련 조항은 한일 간의 과거사 인식(처리)의 원점이다. 이 조항 말미에 등장하는 "이미 무효"라는 애매한 문구는 한일 간의 과거사 인식의 간극을 극명하게 보여 주는 동시에, 그 이후 오늘날에 이르는 한일 간의 불편한 관계의 출발점이기도

28_실제 유진오는 1952년 3월 25일 열린 제1차 한일회담 제7차 기본관계위원회에서 "근본론을 (전개)하면 회의 그 자체가 성공하지 못하므로 단지 논의를 해도 실익이 없다. 따라서 이론(理論)을 만족시키면서 현실을 규제할 수 있도록 노력하고 있다. (…) 이번 조약에서 한인이 일본 국적을 갖지 않는다는 것을 일본이 확인하게 되면 병합조약의 그것(근본론, 즉 무효 확인 문제)을 건드리게 된다. 그러나 이 논의는 피하고 싶다"고 말했다(『第七回 基本関係委員会議事録』, 34-35).

하다. 14년간에 걸친 한일 국교 정상화 회담에 오랫동안 직간접적으로 깊숙이 관여한 유진오 스스로 "양국의 외교적, 법적 관계를 정상화한 것에 불과할 뿐 본질 문제에 대해서는 타결된 것이라곤 하나도 없다"(한국인문사회연구원 2007, 183; 유진오 1978, 201)고 혹평할 정도로 한일 관계는 원점부터 어긋나 있었다.

그러나 그 어긋난 원점은 1965년이 아니라 더 거슬러 올라가야 할 것이다. 구조약 무효에 대한 애매한 인식은 초기 한국 정부 내부에서 이미 노정되었고, 실제로 대일 협상에서 구체적으로 표출되었기 때문이다. 1965년 한일회담 타결의 불완전성을 개탄한 유진오 자신이 주도한 1952년 2월의 제1차 한일회담 기본관계위원회에서, 한국 측은 구조약에 대해 '확실한 무효'가 아니라 "어쨌든 무효"라는 입장만 되풀이했다. 무효의 근거와 효력에 대한 법적 해명을 "모두 덮어 두"고 "어쨌든 무효"만을 주장하는 가운데 "처음부터" 무효가 관철될 여지는 없었다. 오히려 한국 측의 "어쨌든 무효"론은 일본 측에 구조약 유효와 식민지 지배의 합법성을 주장할 근거를 제공한 측면도 부인할 수 없다. 그 종착점이 바로 정치적 홍정에 가까운 '자구수정'의 노력 끝에 나온 "이미 무효"였고, 구조약이 '전후' 한일 관계에서는 "효력을 갖지 않는다"는 지극히 애매한 표현이었다. 식민지 지배와 관련된 과거사 청산은 '냉전의 논리' 와 '경제의 논리'에 의해 봉인된 것이 아니라, 한국 정부 스스로 봉인하길 원했던 것이다.

초기 한국 정부의 구조약 무효에 대한 이 같은 태도는 일본의 식민지 지배에 대한 국제법적 해석에서도 그대로 드러났다. 구조약의 법적 해석과 관련해 공개된 유일한 외교문서인 주일대표부의 『기본 태도』는, 구조약의 원천적 무효를 주장하면서도 무효의 법적 효력, 즉 구조약의 실질적 발현이랄 수 있는 조선 총독의 식민지 통치를 '무권대리' 개념으로 사실상 묵인

했다. 무효 효력의 소급적용을 포기한 무효론은 결국 일본의 식민지 지배를 추인하는 이론적 모순에 직면하고 만다.

이 모순은 35년에 걸친 일본의 실효적 지배에 수반되는 법적 효과를 무시할 수 없는 현실, 이를 사실상 인정해 온 제국주의적 근대 사법의 전통, 더욱이 냉전의 논리에 입각해 '관대한 배상'으로 돌아선 미국의 대일 정책이라는 정치적 고려에서 도출되는 "사실적인 것의 규범력"(ex factis oritur jus)과, 민족적 자존심과 더불어 강제로 체결된 병합조약의 무효성에 기초한 "불법에서 법은 발생하지 않는다"(ex injuria jus non oritur)는 원칙 혹은 이상과의 갈등이기도 했다. 유진오가 "법 이론을 관철했을 경우 실제로는 복잡한 문제가 생기므로 법 이론은 차치하고 어쨌든 무효라고 하고 싶다"고 말한 것은 아마 이 같은 갈등의 소산이 아니었을까.

하지만 구조약 무효에 대한 불두명한 입론에서 도출되는 현실적 모순은 지대했다. "어쨌든 무효"론을 가지고 식민 지배에 대한 청산을 요구하는 것은 애초부터 불가능했기 때문이다. 본론에서 논증한 바와 같이 한국 정부가 1949년 최초로 작성한 『배상 조서』에는 식민지 지배 자체에 대한 '배상'이 빠져 있었다. 더욱이 한국 정부는 일본과의 첫 만남에서 공식적으로 식민지 지배에 대한 피해 보상을 포기할 뜻을 분명히 밝혔다. 이때 한국 측이 제시한 '대일 8항목 요구'는 사실상의 민사상 청구권으로 국한되었고, 주지하다시피 이는 다시 1965년 한일 국교 정상화 타결 과정에서 정치적 담합에 의한 '경제협력' 방식으로 귀결된다. 따라서 한일회담의 결과만을 주목하여 박정희 정권의 '친일성'과 이승만의 '반일성'을 일반화해 온 기존 해석은 수정되어야 할 것이다. 식민지 지배에 대한 피해 보상을 포기한 것은 정부 수립 초기부터 구축된 법적, 정치적 판단이었고, 정책이었기 때문이다.

구조약 무효에 대한 애매한 입론은 대한민국과 그 국민의 정체성의 불투명성으로 이어졌다. 구조약의 "어쨌든 무효"론에 기초한 대한민국은 대한제국을 계승한 국가일 수밖에 없었다. "어쨌든 무효"론 속에서는 일본 식민지 지배 속에서도 대한제국은 망하지 않았고, 그 국민성은 "기능만 정지"되었을 뿐이었다. 헌법에 명시된 임시정부 법통을 일본과의 협상에서는 부인한 것이다.

유진오가 "덮어 두"자고 말할 수밖에 없었던 "복잡한 문제"들이 있었을 것이다. 하지만 역사는 덮어지지 않았다. 한일 과거사의 '결락'은 지금도 생생하고, '과거 청산' 없는 '미래지향'은 공허할 뿐이다. 한일 과거사 처리의 원점은 어쩌면 지금일 수도 있다.

제3부

국민의 해방/분리

7장

대한민국의 국가 정체성과 '재일성'의 기원

해방 공간에서의 한국 정부의 재일 한국인 문제에 대한 대응

장박진

I. 들어가며

재일 한국인들[1]이 '재일'(在日)하게 된 기원은 물론 식민지 관계에 있었으나 재일 한국인의 특수한 성격은 그것만으로 규정된 것이 아니었다. 국제적 선례와 달리 거주지의 국적이 일방적으로 박탈된 점, 동일한 역사성을 가진 같은 겨레이면서도 '한국'과 '조선' 국적[2]으로 갈라섬에 따라 일본

● 이 글은 2009년 3월 『아세아연구』 52권 1호에 게재된 졸고 "한일회담 개시 전의 한국 정부의 재일 한국인 문제에 대한 대응 분석: 대한민국의 국가 정체성과 '재일성'(在日性)의 기원"을 이 총서의 문제의식에 기초해 약간 수정한 것이다.

1_이하 이 장에서 사용하는 '재일 한국인'이라는 표현은 '한국,' '조선' 국적과 상관없이 전체 한반도 출신자를 뜻한다.

2_주지하는 바와 같이 일제강점기 일본인과 한반도 출신자를 구별하기 위해 본적으로서 사용

에서의 법적 권리가 상이했다는 점, 무엇보다 그 분열에 따라 재일 간뿐만 아니라 본국과 재일 간에도 불신과 대립이 생기게 되었다는 등을 비롯한 '재일성'(在日性)은 바로 그 존재가 단지 외국에 거류하게 된 해외 국민들에 관한 문제라는 일반적인 틀을 넘어 특수한 정치적인 성격을 띤 것임을 가리키고 있다.

물론 이런 '재일성'을 직접적으로 결정한 것은 한일회담의 교섭 내용이었다. 그러나 그 기반은 한일회담의 속성을 결정한 한반도 '해방'의 성격과 그에 수반한 제약 조건들에 의해 이미 주어지고 있었다고 말할 수 있다. 여기서 크게 상정하는 해방의 성격은 한반도 독립이 자력이 아니라 한일 병합을 인정하던 미국에 의해 주로 이뤄졌다는 것이며, 제약 조건 역시 그로 인해 한국의 대일 과거 처리가 미국의 정책에 따라 결정될 수밖에 없게 되었다는 사실이다. 물론 그들에는 결과적으로 해방 후의 역사가 남북 분단하에서 전개되게 되었다는 사실과 그에 따라 미국의 정책이 이 분단 상황에 대응해서 벌어지게 되었다는 사실도 포함된다.

지금까지 해방 공간에서의 재일 한국인 문제에 중대한 영향을 준 미국 점령 당국이나 그와 관련된 일본 정부의 움직임에 관해서는 이미 주목할 만한 선행 연구들이 있다(大沼保昭 1978; 金太基 1997; ロバート・リケット 1995; 松本邦彦 1988; Wagner 1990). 그러나 이들 연구는 '재일성' 형성에 영향을 준 또 하나의 주체인 한국 정부의 움직임 자체를 주된 고찰 대상으로 삼은 것은 아니었다. 더 나아가 그들은 한반도 '해방'의 성격과 제약 조건들에 주목하면서 그들에 대응해야만 했던 한국 정부의 국가 정체성 속에서

된 '조선'이 국적인가 하는 논란이 있으나 그 문제 자체는 이 글의 문제의식과 다르므로 여기서는 그에 구애받지 않고 일단 '국적'으로 표현한다.

'재일성' 형성의 논리를 찾은 것이 아니다.[3]

그러나 재일 한국인들이 지니게 된 '재일성'의 정확한 규명을 위해서는 점령 당국이나 일본 정부와 더불어 확실히 그에 영향을 주게 된 한국 정부의 대응들에 대해서도 고찰의 무게를 둘 필요가 있다.

이 장은 바로 이상의 목적의식을 가지고 '재일성' 형성에 결정적인 영향을 준, 해방으로부터 한일회담 개시까지의 재일 한국인 문제에 대한 한국 정부의 인식과 대응들을 분석한다. 한반도가 직면하게 된 해방의 내용과 제약 조건에 따라 한국 정부는 과연 재일 한국인 문제를 어떻게 인식하고 대응하려 했는가? 또한 그 이유는 무엇인가? 이 장은 바로 이와 같은 물음을 공개된 한일회담 공식 자료 등을 중심으로 실증적으로 분석한다. 그것을 통해 '재일성'의 맹아가 해방 후의 과정에서 불거진 대한민국의 국가 정체성 담보의 요구 속에 이미 싹트기 시작하고 있었음을 밝히고자 한다.

II. 재일 한국인의 국적 미결정의 논리

재일 한국인들의 '재일성'은 미국이 일본을 단독으로 점령했다는 역사적 구조에서 비롯되었다. 일본이 사실상 미국 단독의 지배하에 들어간 이

3_기타 한일회담에서의 재일 한국인 문제에 관한 토의 과정에 관해서는 한일회담 공식 문서 공개 전에 이미 열람 가능했던 자료들을 이용한 분석으로 金太基(1997); 정인섭(1996); 박진희(2008) 등이 있으며, 또한 한일회담 공식 문서 공개 후의 연구로서는 1950년대 후반 이후의 교섭을 다룬 서영희(2006) 등이 있다. 그러나 이들 연구는 한일회담 교섭의 내용을 분석한 것이므로 이 글의 목적과는 다르다.

고국으로 귀환하는 한국인들이 선상에서 해방을 축하하고 있다. [출처: 미 국립문서기록청]

상 일본에 존재하던 재일 한국인들의 지위 역시 궁극적으로는 미국의 정책에 따라 결정될 수밖에 없었다. 그러나 이 점에 관해서는 앞서 언급한 연구들이 상세하게 분석해 왔으므로, 여기서는 본론의 내용을 전개하는 데 필요한 미국 점령 당국의 움직임과 그것을 이용한 일본 측의 대응 논리를 간략하게 살펴보고자 한다. 이것이 필요한 이유는 재일 한국인들의 '재일성' 형성에 작용한 또 하나의 힘이었던 한국 정부의 개입 여지, 대응, 그리고 그 결과 등이, 점령하의 미국의 정책과 일본의 대응에 따라 이미 기본적으로 규정되어 있었다고 생각되기 때문이다.

대서양헌장(Atlantic Charter)을 통해 민족자결 원칙에 기초한 세계 질서의 재편을 공약하고, 카이로선언으로 한반도의 독립을 약속하던 미국이 전후 한국을 독립시킬 의도로 극동에 관여하기 시작했던 것은 주지의 사실이다. 그러나 동시에 일본과 '일체화'됨에 따라 미국과 교전 관계에 있었던 한국의 지위, 일부 항일 투쟁의 존재에도 불구하고 대일 전승에 한국인들이 기여한 공헌의 부족, 또 일본 점령 행정을 성공해야 할 과제 등은 한반도의 독립에 따른 재일 한국인 문제에 대한 미국의 대응에 제약을 주지 않을 수 없었다.

우선 일본과 일체화되어 미국과 싸웠던 현실과 대일 전승에 있어 한국인들의 공헌 부족으로, 특권적인 외국인을 의미하는 연합국 국민의 지위는 재일 한국인들에게 허락되지 않았다. 그러면서도 이들은 미국에 의해 해방된 민족이라는 점에서 외국인이 되어야 했다. 이것이 이미 잘 알려져 있는 1945년 11월의 '기본 지령'(JCS-1380/15)에 나타난 모순의 기초적인 요인이었다.

재일 한국인들을 군사상의 안전이 허락하는 한 '해방 국민'(liberated peoples)으로 취급하며 이 문서가 사용하는 의미의 '일본인'에 포함되지 않는다고 하면서도, 필요에 따라 '적국인'(enemy nationals)으로 처우해도 된다고 지시한 '기본 지령'[4]은 종전 직후 한국인들의 위치를 상징한 것이었다. 또한 이와 같은 미국의 애매한 사고방식은 전후 처리에 있어 한국의 지위에서도 나타나고 있었다.[5]

4_"Basic Directive for Post-Surrender Military Government in Japan Proper"(大蔵省財政室 編 1982, 167).

점령 초기 미국의 대일 점령 행정에 있어 재일 한국인 정책이라 함은 오로지 그들을 본국에 되돌려 보내는 본국 귀환 정책만을 뜻했다(宮崎章 1985, 137). 그것은 해방자로서의 미국의 위신과 대의에 잘 어울리는 조치인데다, 또한 전후 예상되는 일본 사회의 혼란을 예방할 현실적, 정책적 효과도 있었다. 또 만약 재일 한국인들의 본국 귀환이 이뤄지면 이들의 국적이나 법적 지위에 대한 문제가 자동적으로 사라지는 것을 뜻하므로, 미국이 점령 직후 서둘러 그들의 국적과 법적 지위를 결정해야 할 이유는 없었다. 무엇보다 미국이 해방자로서 재일 한국인들의 국적을 한반도에 귀속시키려 해도 그것이 국적을 부여할 본국 정부의 존재를 전제로 해야 하는 이상, 한반도에 정식 대표 정부가 들어서지 않은 조건하에서는 구체화시킬 수 없는 정책이었다.

따라서 점령 직후 재일 한국인들의 본국 귀환 유도는 재일 한국인 문제에 대한 가장 합리적인 정책이었음은 틀림없다. 실제 미국은 재일 한국인들의 귀환 문제에는 적극적인 자세를 취했다. SCAPIN912-A, SCAPIN-1111A(外務省特別資料課 1978, 49-50) 등을 통해 일본 정부에 한국인들에 대한 단속을 일본인들과 같이 할 수 있도록 허용함으로써 연합국 국민들이 가진 치외법권으로부터 그들을 제외시킨 미국이, 그 한편으로 한반도로의 귀환 의사를 표시한 사람에 대해서는 SCAPIN 757(外務省特別資料課 1978, 37-

---

5_예컨대 점령 직후인 1945년 10월 31일자로 작성된 연합국, 중립국, 적국의 정의에 관한 총사령부 각서에 한국은 어느 유형에도 포함되지 않고 있다. "Definition of 'United Nations,' 'Neutral Nations,' and 'Enemy Nations'"(外務省特別資料部 編 1989, 33-35) 참조. 또 그로부터 약 2년 후인 1947년 8월 4일자의 같은 취지의 각서에서도 한국은 결국 어느 유형에도 해당하지 않는 '특별지위국'으로 자리매김하였다. "Definition of United, Neutral, Enemy, Special Status and Undetermined Status Nations"(外務省特別資料部 編 1989, 35-37) 참조.

38)에 기초해 형사처벌에 관한 집행 중지, 판결의 불승인·정지, 감형 등의 조치를 취한 것은 바로 미국의 그런 입장을 반영한 것이었다.[6]

그러나 기대된 귀환 사업은 그에 응하는 재일 한국인들의 움직임이 멈춤에 따라 1946년 말에는 사실상 종료하게 되었고, 그로 인해 현재까지 영향을 미치게 된 재일 한국인 문제의 틀이 형성되었다. 미국은 그들의 국적이나 법적 지위 문제에 관해 실질적인 관심을 가져야 할 입장에 서게 된 것이었다. 1946년 11월 5일과 12일, 두 번에 걸쳐 총사령부 민간정보교육국의 발표로 인양(引揚)을 거절하는 재일 한국인들은 정당하게 설립된 본국 정부가 그들을 국민으로 인정할 때까지 일본 국적을 보유한다는 성명을 낸 것은 국적 문제에 관해 미국이 마냥 방치할 수 없는 상황에 이르렀음을 가리키고 있다(外務省特別資料課 1978, 14-15).

그러나 그 성명은 아직 진행 중이던 귀환 사업에 대한 재일 한국인들의 참여를 촉구하는 의미가 담겨 있었으므로, 그에 나타난 미국의 인식이 재일 한국인들의 국적 문제에 관한 정식 입장을 나타낸 것이 아니라는 점에는 주의가 필요하다. 그것은 이 성명을 둘러싼 재일 한국인들의 거센 반발에 대한 미국의 대응이 입증하고 있다. 실제 점령 당국은 11월 20일, 섭외국의 발표를 통해 잔류 재일 한국인들이 일본의 시민권을 획득해야 한다는 보도를 부정하는 형태로, 국적 문제에 간섭할 의사가 없음을 천명하고 있다(外務省特別資料課 1990, 16-17). 해방자로서 재일 한국인들의 민족적 권리를 보장해야 할 점령 당국의 입장에서 그들에 대한 일본 국적 보유의 일방적 강요는 원래 모순되는 일이었으며, 또 현실적으로 그들에게 구체적으

6_이 점은 외무성의 해설도 시인하는 바이다(外務省特別資料課 1981, 98).

로 국적을 부여할 본국 정부가 존재하지 않는 상황하에서는 한반도에 속하는 국적을 부여할 여지 역시 없었다. 남은 선택은 당분간 이 문제를 공백으로 남겨 놓는 것밖에 없었음은 역사가 낳은 필연이었다고 하겠다.

1948년 8월 15일의 대한민국 건국은 공백으로 남겨져 있던 재일 한국인들의 국적 문제를 결정하는 하나의 중요한 기회였다. 실제 당시 점령 당국과 직접적으로 교섭할 지위에 있던 일본 측 종전연락중앙사무국(終戰連絡中央事務局)은 그 월보(月報)에서 대한민국 건국과 미국의 승인에 따라 재일 한국인의 국적과 그에 따른 각종 취급에 중대한 변화가 일어날 것을 예상해 주의를 환기하고 있다(『中央連調半月報』 第13号(昭和 23年 8月1日~8月15日); 荒敬 編 1991a, 303). 또 위에서 언급했듯이 1946년 11월 미국은 재일 한국인들의 국적 문제를 본국 정부의 성립과 연결할 자세를 보이고 있었다.

그러나 점령 당국은 결국 그 후에도 국적에 대해 명확한 규정을 주지 않았다. 이에 남북 분단이라는 조건이 일정한 정도 작용한 것은 쉽사리 예상 가능하다. 그러나 1947년 2월의 SCAPIN1543이 중화민국 주일대표부가 발급한 등록증명서를 가진 재일 대만인들에 대해서는 중국 국적을 인정한 것에서 보이듯(外務省特別資料課 1990, 12), 좌우의 대립으로 인한 사실상의 분단 상태에서도 미국은 국익에 맞으면 국적 확정 문제를 매듭지은 실적을 갖고 있었다. 그럼에도 불구하고 미국이 대한민국 건국 후에도 재일 한국인들의 국적 문제와 그에 따른 법적 지위의 확정에 관해서 적극적으로 나서지 않았던 것은, 이 문제에 관여하는 것이 미국의 이익이 되지 않는다는 판단에 따른 것임에 틀림없을 것이다.

따라서 재일 한국인들의 국적 미결의 문제를 분석함에 있어, 남북 분단이라는 조건보다 대일 점령의 성격 변화에 주목할 필요가 있다. 즉 대한민국이 건국된 1948년에는 미국의 세계 전략과 관련된 대일 점령 행정의 목적이 이미 변화되고 있었다.[7] 미국의 대소 봉쇄 정책을 이끈 국무성 정책기획실에 의해 "태평양 지역 안보 시스템의 주춧돌"[8]로 평가된 일본은 이미 단순한 우방을 넘어 극동 지역에서 기축 국가로서의 지위를 부여받을 것이 예정되어 있었다. 그에 따라 대일 점령 행정은 일본의 국익을 존중하는 방향으로 선회하게 되었다.

이런 미국의 점령 목적 변화를 배경으로 볼 때 일본의 한국 관련 문제에 대한 가장 기초적인 국익은 한일 병합조약의 합법성이 담보되는 것이었다. 강화조약의 내용 자체가 아직 불투명한 상황에서 향후 진행하게 될 전후 처리에 즈음하여, 한일 병합을 부정하는 조건 아래 한국 관련 문제를 처리할 경우 일본의 부담은 커질 수밖에 없었다. 따라서 일본 정부의 입장에서는 병합조약의 합법성은 최소한 유지되어야 할 전제 조건이었다. 여기서 주목해야 할 것은 이 조건이 작용하는 한, 대한민국의 건국(북한 건국도 이에 관해서는 같음)은 오히려 재일 한국인들의 국적 문제를 애매하게 만들 힘으로 작용하지 않을 수 없었다는 점이다. 왜냐하면 병합조약이 합법이라고 하는 일본 정부의 입장에서 볼 때 한반도 독립은 일본의 승인을 거쳐야 가능한 것인 만큼, 논리적으로 한국의 정식 독립은 일본의 주권 회복 후에야 이뤄질 수 있었다. 따라서 일본 점령하인 1948년 8월에 대한민국이 건국되었다는 사실은, 당시의 일본으로 하여금 재일 한국인에게 독립국 국민으로서의 한국 국적을 즉시 승인하는 것을 불가능하게 만들었다.

그런 원리적인 문제와 더불어, 일본의 재일 한국인 문제에 대한 또 하

7_미국의 대일 정책의 변화에 관해서는 이미 저자도 논한 바 있다. 장박진(2009b, 제5장) 참조.
8_"Review of Currents Trends: U.S. Foreign Policy"(Etzold and Gaddis 1978, 228).

나의 현실적인 이익은 일본정부가 재일 한국인들에 대한 법적 자주권을 최대한 확보하는 것이었다. 원래 점령 당국과 마찬가지로 재일 한국인들의 본국 귀환을 통해 문제를 해결하기 원했던 일본 정부 역시 귀환 사업이 부진해지면서 그들의 정착 후의 문제에 직면하게 되었다. 그로 인해 일본은 강화조약까지는 재일 한국인들이 일본 국적을 소유한다는 원칙과, 외국인으로서 그들의 재류 권한을 제한하고 싶다는 현실적인 요구의 모순을 양립시켜야 할 필요성을 안게 되었다. 바로 이 요구가 구체화된 것이 이른바 '등록 행정'이었다.

일본이 1950년 무렵까지 재일 한국인의 국적 문제를 국적선택권의 부여에 따라 조치할 생각을 가지고 있었음은 이미 밝혀져 있다(松本邦彦 1988, 138).[9] 물론 국적선택권의 부여는 적어도 법적으로 재일 한국인의 말소를 뜻하는 '일본인화'와, 일본 국적을 선택하지 않는 자에 대한 해외 추방 가능성 확보를 의미하므로 단순히 재일 한국인들에 대한 권리 부여를 뜻하는 것이 아니다. 그러나 국적선택권이 적어도 스스로 자신의 국적과 법적 지위를 확정할 수 있는 권한을 재일 한국인들에게 준다는 의미에서, 등록 행정과 그 후 취해진 일본 국적 일괄 박탈과 귀화 방식에 비해 재일 한국인들에게 권리를 부여하는 측면을 가지고 있었음이 틀림없다. 물론 그것은 반대로 일본의 재일 한국인 행정에 제약이 가해짐을 뜻했다.

따라서 당초 일본이 국적선택권 부여 방식을 수락하려다가 만 것은 단순히 미국 정책의 영향이라기보다 일본이 스스로 주어진 조건하에서 능동

9_그에 따르면 1950년 7월쯤부터 9월 사이에 외무성 조약국 단독으로 국적선택권 부여 방식을 일본 국적 박탈 방식으로 변경했으며, 그 후 1951년의 미일 교섭 중에 미국 측의 강화조약 구상에 국적선택권 부여가 없는 것을 확인하고 그 부여 방식을 기각했다고 한다.

적으로 택한 결과라고 보는 것이 더 설득력을 가진다. 실제 그런 일본 정부의 희망은 국적선택권 부여가 전망되던 시기인 1947년 5월 2일의 외국인 등록령에 이미 나타나고 있었다고 볼 수 있다.

전후 재일 한국인들의 국적을 일본으로 간주하면서도[10] 한편으로 그들을 외국인으로 등록시킨다는 등록령의 모순된 성격은, 이후 실제로 이뤄진 일본 국적 일괄 박탈과 귀화라는 방법 속의 논리를 이미 내포하고 있었다. 원래 재일 한국인에 대한 등록 행정은 입국 외국인에 대한 1946년 2월의 SCAPIN746(外務省特別資料課 1990, 19-20)에 기초한 총사령부 지시를 따른 것이었으나, 그것은 지시의 내용이 가리키듯 귀환 사업을 원활하게 하기 위한 것이었지 일본에 정착할 사람에 대한 관리를 목적으로 한 것이 아니었다.

그러나 1947년에 시행된 등록령이 재일 한국인들을 주된 대상으로 한 것은 그 대상자의 90%가 재일 한국인들이었음을 생각하면 곧 알 수 있는 일이었다. 또 그에 관해서는 일본 법무성 자신이 "등록령이야말로 점령하에 있어서의 조선인 관리의 기본 법규"라고 인정하는 바였다(法務研究所編 1990, 80). 11조에서 재일 한국인을 당분간 외국인으로 간주한다고 규정한 이 법령은, 국적선택권이 부여될 것이 예상되는 가운데서도 그 때까지는 재일 한국인은 일본 국적 소유자이지만 외국인으로서 그 재류를 제한하겠다는 일본 측의 희망을 노골적으로 반영한 것이었다.

일본 정부의 그와 같은 희망에는 당시 일본 사회가 앓고 있었던 재일 한국인들의 범죄, 빈곤, 그리고 불법입국 등의 문제가 작용했다. 당시 재일

10_예컨대 1949년 1월 26일 법무청 민사국장의 대답, 최고재판소 사무총장의 회답(外務省特別資料課 1978, 33-35).

한국인들이 가진 억압으로부터 해방 의식은 일본의 법질서에 대한 규범의식을 약화시켰다. 그에 대한 일본 사회의 반발은 예컨대 1946년 7월 24일의 제국 의회(帝国議会)에서 나온, "소위 해방된 재류자 중 잘못 생각하는 자는 (…) 패전국의 법률을 준수할 필요가 없다고 마치 전승국민인 양 우월감을 안고 예컨대 부당 요구, 집단 폭행, 각종 범죄의 감행, 경제통제 착란, 무임승차 등 (…) 사회 인심을 불안에 몰아가고 있음은 주지하는바"라고 말한 오무라(大村) 내무대신의 답변에 잘 나타나 있다(外務省特別資料課 1978, 50). 그것을 뒷받침하듯 법무성은 1948~49년 무렵 재일 한국인 범죄율이 제1심 유죄자 수는 일본인의 6배, 수형자 수는 12배에 이르고 있음을 지적했다(法務研究所 編 1990, 256-257).

또한 재일 한국인들의 가난에서 연유하는 생활 문제도 일본의 재정 부담을 야기하지 않을 수 없었다. 시기적인 오차가 있으나 예컨대 제1차 한일회담 개시 후인 1951년 12월 15일의 제17차 재일 한인 법적 지위 위원회에서 일본 측은 생활 보조 비율이 1,000명당 24명인 일본인에 비해, 재일 한국인들을 55만 명으로 계산해서 한국인은 1,000명당 110명에 이른다는 사실을 지적하고 있다.[11] 불법 입국자에 관해서도 아직 한국전쟁이 터지기 전인 1949년 7월 시점에서 이미 한국인 밀입국자 수가 4만 786명에 이르고 있음을 일본 측 자료는 전하고 있다(『管理月報』 1949年 8月号; 荒敬 編 1991b, 23).

1949년 말쯤 요시다 시게루 수상이 맥아더에게 재일 한국인들의 추방을 요청하는 서한을 보낸 것은(袖井林二郎 2000, 275-277), 단지 요시다가

11_『제1차 한일회담(1952.2.15-4.21), 재일 한인의 법적 지위 위원회 회의록, 제1-36차, 1951.10.30-1952.4.1』, 842-843.

가진 보수적 사고에만 연유한 문제가 아니었다. 그것은 그 당시의 일본 사회를 뒤덮고 있던 표준적 분위기였다고 볼 수 있을 것이다. 가능하면 전원 귀환을 통해서 재일 한국인의 존재가 사라지길 원했으나 그들이 귀환에 응하지 않음에 따라 일본 사회에 장기 재류하게 될 것이 확실시된 이상, 일본 정부에게 남겨진 선택은 한일 병합에 따른 일본 국적의 소유자라는 원칙을 유지하면서도, 재일 한국인들을 외국인으로 취급하여 그 주권에 의해 일본 사회에 부담을 끼치는 자들을 강제로 퇴거시킬 수 있는 권한을 최대한 확보하는 것이었다.

이런 의도가 담겨진 일본의 등록 행정에 대해 미국 역시 그것을 뒤집어야 할 이유를 잃어 가고 있었다. 역설적이게도 그 원인의 하나를 제공한 것은 재일 한국인 자신이었다. 그 주장의 옳고 그름을 떠나, 재일 한국인들의 운동은 점점 좌파 색깔이 짙어진 재일조선인연맹에 의해 주도되고 있었다. 법무성은 이 연맹이 1947년 1월 시점에서 일본 전국에 621개의 지부와 1,710개의 분회, 그리고 2,430개의 반(班) 조직을 가지고 있었으며, 1949년의 해산 명령 당시 36만 명에 이르는 구성원을 보유하고 있었다고 추정하고 있다(法務研究所 編 1990, 101). 이 연맹의 주도 아래 이뤄진 재일 한국인들의 권리 획득 운동은 이미 1948년 4월 고베(神戸) 지구에서 비상사태 선언을 유발할 정도로 고조되었고, 일본 곳곳에서 북한 국기 게양 운동이 벌어지고 있었다. 적어도 점령 당국에게 이들 재일 한국인들의 움직임은 이미 민족적 권리를 지키기 위한 순수한 운동이 아니라, 일본의 부흥과 자유주의 진영으로의 편입이라는 점령 행정의 핵심에 위협을 줄 정치적 소요로 비춰졌다.[12]

이런 재일 한국인들의 움직임은 두 가지 영향을 낳았다. 하나는 점령 당국으로 하여금 재일 한국인들을 보호 대상으로 여기게 하기보다 위험한 요소를 지닌 관리 대상으로 인식하게 한 것이고, 또 하나는 일본 사회의 질서 확보에 위협을 줄 존재로서 그들을 불필요하게 자극하는 것은 삼가야 한다는 것이다.

그러나 중요한 것은 결국 그 두 가지 영향 모두, 재일 한국인들의 국적과 법적 지위에 관해 구체적으로 결정하지 않고 공백으로 남겨두는 것이 합당하다는 판단과 연결되기 쉽다는 점이다. 왜냐하면 당시의 상황에서 일본 국적이든 한국 국적이든 국적 확정의 조치는 모두 점령 행정에 이득이 되지 않았다. 이미 관리 대상이 된 재일 한국인들에게 일본 국적을 주는 것은 강제 퇴거를 불가능하게 한다는 점에서 일본의 국익에 맞지 않았다. 또 좌우를 막론하고 일본 국적 부여에 반대하는 재일 한국인들의 정서가 강했던 당시의 상황에서 그러한 조치를 취하는 것은 재일 한국인들을 불필요하게 자극할 우려가 있었다. 실제 그런 사태는 1946년에 이미 점령 당국이 겪은 일이었다.

한편 분단국가라는 조건 아래 재일 한국인들에게 한국 국적을 인정하는 것은 남북 대립하의 한반도 정세와 관련해 미국의 일방적인 태도를 부각시킬 수 있었으며, 그것 역시 재일 한국인들로부터 거센 저항을 일으킬 우려가 있었다. 실제로 재일 한국인의 한국 국적취득에 대한 저항감은 그 후 외국인 등록상의 호칭이던 '한국,' '조선'의 비율을 통해서도 알 수 있다. 예컨대 한일회담을 앞두고 일본 사정을 조사한 유진오는 1951년 9월의 보고서에서, 등록상의 국적인 '한국'과 '조선'의 비율이 8만 명 대 50여만 명

12_GHQ의 재일 한국인 인식을 연구한 고바야시 도모코는 GHQ가 1946년쯤부터 재일 한국인들을 소요 분자로, 1948년쯤부터는 공산주의 세력으로 인식하고 있었음을 밝히고 있다(小林知子 1994).

임을 전하고 있다. 이런 격차 때문에 유진오는 한국으로의 귀속을 뜻하는 재외 국민 등록을 한국 국적의 취득 요건으로 하는 것에 우려를 나타냈다.[13] 또 언급한 바와 같이 강화조약 발효 전에 한국 국적을 인정하는 것은 병합조약이 합법이라는 일본 정부의 입장과 어긋나는 측면이 있었다.

결국 점령 행정의 목적이 달라진 1948년에 대한민국이 건국되었다는 사실은 미국으로 하여금 재일 한국인들의 국적 확정과 그에 따른 법적 지위의 문제를 자진해서 결정해야 할 이유를 상실하게 했다. 그로 인해 전후 독점적인 힘을 가진 미국 역시 대일 점령 시기에 이 문제를 해결하려 하지 않았다. 그것은 종전 후 한국의 미묘한 지위, 한반도 분단, 재일 한국인들의 대응과 좌파적 성격, 미국의 세계 전략의 변화로 인한 대일점령 정책의 목적 변화 등, 해방의 성격과 그와 얽힌 각종 제약 조건이 복잡하게 얽혀서 생긴 논리적 공백이었다.

일본은 바로 이런 틈을 타서 강화조약 후의 재일 한국인들에 대한 외국인 관리 행정을 밀고 나가려고 했다. 그러나 그 추진에는 피할 수 없는 어려움이 하나 도사리고 있었다. 그것은 재일 한국인들의 일본 국적 박탈에 따른 한국 국적 부여와 한국으로의 강제 퇴거가 일본 정부 단독으로 이뤄낼 수 있는 조치가 아니었다는 것이다. 국적은 그것을 부여할 본국 정부의 재량을 무시할 수 없으며, 또한 국적 확정 후에 이뤄질 강제 퇴거 역시 그 인수를 강제할 수 없었다. 그것은 모두 한국 정부의 협력이 필요한 사항이

13_"주일대표부 유진오 법률고문의 일본 출장 보고서," 『한일회담 예비회담(1951.10.20-12.4), 본회의 회의록, 제1-10차, 1951』, 94-95. 이 보고서에서는 재외 국민 등록을 한국 국적취득 요건으로 할 경우 미등록자가 무국적자가 된다는 논리를 전개하고 있으나, '무국적자 = 재외 국민 등록 거부자 = 한국 국적취득 거부자'를 의미하므로 이 보고서가 결국 대한민국의 위상 손상을 우려한 것임은 틀림없다.

었고, 바로 여기서 재일 한국인 문제에 관한 한일 간 교섭의 필요성이 생겨났다. 그에 따라 한국 정부의 대응이 재일 한국인들의 '재일성'을 결정하는 중요한 요소가 된 것이었다.

III. 한국 정부의 인식과 그 대응

1. 대한민국이라는 국적의 의미

역사가 낳은 논리로 인해 공백으로 남은 재일 한국인들의 국적 문제는 주권을 회복한 대한민국에 개입의 여지를 열어 주었다. 한국 정부의 개입이 가능해진 이상 이번에는 대한민국의 국익이 재일 한국인 문제의 처리에 크게 작용하게 된 것은 또 하나의 역사적 필연이었다. 그렇다면 이 글의 논증 과제인 재일 한국인 문제에 대한 한국의 국익과 그에 기초한 대응들은 대한민국의 국가 정체성과 어떻게 연결되었는가? 바로 그것을 살펴보기 위해서는 그 양자를 연결하는, 대한민국이라는 국적의 의미부터 살펴볼 필요가 있다.

대한민국 건국 후 12월 20일, 법률 제16호로 제정된 국적법(외무부 1958, 265-268)에 대한민국의 국가 정체성이 담겨 있었다. 표면적인 조문에서는 엿볼 수 없는 그 정신은 국적법에 관한 제헌국회의 토의 과정에서 모습을 드러내고 있다. 국적법 제2조는 대한민국의 국적취득 요건을 규정했으나, 그 조항은 모두 출생 당시 부모의 국적 여부나 부모가 없을 경우의 요건 등을 정한 것에 불과했다. 또 국적법은 제5조 등에서 귀화를 통한 외국인의 한국 국적취득 요건을 정했으나 일본의 지배를 겪은 대한민국이 피할 수 없이 직면해야 했던, 일제강점기에 출생한 사람들에 대한 국적 조항은 일절 규정되지 않았다. 대한민국이 건국된 지 불과 4개월 후이던 당시 대한민국 국민의 대다수가 식민지 지배 아래서 태어난 사람들이었음을 고려할 때, 제2조, 제5조 등에 해당되지 않는 사람들의 한국 국적취득 요건을 별도로 정할 필요성은 곧 한반도의 역사가 낳은 당연한 과제였음에도 불구하고 이 국적법은 그것을 정하지 않았다. 왜 정하지 않았는가?

당시 국적법 제정 당사자이던 법무부장관 이인은 그 이유를 다음과 같이 말하고 있다.[14] "헌법 전문을 보더라도 (…) 3·1 독립 정신을 계승하는 우리가 결국 8월 15일 이전에 국가가 없었느냐 하면 국가가 있었다고 생각합니다. 국가가 있더라도 정부가 없는 법이 있습니다. (…) 이 법률상의 대한민국 국민은 오래전부터 정신적으로 법률적으로 국적을 가졌다 이렇게 봐서 이 법률을 제정했습니다. 만일 그렇지 않고 이 법률을 제정한 후 그 사람이 국적을 가졌다면 대단히 기이한 상태가 생길 것입니다."

이인이 밝힌 설명의 의미를 이해하는 것은 어렵지 않다. 즉 불법적인 병합으로 인한 일제 지배로 비록 한민족을 대표하는 정부는 없었으나 헌법에 규정되었듯 대한민국은 8·15 이전부터 삼일운동의 정신을 계승한 국가로서 이미 존재해 왔다. 국적법은 그 정신을 이어 만든 것이므로 건국과 국적법 발효 이전에 태어났던 사람들의 국적취득 요건을 법률적으로 별도로 규정하는 것은 오히려 민족적 대의에 어긋나는 '기이한' 결과를 자초한다는

14_"제헌국회 제1국회 본회의 국적법안 제1독해," 1948, 제118호(12월 1일), 1144. 인용문에 관해 현대 표기법과 다른 것이나 저자가 오기라고 판단한 부분에 관해서는 고쳐서 표기했다.

것이다.

이와 같이 국적법에서 식민지 시대에 태어난 사람들의 국적취득 요건을 별도로 정하지 않았던 것은 삼일운동의 정신을 이어받은 대한민국이라는 국가 정체성으로부터 도출된 논리적인 귀결이었다. 이인이 언급한 견해에 대해 제헌국회에서 이론이 제기된 기록은 없다. 이인의 이 발언은 단지 정부나 국회의 견해를 넘어, 그 당시 한국 국민의 심정을 대변한 말이었을 것이다. 삼일운동을 계승한 대한민국 정부는 비록 1948년 8월 15일에 들어섰으나 국가 자체는 그 이전부터 존재했었다. 따라서 한국 국적을 가진 사람 역시 국적법이 제정되기 전부터 존재했다. 바로 이것이 대한민국이라는 국적에 특유의 의미를 안겨 준 첫 번째 국가 정체성이었던 것이다.

그러나 전(全) 한반도에서 일어난 삼일운동의 정신을 이어받은 대한민국은 현실적으로 38도선 이남만을 지배하는 존재에 불과하다는 제약 조건을 안고 출발했다. 대한민국이라는 국적에 특유의 의미를 부여하는 두 번째 국가 정체성이 바로 여기에 깃들었다. 말할 나위도 없이 그것은 삼일운동을 계승한 대한민국이야말로 분단된 한반도에서 한민족 전체를 대표하는 유일한 합법 정부라는 정체성이었다. 그에 따라 대한민국이라는 국적은 단순한 국적에 그치지 않고 바로 대한민국의 대표성을 지탱하는 특별한 정치적 의미를 가지게 되었다.

이와 같이 국적 문제는 대한민국의 국가 정체성과 직결된 문제가 아닐 수 없었다. 더구나 한국 정부의 행정권 아래 있는 본국 국민과 달리 한국 정부의 직접 통제 아래 있지 않았던 재일 한국인들의 국적 문제는 그만큼 대한민국의 국가 정체성을 검증하는 시험 무대가 되지 않을 수 없었다. 이하에서 보듯 한일회담 개시 전의 한국 정부의 대응은 바로 이런 성격을 입증하고 있다.

2. 한국 정부의 대응 분석

1) 재일 한국인 문제에 대한 시동

1949년 3월 3일 주일대표부는 점령 당국에 대해 "재일 한국 거류민의 법적 지위 확인 요건에 관한 서한"을[15] 제출하여 재일 한국인의 한국 국적 보유를 국제적으로 확인해 줄 것을 요청했다. 이것이 공식 문서가 전하는, 재일 한국인 문제에 대한 한국 정부의 공식적 대응의 효시였다.[16] 그 존재로 인해, 현실적으로 각종 문제에 골머리를 앓고 있었던 일본 정부와 달리 당시 시급한 현안도 아니었던 재일 한국인 문제에 대해 한국 정부가 대응하기 시작한 것은 1948년 8월의 건국, 12월의 국적법 제정이라는 흐름의 연장선상에 있었던 것을 알 수 있다. 다시 말해 재일 한국인 문제에 대한 시동은 시급한 현실 문제 처리를 위한 실무적인 동기로부터 시작되었다기보다 대한민국의 국가 정체성 확립의 필요성이라는 고도의 정치적 판단으로 인해서였다.

이해 5월 3일에는 정항범 주일대표부 대사가 SCAP에 각서를 제출, 교섭을 진행하기 시작했다. 이에 관해서는 이미 김태기가 그 내용을 밝히고 있다. 그에 따르면 한국 정부의 요청은 재일 한국인이 일본 국적을 취득한 적이 없으며 모두 한국 국적 소유자이므로 국적 선택으로 인한 문제 해결은 수락하지 못한다는 것, 그리고 연합국 국민으로서 대우되어야 한다는

15_이 점은 "韓日代 第2018호"로서 송부된 김용주 공사의 본국 보고문에서 확인 가능하다(『한일회담 예비회담(1951.10.20-12.4), 재일 한인의 법적 지위 문제 사전 교섭, 1951.5-9』, 258).

16_회담의 흐름을 간략하게 전하는 『한일회담약기』(韓日會談略記)는 1949년 5월의 정항범 대사 시절이 그 효시인 양 기술하고 있으나(외무부 정무국 1960, 30), 기록상 3월에 이미 진행되고 있었던 것으로 보인다.

것들이었다(김태기 1997, 632-634). 이런 요구가 제헌국회에서 나온 한국 국적의 의미로부터 직접적으로 도출된 것임은 별도로 설명할 필요가 없을 것이다. 또 연합국 국민으로서의 대우 요청은 강화조약의 체결을 내다보면서 당시 한국이 국가로서 연합국으로 참가하려는 희망과 일치하는 것이었다.

또한 김태기의 연구에 따르면, 재일 한국인의 국적 문제는 1949년 여름쯤 맥아더에 의해 한일 양국 간에 해결해야 할 문제로 정해졌다(김태기 1997, 635-650). 미국은 사실상 이 문제에서 손을 떼겠다는 결정을 내린 것이었다. 이 결정은 단지 맥아더 개인에 의한 것이라기보다, 미국의 일본 점령이라는 구조가 결정한 논리적인 필연이었다고 볼 수 있을 것이다.

아무튼 미국이 한일 간에 해결하도록 결정을 내린 이상, 국가 정체성의 확보라는 대의를 위해 재일 한국인들의 국적 문제를 시급히 해결하고 싶었던 한국 정부의 움직임은 잠시 멈출 수밖에 없었다. 단독으로 국적 문제를 매듭지을 수 없는 한국으로서는 결국 미국이 다시 움직이기 시작하기를 기다려야만 했다.[17]

2) 주일대표부의 건의

1950년 6월 한국전쟁의 발발을 맞아 대일 강화를 서두르기 시작한 미국은 같은 해 9월 대일 강화를 위한 7원칙을 전 세계에 발표, 강화조약 성립에 따른 일본의 주권 회복이 가시화되기 시작했다. 이는 바로 재일 한국인에 대한 일본의 주권 행사를 의미하는 만큼, 한국 정부로서는 마냥 좌시할 수 있는 상황이 아니게 되었다. 이 시기 주일대표부는 구체화되기 시작

17_『한일회담약기』도 결국 이 문제의 토의가 본격화된 것은 신성모 대사 시절인 1951년 8월의 SCAP 제의로 인한 것임을 전하고 있다(외무부 정무국 1960, 30-31).

한 강화조약에 대한 대응을 연구하여, 본국에 건의하고 있다.[18] 주일대표부는 60만에 이르는 재일 교포의 기득권이 크므로 국가적인 견지에서 고찰할 필요가 있음을 지적하면서, 재일 한국인을 한국 국민으로 인식해서 그들을 보호할 필요성을 강조했다. 보호를 위한 우선적인 과제는 국적 문제와 더불어 생길 거주권의 확정 문제였다. 대한민국의 국가 정체성이 요구하는 재일 한국인의 한국 국적 확정은, 불가피하게 일본에서의 외국인의 지위를 자초해야만 했다. 그것은 재일 한국인에 대해 일본 정부가 퇴거강제권을 행사할 수 있는 근거를 제공하는 역설을 뜻했다. 따라서 한국전쟁이라는 국가비상사태를 맞이하여 재일 한국인들의 귀환을 받아들일 여유가 없었던 한국 정부의 입장에서, 퇴거강제권의 봉쇄는 한국 국적 확정이라는 대의와 분리할 수 없는 과제가 되었다.

실제 독일의 지배에서 벗어난 폴란드, 유고 등 피지배국의 독립과 그에 따른 구 지배국 거주 국민들의 거주 이전(移轉)의 국제적 선례를 연구한 주일대표부는, 거주 이전이 국적 선택의 결과로 이뤄졌음을 보고하여 선례에서는 자국 국민을 자유롭게 외국에 거주시킬 자유가 없다는 것, 또 한반도에서 일본인들을 퇴거시킨 과거의 사실로 미뤄 재일 한국인의 거주권을 법적으로 보호하는 것은 어렵다는 인식을 전하고 있다.

이 어려움을 극복하기 위해 주일대표부는 재일 한국인의 경우 유럽 등의 국제적 선례들과 달리 일본 국적을 취득한 적이 없으며 단지 36년간 대한민국의 국적이 그 기능을 정지했을 뿐이므로, 재일 한국인에게는 국적

18_이 건의는 바로 『한일회담 예비회담(1951.10.20-12.4) 자료집, 대일강화조약에 관한 기본태도와 그 법적 근거, 1950』에 정리되어 있다. 그중 재일 한국인의 국적 및 거주권에 관한 기술은 67-73쪽에 있다.

선택이라는 것 자체가 법적 근거를 결여하고 있다는 것 등, 국제적 선례와의 차별성을 강조했다. 한 마디로 하면 이는 선택 결과로서의 한국 국적 '취득'이 아니라 그 '회복'을 주장한 것이었다.[19] 그리고 이 주장은 대한민국이라는 국적의 대의와 재일 한국인들의 본국 송환에 따른 추가적 부담의 방지라는 현실적 이익의 양립을 도모하기 위한 귀결이었다.

그러나 한국 측의 그런 해석을 일본이 그냥 수락할 리가 없음은 주일대표부 자신도 인식하고 있었다. 더구나 '회복'이건 '취득'이건 한국 국적의 확정은 동시에 외국인의 지위를 의미하는 이상, 일본에게 퇴거강제권을 줄 수 있는 주장이라는 점에서는 마찬가지였다. 주일대표부 역시 최악의 경우 일본이 생활 무능력자, 범죄자, 공산주의자의 귀국을 요청할 수 있다고 예상하면서, 한국으로서는 특수한 사정을 감안한 선례로서 거주자유권을 만들어야 할 필요성을 부각시켰다. 즉 이 시기 한국 정부에게는 국가 정체성과 연결된 한국 국적 확정과, 비용 삭감을 위한 '강제 퇴거 봉쇄 = 일본 거주의 계속'이 최우선의 과제였다.

3) 공산주의자의 취급 문제와 국적 확정의 시급성

같은 시기, 위의 두 가지 과제에 더해 두 번째의 국가 정체성으로부터

19_그러나 주의해야 할 것은 이후 한국 정부의 핵심적 주장인 '국적 회복'이라는 생각은 실은 일본 측 견해이기도 했다는 점이다. 실제 강화조약으로 인한 일본 국적 박탈의 정당화를 위해 일본 측 역시 이 논리를 썼다. 예컨대 강화조약의 심의 과정에서 당시의 외무성 니시무라 구마오 조약국장은 한국의 독립 승인 조항인 강화조약 2조 (a)항에 관해 그것은 재일 한국인들이 병합 당시 가지고 있었던 '조선인 국적'을 당연히 '회복'한다는 의미를 지니고 있음을 진술하고 있다(『衆議院 平和条約及び日米安全保障条約特別委員会 第5号』(1951.10.20), 24.) 즉 '국적 회복'이라는 논리는 병합조약으로 인한 일본 국적취득과 독립으로 인한 일본 국적의 상실이라는 일본 측 입장을 보완하는 논리이기도 했다는 것이다.

도출된 또 하나의 과제가 부각되기 시작했다. 그것은 대한민국이 한반도에서 유일한 합법 정부라는 국가 정체성과, 남북 분단이라는 제약 조건 사이에서 생긴 모순에 따른 대응의 필요성이었다. 또 그것은 다시 국적 확정 문제의 중요성을 높이는 작용을 했다.

1951년 3월 26일 김용주 주일공사는 윌리엄 시볼트(William Sebald) 외교국장과 면담하여 재일 한국인 중 공산주의자 강제송환에 대한 협력을 요청하고 있다.[20] 1950년 가을의 주일대표부 건의에는 없었던 공산주의자 강제송환을 이 시기에 요구한 이유는 공식 기록상 분명하지 않다. 그러나 그것이 두 번째의 국가 정체성으로부터 자동적으로 귀결될 요구임은 분명했다. 즉 한반도에서의 유일한 합법 정부라는 입장에서 볼 때 재일 한국인 중 북한 지지파는 바로 대한민국의 국가 정체성을 정면으로 훼손시키는 존재였다. 일본에 거주하는 그들을 직접 통제하지 못하는 한국 정부로서 남은 선택은 그들을 한국으로 송환시켜 그 존재를 없애 버리는 것이었다. 물론 그것은 한국전쟁이라는 비상사태에 한국의 안보 위협을 조금이나마 줄이는 현실적인 효과도 있었다. 즉 일본의 재일 한국인에 대한 강제 퇴거 방지와 어찌 보면 상반되는 북한 지지 세력들의 강제송환 추진이 중요한 과제로 부각된 것이었다.

그러나 한국의 기대와 달리 5월 15일 외교국은 주일대표부에 재일 한국인 중의 공산주의자 추방은 현행 적용법의 한계로 인해 불가능하다는 서한을 보내왔다. 현재 준비 중인 신 출입국관리법에 따라 '바람직하지 않은 외국인'으로 추방할 수도 있으나 이 경우도 1945년 9월 2일 이후의 입국자

20_이 점은 "韓日代 第1993호" 본국 보고문 속에서 확인이 가능하다(『한일회담 예비회담(1951.10.20-12.4), 재일 한인의 법적 지위 문제 사전 교섭, 1951.5-9』, 252).

가 대상이 되므로, 그 이외 재일 한국인의 추방은 그들의 법적 지위가 확정되기 전까지는 외국인으로 분류되지 않기 때문에 어렵다는 것이 그 내용이었다.[21] 바로 여기에서 국적 확정 문제에 관련된 또 하나의 의미가 불거졌다. 즉 한국 국적은 8·15 이전부터 존재했었다는 대의와 더불어, 이번에는 일본에서 북한 지지 활동을 함으로써 한국 정부의 위상을 손상시키고 있는 공산주의자 제거 문제에 대처하기 위해 국적 확정 문제를 시급히 해결해야 할 과제로 인식하게 된 것이었다.

김용주 공사는 외교국이 보내온 답신을 재일 한국인의 국적이 국제적으로 확정되지 않음에 따라 한국 국민으로 인정되지 않아 그들을 추방하지 못한다고 해석하고, 이 답신대로라면 성립될 신 출입국관리법에 따라 1945년 9월 2일 이후의 밀입국자는 강제 추방되지만, 그 이전의 거주자는 한국 국적이 확정되지 않아 추방되지 않는다는 우려를 본국에 전하고 있다.[22] 즉 한국 국적이 확정되지 않는 한 공산주의자들의 추방이 실현되기는 커녕 오히려 일본이 주도하는 추방만이 이뤄지게 된다는 우려가 커진 것이었다.

4) SCAP 각서에 의한 국적 문제 해결 요청의 의미

따라서 한국으로서는 1945년 9월 2일 이전 거주자의 한국 국적 확정 문제가 시급한 과제가 되었다. 이를 위해 1951년 6월 1일 김용주 공사는

21_『한일회담 예비회담(1951.10.20-12.4), 재일 한인의 법적 지위 문제 사전 교섭, 1951.5-9』, 255. 또는 外務部, 발행 연도 불명, 『SCAP 覺書 및 大韓民國 政府 見解 在日 韓國人의 法的 地位에 關한 交換 文書』, 111-112.

22_"韓日代 第1993호," 『한일회담 예비회담(1951.10.20-12.4), 재일 한인의 법적 지위 문제 사전 교섭, 1951.5-9』, 253-254.

과거 재일 대만인에 대해 중국 국적을 인정한 SCAP 각서의 전례를 들어 강화조약 이전에 한국 국적임을 확정할 것을 SCAP에 요구할 것이나, 그와 더불어 범죄인 인도 조약 체결을 통해 공산주의자를 추방할 것을 일본에게 요구할 생각임을 본국에 전하고 그 승인을 구하고 있다.[23] 즉 한국은 공산주의자 송환이 일본에 대한 퇴거강제권 행사의 인정과 연결되지 않도록 그들의 송환을 다른 조약을 통해 이루도록 구상한 것이다.

그 청훈은 그대로 승인된 것으로 보인다.[24] 그러나 6월 28일 외교국은 직접 주일대표부를 방문하여 비공식으로나마 SCAP의 사회로 이 문제에 관해 한일 양국이 직접 협의할 것을 제안하고 있다.[25] 한국의 요구는 수락되지 않았던 것이다. 김용주 공사는 재일 한국인의 국적 확인을 SCAP 각서가 아니라 한일 간의 직접 협의로 결정할 것을 지시한 이 제안이, 병합조약으로 재일 한국인이 일본 국적을 취득했다는 법적 견해를 SCAP이 지지하는 입장에서 나왔다는 것, 또 한일 간 협의에서는 일본이 국적 선택 방식을 제안할 것이 예상되므로 한국 국적을 선택할 재일 한국인들은 거주권과 재산권에 제한을 받을 것이 예상된다고 보고하고 있다.[26] 김용주의 보고에서 드러나듯 SCAP의 대응은 공산주의자 추방 문제를 넘어 8·15 이전부터

23_"韓日代 第2018호," 『한일회담 예비회담(1951.10.20-12.4), 재일 한인의 법적 지위 문제 사전 교섭, 1951.5-9』, 256-260.

24_공식 문서에서는 승인 문서가 없으나 주일대표부 청훈을 그대로 승인할 필요가 있다는 6월 13일자 외무부의 국무회의 상정안이 수록되고 있는 것을 보면 내용적으로 그대로 승인된 것으로 봐도 무방하다("外政 460호," 『한일회담 예비회담(1951.10.20-12.4), 재일 한인의 법적 지위 문제 사전 교섭, 1951.5-9』, 261-271).

25_이 점은 "韓日代 第2189호," 『한일회담 예비회담(1951.10.20-12.4), 재일 한인의 법적 지위 문제 사전 교섭, 1951.5-9』, 272-273에서 확인 가능.

26_『한일회담 예비회담(1951.10.20-12.4), 재일한인의 법적 지위 문제 사전교섭, 1951.5-9』, 273.

표 1 | 1951년 6월 28일 주일대표부가 본국에 청훈한 두 가지 안

제1안	제2안
- 재일 한국인의 법적 지위의 국제적 확정은 SCAP 각서로 결정하여 그것을 일본 정부에 지시할 것. - 다만 한국 거류민 중 국적취득을 희망하는 자로서 한국이 승인하는 자에게는 일본 정부는 이것을 허가할 것.	제1안을 SCAP이 인정하지 않고 부득이 한일 간 협의로 결정하게 되면 사전에 SCAP으로부터 서한으로 이하 기본적 조건에 대한 확인을 얻도록 할 것. 1) 재일 한국 교민은 거주권에 대해 하등의 제한이 없도록 할 것. 2) 재일 한국 교민은 재산권에 대해 하등의 제한이 없도록 할 것이며 특히 그것을 본국에 반출할 경우는 특별 대우로 취급할 것.

국가가 존재했다는 대한민국의 국가 정체성과 전면적으로 대립되는 것이었다. 또 이 시기까지 한국이 재일 한국인의 국제 문제에 관해 일본이 국적 선택 방식을 제안할 것을 예상하고 있었다는 점도 잊지 말아야 할 대목이다.

SCAP의 거절을 접한 주일대표부는 사실상 일본과의 직접 협의를 결심한 것으로 보인다. 사실 김용주는 SCAP의 답이 있었던 같은 날, 다시 SCAP에게 제시할 구체적인 두 안을 본국에 보내, 그에 대한 지시를 구하고 있다. 그 내용은 〈표 1〉과 같다.[27]

즉 주일대표부는 제1안으로 아직도 SCAP 각서를 통한 해결을 요구하고 있으나 동시에 제2안으로 일본 측과의 직접 교섭 시의 조건을 내걸었다. 그것을 보면 사실상 조건 교섭으로 그 무게를 옮긴 것이었다. 그러나 이 청훈에 대해 본국 정부는 7월 9일 다음과 같은 훈령을 내리고 있다.[28]

27_『한일회담 예비회담(1951.10.20-12.4), 재일 한인의 법적 지위 문제 사전 교섭, 1951.5-9』, 273-275에서 저자가 정리.

28_"外政 587호," 『한일회담 예비회담(1951.10.20-12.4), 재일 한인의 법적 지위 문제 사전 교

1. 공산 분자의 추방을 위해 한일 간에 범죄인 인도 조약을 체결해야 한다.
2. 그를 위해서는 먼저 재일 한국인의 국적 확정 문제를 확정하지 않으면 체결은 어렵다.
3. 따라서 이하의 근거로 SCAP에 대해 모든 재일 한국인이 한국 국적임을 확인하도록 교섭한다.

- 포츠담선언으로 한국에 대한 주권을 포기했으므로 한국 국민은 한국의 주권을 회복한 대한민국의 국민이며 따라서 재일 동포도 한국의 헌법 및 국적법에 의거하여 대한민국 국민이다.
- 과거 일제는 일본의 국적법을 한국에 적용하지 않았다.
- 1949년 10월 21일 유엔총회에서 결의된 "대한민국 정부는 유일한 합법 정부"라는 점을 고려할 때[29] 해외 교포는 대한민국의 국적을 가지고 있다.
- 재일 대만인의 중국 국적 회복에 관한 1947년 2월 25자 SCAP 각서와 같은 선례도 있으므로 재일 한국인의 국적 확인도 SCAP 각서로 결정할 수 있는 문제다.
- 조약은 조약으로 인해 무효화되는 것이 아니라 그것을 무효화시키는 사실이 발생할 때 무효화되는 것이 국제법상의 일반 원칙이다. 따라서 포츠담선언 수락, 미소 양국의 한반도 진주, 대한민국 수립, 여러 국가들의 한국 승인 등의 사실은 합방조약을 무효화시키는 데 충분하다.
- 재일 동포를 모두 한국인으로서 취급함으로써 외국인에 대한 행정상 많은 편의가 될 것이다.

즉 한국 정부는 여전히 SCAP 각서를 통한 해결을 고집했던 것이다. 한

섭, 1951.5-9』, 284-291.

29_이 결의는 결의 293(IV)를 뜻하는 것으로 생각되나, 그 결의는 합법성 문제에 관해 남한에서만 진행된 선거를 통한 한국의 합법성을 규정한 1948년 12월 12일자 결의 195(III)를 반복한 것에 불과하다.

국 정부가 왜 SCAP 각서로 인한 국적 확정을 고집했는가에 관한 설명은 이 훈령에 없으나 그 이유는 추측 가능하다. 바로 본국 훈령 중의 제3항 첫 번째 항목을 보면 알 수 있듯이 그것 역시 국가 정체성 문제가 작용했다. 즉 포츠담선언으로 대한민국이 주권을 '회복'했다는 주장은, 국적에 관해서는 "한국인의 일본 국적은 우리가 취득한 것이 아니라 일본이 우리에게 강제로 덮어씌웠던 굴레에 지나지 않는다는 견해"(兪鎭午 1966, 88)를 뜻하므로 그 굴레에서 벗어나는 일은 일본과의 협의와 승인을 얻어 진행해서는 안 되었다. 그것은 8·15 이전부터 국가가 존재했다는 국가 정체성과 근본적으로 대립하는 일이었기 때문이다.

또한 한국 정부가 SCAP 각서를 통한 한국 국적 확정을 고집한 것은 일본 측이 국적선택권을 통한 해결을 주장할 것이라는 예상도 작용한 것으로 보인다. 앞서 언급했듯이 일본은 국적선택권 방식의 철회를 1950년 9월쯤에는 내부적으로 결정, 그 후 1951년의 미일 교섭 중에 그것을 확정한 것으로 보인다. 따라서 이런 주일대표부 청훈과 본국 훈령이 오가고 있었던 1951년 6월 무렵에는 이미 국적선택권 부여 방식이 일본 정부 내부에서 거의 사라져 가고 있었다고 판단된다.

그러나 그 시기는 아직 조약 교섭 중이었으므로 한국 정부는 그런 방침 변경을 파악할 수 있는 단계가 아니었을 것으로 보인다. 그것은 앞서 언급한 일본 측의 국적선택권 제기를 예상한 김용주 공사의 보고, 또 문서 작성의 주체나 날짜가 없어 그 문서의 성격이 불투명하지만 일본과의 토의를 위해 한국이 준비한 것으로 보이는 영문 문서 "일본 측에 문의되어야 하는 질문"에서 문의 사항의 제1항으로 일본 정부는 자신의 지배하에 있는 한국인의 한국 국적을 완전히 인정할 것인가라는 질문을 준비하고 있는 점[30] 등으로 확인 가능하다. 즉 한국은 한일 직접 교섭에서 일본이 병합조약이 유효하다는 입장에서 재일 한국인의 국적을 원칙적으로 일본 국적으로 정하고 국적선택권을 부여할 의도를 가지고 있음을 예상하고 있었다.

물론 국적선택권 부여 방식은 대한민국이 두 가지 국가 정체성이라는 입장에서 절대 수락하지 못하는 것이었다. 말할 나위도 없이 그것은 일본 국적의 선택을 허용함으로써 8·15 이전부터 국가가 존재했었다는 첫 번째 국가 정체성을 부정하는 것이었다. 또 현실적인 가능성으로서 일본 국적의 선택 이외에도 당시 존재하던 '조선' 국적을 다수의 재일 한국인들이 선택할 우려가 있었다. 바로 그것은 한반도의 유일한 합법 정부라는 두 번째 국가 정체성을 손상시키는 일이었다. 따라서 한국의 입장에서 일본과의 직접 교섭은 정책적으로 볼 때 가능한 한 피해야 하는 선택이었다. 한국 정부가 SCAP 각서를 통한 국적 확인을 집요하게 고집한 것은 바로 이와 같은 국가 정체성과의 정합성을 확보해야 한다는 사정이 깔려 있었음은 틀림없다. 사실 한국은 8월 10일 다시 1949년 5월 3일 서한의 추가 요청으로 GHQ에 대해 다음과 같은 내용을 포함한 서면을 제출하여 재차 SCAP 각서를 통한 국적 확인 문제의 해결을 요구하고 있다.[31]

- 1945년 8월 9일 이전의 일본 거주자의 국적 및 개인 권리의 문제는 자연법하의 인권, 한국인의 역사적 동질성, 그들이 일본에 거주해야 했던 역사적 상황 등을

30_外務部, 발행 연도 불명, 『SCAP 覺書 및 大韓民國 政府 見解 在日 韓國人의 法的 地位에 關한 交換 文書』, 47.

31_『한일회담 예비회담(1951.10.20-12.4), 재일 한인의 법적 지위 문제 사전 교섭, 1951.5-9』, 299-300. 또는 外務部, 발행 연도 불명, 『SCAP 覺書 및 大韓民國 政府 見解 在日 韓國人의 法的 地位에 關한 交換 文書』, 129-132. 이 문서에는 추가 각서임을 나타내는 표제는 없으나 내용상 확실하다.

고려해서 결정되어야 한다.

- 따라서 재일 한국인의 국적은 출생지 또는 현 거주지와 관련된 선택 베이스로 결정되어서는 안 되고, 또 일본에서 퇴거함으로써 국적을 취득하도록 하지 않아야 한다.
- 이 문제는 재일 한국인을 동국 국민으로 간주하는 독립되어 있고 주권을 가진 대한민국의 성립에 따른 결과로서 그들의 원래의 한국 국적 회복으로써 해결해야 한다.
- 새로운 SCAP 각서는 이하의 점을 포함하는 것이 바람직하다.
  - ·1945년 8월 9일 이전의 거주자로서 일본 호적법 적용에서 제외된 자는 1948년 8월 15일부터 자동적으로 한국 국적 획득을 한다(1945년 8월 9일 이전의 거주자는 일본 호적법의 적용을 받는 자라도 본인이 희망하여 신청한다면 한국 국적취득이 허락된다).
  - ·한국 국적취득자는 일본에서의 거주의 자유, 그리고 내외국인 평등 원리에 따라 신앙, 민족 교육, 직업의 자유 등의 사권이 보장된다.
  - ·한국 국적취득자는 일본으로부터 퇴거의 자유, 귀국 시의 사유재산권 보호(처분 및 반출권, 그리고 한국 반출 시의 면세 특권을 포함)가 보장된다.

또한 8월 13일, 주일대표부는 국적 문제 해결을 위해 SCAP과의 예비 협의를 요청하는 서한을 보내고[32] 실제로 24일 갈홍기와 유진오를 참석시켜 SCAP 측과 법적 지위에 관한 예비 회의를 가졌다.[33] 회의석상에서 한국은 이 문제가 포츠담선언으로 이미 결정된 문제이므로 일본 측과 직접 교

32_"韓日代 第2263호," 『한일회담 예비회담(1951.10.20-12.4), 재일 한인의 법적 지위 문제 사전 교섭, 1951.5-9』, 304-306.

33_이 회의의 경과보고는 『한일회담 예비회담(1951.10.20-12.4), 재일 한인의 법적 지위 문제 사전 교섭, 1951.5-9』, 314-319.

섭으로 해결해야 할 문제가 아니라고 하여 SCAP 각서로 인한 결정을 거듭 강조했다. 그러나 SCAP 법률국의 배신(J. Bassin)은 이하의 이유를 들어 한국 측 요청에 응하려 하지 않았다.

- 포츠담선언은 국적 문제와 관계가 없다.
- 따라서 한국이 주권국가로서 독립하고 국적법을 만들었다고 쳐도 그것을 일본 정부에게 수락하도록 강제할 수 없다.
- 이중국적이나 무국적은 피해야 하니 일본 정부와 교섭하여 한국 국적법을 일본이 합의하면 문제는 해결된다.

SCAP은 이상의 견해들과 더불어 국적 문제와 같이 먼 장래에까지 영향을 줄 수 있는 문제는 SCAP의 권한 밖에 있다는 것, 국제법상 강화조약에 수반하는 안건의 결정은 점령 당국의 권한 밖에 있다는 견해들도 들어 한국의 희망을 최종적으로 물리쳤다.

5) 일본과의 직접 교섭에 대한 준비 작업

배신의 거부에 따라 9월 3일 외무부는 변영태 외무부 장관 이름으로 국무회의 의장에게 SCAP 측 대답을 다음과 같이 보고하여 일본과의 직접 교섭의 필요성을 상정하고 있다.[34]

- 미국 정부와 극동위원회 지령에 따라 이 건은 SCAP의 권한 이외에 있다.
- 재일 교포의 국적을 변경이 아니라 확인이라 할 것인지는 SCAP에서 결정할 수

34_『한일회담 예비회담(1951.10.20-12.4), 재일 한인의 법적 지위 문제 사전 교섭, 1951.5-9』, 333-337.

표 2 | 일본과의 직접 교섭을 위한 9월 4일자 본국 훈령

	법적 지위의 문제	일본 거주권의 문제
목표	재일 교포는 대한민국 헌법 및 국적법에 따라 대한민국 국민으로 함.	재일 한국인을 한국 국민으로 한 후에도 일본에서 계속 거주할 수 있는 권리의 획득.
근거 및 방침	1) 포츠담선언에 따른 주권 회복. 2) 일제하에서 한국인은 일본 국적법의 적용 대상이 아니었음. 3) 조약은 조약이 아니라도 그것을 부정하는 사실로 소멸한다는 일반 원칙(포츠담선언 수락, 한국 수립 및 각국에 의한 승인). 4) 1949.10.21 유엔의 유일합법성 결의에 따라 해외 교포는 한국 국적을 회복. 5) SCAP의 비일본인화의 법적 조치.[37] - SCAPIN1679(1947.5.15). - SCAPIN1757(1947.8.4). - SCAPIN1912(19486.21). 6) 재일 대만인의 중국 국적 회복에 관한 1947년 2월 25일자 SCAP 각서의 선례. 7) 폴란드, 유고슬라비아 같은 경우 평화조약에서 국적선택권이 부여됨에 따라 국적의 자동 회복이 이뤄지지 않았으나 그들은 완전히 지배국 국적법의 적용에 의해 지배국의 국적을 취득한 것이기 때문에 2)에 명시했듯이 한국인의 경우와는 전혀 다름. 8) 병합조약에서 한국의 주권은 일본에 이양되었으나 법률적으로 한국인은 한국 국적에 기인한 모든 기능이 정지된 것뿐임. 정치적인 사실은 정치적 문제로 끝일 뿐이며 법률적 문제와 상관없으므로 한국인의 국적 문제는 일본 국적과 하등의 상관이 없음.	1. 근거 1) 거주권을 인정한 특별 조약의 선례 :포츠머스조약 제10조에서 거주 이전, 상호주의를 취하지 않고 일방적 거주권을 인정. 2) 강제 동원 등 한일 간의 특수한 정치적 관계. 3) 재일 한국인에 대한 SCAP의 비일본인화 정책과 외국인등록령에 근거한 외국인으로서의 지위 결정에 따라 다른 외국인과 같이 일본에 거주할 수 있는 합법적 권리를 묵시적으로 인정. 4) 한반도에서의 일본인 강제 철거에 따라 일본은 재일 한국인의 거주를 거절할 것이 예상되나 전자는 카이로선언에 따른 당연한 결과이며, 후자는 앞으로의 한일 간 협정에서 결정할 문제. 5) 일본이 다른 외국인의 거주권을 인정하면서 재일 한국인에 대해서는 전면적으로 거주 이전을 요구한다면 세계인권선언을 위반. 2. 방침 위의 근거로 재일 한국인의 일본 거주를 주장하나 자국민을 외국에 거주시킬 자유와 권리가 없으므로 역사상 보기 특이한 정치·경제적 관계에 중점을 두고 정치적으로 해결.

없다.

- 한국의 국적법을 일본 정부에게 그대로 수락하도록 강제할 수 없다.
- SCAP은 이 문제를 한일 양국 간의 직접 교섭을 통해 해결할 것을 희망하고 있으며 강화조약 발효 이전이라도 교섭을 할 것을 일본 정부에 허가했다.

결국 이 문제는 한일 간의 직접 교섭에 부쳐지게 되었다. 한국 정부가 일본 정부와의 직접 교섭을 결정한 후 주일대표부에 처음으로 내린 9월 4일자 훈령은 〈표 2〉와 같다.[35]

즉 한국이 일본과의 직접 교섭을 결단한 후 처음으로 세운 큰 목표는 한국 국적 확인과 그로 인해 예상될 재일 한국인들의 본국 귀환 의무를 막기 위한 거주권의 확보였다. 물론 이 요구는 새로운 내용이 아니었다. 그것은 대한민국의 국가 정체성으로부터 도출된 귀결인 만큼 바뀔 수 없는 가장 핵심적인 요구였던 것이다. 이 훈령을 받아 주일대표부는 9월 10일자로 교섭안과 추가 청훈을 보내고 있으며 그 내용과 그에 대한 9월 14일자의 본국 정부 훈령을 정리하면 〈표 3〉과 같다.[36]

〈표 3〉에서 제시한 주일대표부 청훈과 본국 정부 훈령의 내용에서 눈에 띄는 것은, 한일 직접 교섭의 무게가 재일 한국인의 한국 국적 확정 자체에서, 퇴거강제권의 제한과 재일 한국인들의 본국 송환 방지에 두어졌다는 점이다. 직접적으로 이는 '기타' 부분에 있는, 청훈에 대해 내려진 훈령 속에서 찾을 수 있는데, 재일 한국인 중 공산주의자의 추방을 우선시하던

35_"外政 964호," 『한일회담 예비회담(1951.10.20-12.4), 재일 한인의 법적 지위 문제 사전 교섭, 1951.5-9』, 320-330에서 저자가 정리. 이 문서에는 날짜가 몇 가지 있으나 이 훈령이 9월 4일자였음은 주일대표부가 본국에 보낸 9월 10일자의 청훈 문서 "韓日代 第2231호," 『한일회담 예비회담(1951.10.20-12.4), 재일 한인의 법적 지위 문제 사전 교섭, 1951.5-9』, 350에서 확인 가능하다.

36_주일대표부의 청훈은 『한일회담 예비회담(1951.10.20-12.4), 재일 한인의 법적 지위 문제 사전 교섭, 1951.5-9』, 350-353, 훈령은 같은 자료 338-349에서 각각 저자가 정리.

37_SCAPIN1679(1947.5.15)는 한국인을 '비일본인'으로 취급할 것을 규정한 명령이며 SCAPIN1757(1947.8.4), SCAPIN1912(1948.6.21)는 한국인을 '특수지위국인'으로 규정한 문서이다.

표 3 | 9월 10일자 주일대표부 청훈과 그에 대한 9월 14일자 본국훈령

	주일대표부의 청훈	본국 정부의 훈령
안	1) 일본 정부는 1945년 8월 9일 이전으로부터의 계속 거주자 중 일본 호적법이 적용되지 않고 있는 한국인은 대한민국의 국민이며 일본국의 국민이 아님을 확인한다. 2) 상기 중 일본 호적법의 적용을 받고 있는 자는 6개월 이내에 한정하여 본인의 희망으로 한국 국적이 회복한다. 3) 재일 한국인이라 함은 1945년 8월 9일 이전으로부터의 거주자이며 한국 국적법에서 한국 국민으로 되어 있는 자를 의미한다. 4) 일본 정부는 재일 한국인에 대해 '확정판결에 의한 형의 언도를 받지 않고 있는 자'에게는 영주할 권리를 인정하여 다른 외국인과 동등한 대우를 부여한다. 5) 재일 한국인의 귀국의 자유를 보유하며 귀국할 때는 과세 없이 모든 재산을 반출할 권리를 가진다.	- 안 중 1), 3)에 있는 재일 한국인을 1945년 8월 9일 이전으로부터의 계속 거주자에 한정할 필요는 없다. 국적 확정에 있어서는 한일 양국 모두 혈통주의를 취하고 있으므로 입국 시기, 방법은 상관없다. 따라서 재일 한국인은 '현재 일본에서 대한민국 호적법의 적용을 받고 있는 자 중 일본 국적법의 적용을 받지 않고 있는 자'는 모두 포함됨을 일본 정부가 인정하도록 한다. - 안 중 2)의 국적 회복 기간을 6개월에 한정할 필요는 없다. 언제라도 본국 정부의 허가로 국적 회복이 가능하도록 교섭할 것. - 기타 출입국관리법의 주된 대상은 재일 한국인이므로 불이익을 받지 않도록 대응할 것.
기타	- 1945년 8월 9일 이후의 불법 입국자는 7만 명에 이르며, 일본은 본건과 달리 추방 조치를 취할 것이 예상되므로 그에 대한 대응. - 기초 중인 신 출입국관리법에서는 행정 조치로 추방을 할 예정이나 위 안 중의 4) '확정판결에 의한 형의 언도를 받지 않고 있는 자'는 추방되지 않는다고 주장하면 빈곤자와 공산 분자의 추방에 제약이 있다고 해서 일본 측이 반대할 것이 예상되므로 그에 대한 대응.	- 공산 분자 추방의 제약이 되어도 전체 선량한 교포의 이익을 위해 대표부 안대로 '확정판결에 의한 형의 언도를 받지 않고 있는 자'는 추방하지 못하도록 주장할 것. 현재 일본에서도 공산 분자는 피검(被檢)되는 추세임. 앞으로 공산당이 불법화되면 한국인 공산 분자의 추방은 자연히 해결될 수 있게 되기 때문임.

과거의 입장과 달리 비록 그에 제약이 되어도 퇴거 대상자를 실형 판결을 받은 자에 한정할 것을 지시하고 있다. 물론 그것은 공산 분자의 추방이 이후 가능해진다는 전망 위에 내려진 것이었으나, 그것 역시 확실하지 않았던 조건하에서 비록 그에 제약이 되더라도 실형이 확정된 자 이외는 추방하지 못하도록 하는 교섭을 지시한 것은 교섭을 코앞에 두고 한국 정부의 역점이 강제 퇴거 봉쇄로 옮겨졌다고 판단할 수 있는 대목이다.

또한 그 의도는 국적 확인 조항에 대한 훈령으로 재일 한국인의 범위를 전전 거주자로부터 전후 입국자로 확장시키려고 한 본국 정부의 방침에서도 엿볼 수 있다. 즉 1945년 8월 9일 이전부터의 거주자를 재일 한국인으로 정의하는 주일대표부의 생각에 대해 본국 정부가 혈통주의를 원칙으로 전후 입국자도 재일 한국인으로 포함시키도록 지시한 것은, 독립 후 탄압을 회피하기 위해 일본에 거주하게 된 공산주의자들에 대한 강제 퇴거까지 어렵게 하는 부작용을 동반했다. 이 훈령 역시 일본의 강제 퇴거 조치를 막음으로써 이미 일본에 거주하는 한국인의 본국 귀환을 막는 것을 최우선시한 자세와 밀접한 관계가 있음을 짐작케 한다.

그러나 주의해야 할 것은 한일교섭을 앞둔 한국의 이상과 같은 방침 변화는 결코 근본적인 변화를 뜻하는 것이 아니라는 점이다. 강제 퇴거는 재일 한국인이 일단 외국인이 된다는 것을 전제로 하므로, 한국 정부의 핵심적인 과제였던 재일 한국인의 한국 국적 확정 방침과 상응하는 것이었다. 따라서 강화조약 서명이 코앞에 다가온 시점에서 한국 정부가 강제 퇴거 방지에 그 무게를 실었던 것은 오히려 재일 한국인의 국적이 일본이 아니라 한국(조선 국적의 가능성은 남아 있지만)이 될 것임을 한국 정부가 확신했기 때문이라고 보는 것이 타당하다.

실제 이 훈령이 내려진 시기에는 강화조약 최종안이 1951년 8월 16일에 공표되어(西村熊雄 1971, 171), 강화조약 조문에 국적선택권 조항이 없는 것이 이미 확정되어 있었다. 또 앞서 언급한 9월 10일의 유진오 출장 보고서는 일본의 외국인 출입국관리의 주요 목표가 한국인의 밀입국과 강제 퇴거에 있다는 것과, 현재 준비 중인 퇴거 관련 법률(물론 이것은 출입국관리법을 뜻한다)에 따라 공산당 관계자 이외에도 주소 없는 자, 무직자 등까지 그 대상이 될 것에 대한 우려를 나타내며 정부의 사전 조치가 필요하다는 취지의 보고를 하고 있었다.[38] 따라서 한일 직접 교섭을 코앞에 둔 이 시기

표 4 | 10월 8일자 한국 정부가 작성한 "재일 한교의 국적에 관한 협정의 요강"

	제1안: 전반적 국적 회복의 경우	제2안: 국적 선택의 경우
조문	제1조: 일본국은 1945년 8월 9일 이전부터 일본에 거주하고 있는 한인(한일합방조약에 의하여 일본의 국적을 취득하고 그 후 외국의 국적을 취득하지 않은 자와 그 자손)은 대한민국의 국민인 것을 승인한다. 제2조: 일본국은 제1조의 한국 국민이 영구히 일본에 거주할 권리와 언제든지 한국으로 퇴거할 권리를 보장한다. 또 대한민국의 동의 없이 어떤 이유든지 강제로 퇴거시킬 수 없다. 제3조: 일본국은 제1조의 한국 국민에 대하여 부동산, 어업권, 광업권, 기업권 기타 재산권의 소유와 경제활동에 있어서 일본인과 동일한 보호를 받을 것을 보장한다. 제4조: 일본국은 제1조의 한국 국민이 일본을 퇴거할 경우는 부동산, 어업권, 광업권, 기업권 기타 재산권을 자유롭게 처분하고 그 동산을 휴대할 수 있는 권리를 인정하며 또 이에 대해서는 면세로 함을 보장한다. (본안의 수정안) 제( )조: 일본국은 제1조의 한국 국민이 본 조약 발효 후 3년 이내에 일본 국적을 선택할 수 있는 권리를 인정한다.	제1조: 일본국은 1945년 8월 9일 이전부터 일본에 거주하고 있는 한인(한일합방조약에 의하여 일본의 국적을 취득하고 그 후 외국의 국적을 취득하지 않은 자와 그 직계비속)에 대해 본 조약 발효 후 3년 이내에 대한민국의 국적을 선택할 권리를 인정한다. 제2조: 일본국은 제1조에 의거하여 대한민국의 국적을 선택한 한국 국민에게 일본에 영구히 거주할 권리와 또 언제든지 한국으로 퇴거할 권리를 보장한다. 제3조: 일본국은 제2조에 의거하여 일본에 거주하는 한국 국민에 대하여 부동산, 어업권, 광업권, 기업권 기타 재산권의 소유와 경제활동에 있어서 일본인과 동일한 보호를 받을 것을 보장한다. 제4조: 일본국은 제2조에 의거하여 일본에 거주하는 한국 국민이 일본을 퇴거할 경우는 부동산, 어업권, 광업권, 기업권 기타 재산권을 자유로이 처분하고 그 동산을 휴대할 수 있는 권리를 인정하며 또 이에 대해서는 면세로 함을 보장한다.
장단점	- 재일 한국인을 모두 한국 국민으로 할 수 있다(일본 국적 희망자는 귀화시킨다). - 그러나 일본 국적법의 귀화 조건의 제약을 받아 일본이 원하지 않는 자에 대한 강제 추방의 가능성을 일본에 주게 된다(따라서 일본은 이 안을 찬성할 것이다). - 따라서 이 안을 주장할 경우는 이하의 대응이 필요하다. ·한국의 동의 없이 일방적으로 추방하지 못한다. ·3년 이내에 일본 국적을 선택할 수 있도록 하고 귀화에 있어서의 일본의 재량 여지를 없앤다. 이로 인해 추방보다 일본 국적을 취득시켜 일본에서의 거주권을 재일 한국인에게 남긴다.	- 현재 일본에 있는 한국인을 일본인으로 인정하게 된다. 그러나 이 조치는 독일에서 독립한 폴란드, 체코슬로바키아 등 본국 국적선택권 부여가 선례이며 국제법상의 원칙이다. - 따라서 이 경우 일본이 원하지 않는 자도 일본인으로서 받아들일 수밖에 없다. - 이 경우 한국 국적을 선택하는 자에게 영주권 등의 특권을 부여한다면 진실로 대한민국의 국민이 되기를 원하는 조국애가 있는 자만 국적을 선택하게 될 것이다.

38_"주일대표부 유진오 법률고문의 일본 출장 보고서," 『한일회담 예비회담(1951.10.20-12.4), 본회의 회의록, 제1차-10차, 1951』, 97.

한국 정부가 강제 퇴거 봉쇄에 정책적 무게를 두기 시작한 것은 일본 측이 재일 한국인들을 외국인으로 취급할 방침에 따라 한일 직접 교섭에서 국적 선택권을 주장할 가능성이 없다고 판단한 결과임은 틀림없어 보인다.

강제 퇴거 방지에 중점을 둔 한국 정부의 자세는 회담 전의 마지막 방침에도 나타났다. 한일 간 직접 교섭을 권유한 SCAP 제안에 대한 수락을 10월 4일 정식으로 밝힘에 따라[39] 이 20일부터 예정된 한일회담 예비회담을 위해 한국 정부가 준비한 안에는 흥미롭게도 강제 퇴거 방지를 위해 거꾸로 국적선택권을 부여하는 방안조차 검토되고 있었다. 10월 8일 법무부 장관의 이름으로 작성된 "재일 한교의 국적에 관한 협정의 요강"은 〈표 4〉와 같은 내용이었다.[40]

즉 전반적으로 국적을 회복시키는 제1안과 함께 재일 한국인의 강제 퇴거를 막을 수 있는 더욱 강력한 방법으로 재일 한국인의 국적을 일본 국적으로 인정하여 한국 국적을 선택할 권리를 부여하는 국적 선택 방안이 검토되고 있었던 것이다. 또한 한국 국적 회복을 주장한 제1안에서도 퇴거 강제를 막는 방법으로 3년 이내에 일본 국적을 선택할 수 있는 방안도 구상되고 있었다. 자칫하면 국가 정체성에 어긋나는 이들 안은 한일회담을 앞두고 한국 정부에게 재일 한국인들의 본국 송환 봉쇄가 얼마나 중요한 정책적 과제였는가를 여실히 보여 주는 하나의 입증 자료라고 말할 수 있을 것이다.

39_外務部, 발행 연도 불명, 『SCAP 覺書 및 大韓民國 政府 見解 在日 韓國人의 法的 地位에 關한 交換 文書』, 109-110.

40_『한일회담 예비회담(1951.10.20-12.4), 재일 한인의 법적 지위 문제 사전 교섭, 1951.5-9』, 359-371에서 저자가 정리.

그러나 한일회담 개시 이후의 교섭 내용을 볼 때 한국이 국적선택권을 정식으로 요구한 사실은 없다. 즉 국제적 선례에 따른 타당성과 거주권 확보에 많은 장점이 있었던 제2안과 함께 3년 이내에 일본 국적을 선택할 수 있는 구상까지도 결국 구체화되지 않았던 것은 역으로 8·15 이전부터 국가가 존재했다는 대한민국의 국가 정체성이 결코 물러설 수 없는 절대적인 한계선이었음을 보여 주는 것이라고 평가할 수 있다.

IV. 나오며

이상 한국 정부가 건국 이후 한일 직접 교섭 개시까지 재일 한국인 문제를 어떻게 인식하고 대응해 왔는지를 살펴보았다. 미국이 실질적으로 일본을 단독 점령했다는 사실과 일본이 그 틈을 이용함으로써 재일 한국인의 국적 문제는 공백으로 남았다. 이에 따라 한국 정부가 개입할 수 있는 여지가 생겼다. 한국 정부가 간주한 이 문제의 핵심은 무엇보다 한국 국적의 확정이었다. 그리고 그것은 대한민국의 국가 정체성으로부터 도출된 논리적 귀결이었다.

즉 삼일운동을 계승함으로써 8·15 이전에도 대한민국이 존재했었다는 국적법에 나타난 첫 번째 국가 정체성은, 한국 국적을 국적선택권에 따른 '취득'이 아니라 '회복'으로 처리하지 않을 수 없게 만들었다. 한국 정부에게 재일 한국인들의 한국 국적의 확정은 선택의 문제가 아니라 필연적 결과이어야 했다.

또 남북 분단이라는 제약 조건을 내포한 해방은 삼일운동을 계승한 대한민국만이 한반도에서 유일한 합법 정부라는 두 번째 국가 정체성의 중요성을 높이지 않을 수 없었다. 그에 따라 한국 국적의 확정은 첫 번째 국가 정체성의 의미를 더하는 지상 명제로 되었다. 또 그에는 정체성이라는 원칙적인 의미와 더불어 재일 한국인 중 공산주의자들의 송환을 실현시켜야 한다는 현실적인 과제도 맞물렸다.

그 후 일본 정부의 일본 국적 박탈 정책에 따라 일본 국적 부여의 우려가 사라지자 한국 정부의 최우선의 과제는 일본의 퇴거강제권 봉쇄로 옮겨 갔다. 그러나 그것이 근본적인 정책 변화를 뜻하는 것은 아니었다. 일본 국적 박탈에 따른 재일 한국인들의 '외국인화'는 일본으로부터의 강제송환의 가능성을 내포했다. 그런 가운데 한국전쟁에 따른 혼란과 가난에 허덕이던 한국 정부에게 추가 부담을 뜻하는 그들의 본국 송환은 절대적으로 봉쇄해야만 하는 과제가 되었다.

즉 퇴거강제권 봉쇄는 국적 문제를 보완하는 현실적 과제였던 것이다. 한일 직접 교섭을 앞두고 한국 내부에서 구체화되기 시작한 재일 한국인들에 대한 각종 권리 보장 요구도 이 문맥을 생각할 경우 재외 국민 보호를 위한 순수한 정책적 의미라기보다는 그들의 본국 귀환을 막기 위한 사실상의 일본 거주 '강제' 정책의 의미가 강했음을 지적할 수 있다. 결국 한국 정부에게 재일 한국인이란 두 가지 국가 정체성을 담보하고 대한민국의 체면을 세우기 위한 시금석에 불과했던 것이다.

한일회담 개시 전에 첫 번째 국가 정체성이 요구한 국적 문제는 일단 고비를 넘겼다. 그러나 그것은 곧 한국 국적의 확정을 뜻하는 것은 아니었다. 남북 분단에 따른 내외 정세는 재일 한국인들에게 '조선' 국적이라는 또 하나의 선택을 가능케 했다. 물론 이것은 한반도에서 유일한 합법 정부를 자부하던 대한민국의 두 번째 국가 정체성을 거스르는 일이었다.

따라서 1951년 10월 20일 시작된 한일 직접 교섭 개시 후 이 문제는 기본적으로 두 번째 국가 정체성이 요구하는 과제와 재일 한국인들의 강제 퇴거를 봉쇄하는 과제를 양립시키는 문제를 둘러싸고 전개된다.[41] 그리고 이런 초기 한일교섭의 과정 속에서 같은 역사성을 가진 한반도 출신자이면서도 '한국', '조선'으로 갈라서고 그에 따라 법적 대우가 상이하다는 '재일성'의 원형이 그 윤곽을 드러내게 된다.

그러나 이런 '재일성'은 한반도가 맞이한 해방의 내용과 제약 조건들로 인해 건국 후의 대한민국이 피할 수 없이 직면하게 된 두 가지 국가 정체성의 확보라는 지상 명제로 인해 그 이전부터 이미 싹트기 시작하고 있었던 것이다.

41_이에 관해서는 장박진(2009a)에서 분석했다.

8장

일본의 전후 민주주의 질서 형성과 재일 조선인 배제

토노무라 마사루

I. 연구 현황과 과제

1945년 8월 일본이 패전하기까지 일본제국의 일원, 곧 신민(臣民)이었던 조선인은 종전 이후 일본에서 법·제도적으로 배제되게 된다. 구체적으로는 1945년 12월에 참정권이 정지되고, 1952년 4월에 샌프란시스코강화조약이 발효되면서 일본 국적을 박탈당한 이후, 국적을 이유로 사회보장제도에서 제외되고 공무담임권을 상실한 상태가 계속된다.[1] 또한 일본제국이

• 번역: 전영빈(도쿄대학교 대학원 종합문화연구과 박사 과정).

1_1970년대 이후의 민족 차별 반대 운동에 의해 자치단체의 사회복지 시책에서 국적 조항이 철폐되고, 1982년에 난민조약이 비준되어 사회보장에 있어서 국적 차별이 철폐되는 등의 일정한 성과가 있었던 것도 사실이다.

사회적으로는 일시동인이라는 명분을 내세워 일본인에 의한 조선인 차별을 경계하고 있었던 것에 비해[2] 전후 일본에서 조선인은 명백한 차별의 대상이 된 것이다.

특히 전후 경제 부흥과 더불어 정치적 질서가 확립되어 가는 와중에, 일본인은 조선인을 치안 악화와 경제적 혼란의 원흉으로 간주하여 조선인을 추방하라는 주장이 여론화할 정도였다.[3]

전후 재일 조선인에 관한 역사 연구는 위와 같은 사실을 규명해 왔다.[4] 오늘날 많은 일본인들의 과거에 대한 기억 속에 재일 조선인이 누락되어 있는 상황에 비춰볼 때, 이런 연구들의 성과는 커다란 의의를 가진다고 할 수 있다. 그러나 필자는 전후 일본의 재일 조선인 배제가 성립·정착하게 된 이유에 관한 설명이 아직 충분하지 못하다고 생각한다.

물론 선행 연구에서도 이에 관련된 중요 논점이 지적되어 왔다. 구체적으로 동아시아의 냉전 격화에 대응해 일본의 반공 체제가 확립되어 가는 와중에 좌파계가 주도하고 있던 재일 조선인 운동에 대한 경계가 강화된 사실 등이 많이 주목되고 있다.[5]

필자도 이런 사실이 전후 일본 사회에서 조선인이 배제되게 된 배경으

2_물론 현실에서 사회적 차별이 없어진 것도 아니었고, 노골적이고 극심한 차별이 일본제국의 사회질서를 불안정하게 하는 것을 우려한 것에 지나지 않을 뿐, 일본제국의 시책 또한 조선인과 일본인의 완전 평등을 지향했던 것은 아니다.

3_가령 『每日新聞』 1952년 8월 1일자 석간에 게재된 여론조사 결과에 따르면, 치안 악화의 원인에 대해 39.8%가 "불온한 조선인이 있어서"(不穩な朝鮮人がいるから)라고 답했고, 소란 사건을 없애기 위한 대책으로 19.5%의 응답자가 "불온한 조선인을 송환해야"(不穩な朝鮮人を送還する)한다는 입장을 개진했다.

4_대표적 문헌으로 朴慶植(1989)을 꼽을 수 있다.

5_예컨대 고바야시 도모코(小林知子)에 의한 일련의 연구 등이 있다.

로서 중요하며, 그에 대한 심화 분석이 필요하다고 생각한다. 다만 전후 초기의 정치 세력에는 반공주의자뿐 아니라, 사회민주주의(社會民主主義, 사민)와 공산주의 세력도 존재하고 있었다. 그리고 전전에 아시아주의와 내선일체를 주창하며 조선 민족과의 긴밀한 관계와 일본인과의 평등을 추구해 온 이들이 반공주의 세력 속에 포함되어 있다는 사실 또한 유의할 필요가 있다. 이를 통해, 객관적으로는 일본인 본위의 행위였다고 하더라도, 그 경험과 책임에 대한 의식이 전후에도 어느 정도 영향력을 미치고 있었다는 가능성을 짐작할 수 있다.

이런 점에 기초하여, 이 장에서는 다양한 정치 세력이 재일 조선인이라는 존재를 어떻게 바라보고 있었는가 — 일본 사회에 통합하려 했는가, 배제하려 했는가 — 를 밝힌 다음, 전후 일본 사회에서 조선인 배제가 현실화된 이유에 대해 고찰하고자 한다.

II. 일본제국의 재일 조선인론

1. 공적 견해로서의 제국주의적 통합론

전후의 상황을 고찰하기 위한 전제로서, 전전의 일본인과 조선인의 관계와, 재일 조선인에 대한 인식을 간단히 알아보도록 하자. 앞서 말한 바와 같이 일본제국은 조선인을 일본인[6]과 같은 신민으로 규정하며, 이념적으로는 일본인에의 동화를 전제하고 있었다. 그러나 식민지 통치 초기의 현실

일제시대 강제징용된 한국인들이 해저 탄광에서 혹사당했던 나가사키 인근의 하시마(端島). 미쓰비시가 운영했던 이 탄광섬은 군함처럼 생겨 군함도로도 알려져 있다.

은 근대적인 학교 설립이나 사회교육의 실시와는 동떨어진 것으로, 언어와 풍속·습관의 차원에서 조선인 전체에 대한 동화 강요가 이뤄진 것은 아니었다.

다만 1930년대 중반 이후 총력전에 조선인을 동원할 필요성이 의식되면서부터, 천황에 충성을 맹세하고 일본어를 상용하는 한편 조선 독자의 문화를 버리고 일본에 동화할 것이 교화되어, 조선인과 일본인은 원래 차이가 없는 불가분의 관계라는 이른바 내선일체가 강조되었다. 실제로 총력

6_이하에서 말하는 전전의 일본인은 일본 호적에 편입되어 있는 일본인, 곧 내지인을 뜻한다.

전이 전개된 시기에는 조선인에 대한 차별이 사라질 것이라는 환상이 심어지면서 일부 조선인은 그에 편승해 일본인에의 동화, 곧 황국신민화를 실천하며 일본제국에 공헌했다. 일본제국의 전쟁 목적이 아시아의 신질서 구축에 있고, 그 기반을 다지기 위해 일본인과 조선인의 결속을 공고히 할 것이 요구되어 조선인 측에서도 이에 호응하는 움직임이 존재했다.

한편 일본인에게는 조선인을 일본제국의 일원으로 간주해 차별하지 않을 것이 당부되었다. 다만 현실에서 일본인의 차별 감정은 극심해, 1923년의 관동대지진 당시에는 일본인에 의한 조선인 학살 사건마저 발생했다. 그러나 이를 계기로 내선융화(內鮮融和)를 표방하는 행정 당국의 사업이 전개되었다. 나아가 총력전 시기에는 내선일체 아래 조선인이 일본제국이 수행하는 전쟁에 기여하고 있다고 선전되어, 조선인에 대한 차별적인 인식의 개조가 촉구되었다.

이상과 같이 일본제국은 조선인을 배제보다는 통합·동화하고자 했다. 이는 일본·일본인을 중심으로 하는 질서하에 조선인을 편입시키려는 것이었는데, 이런 견해를 여기서는 제국주의적 통합론이라고 칭하도록 한다. 그리고 이런 제국주의적 통합론은 조선 반도에 살고 있는 조선인보다 재일 조선인에 대해 강하게 작용하고 있었다. 일본인이 다수인 일본 내지에 살고 있는 이상 일본 문화에 동화되어야 한다는 주장은 1920년대에 이미 등장했고,[7] 1930년대 중반 이후에는 일본제국이 수행하는 전쟁 목적 등을 교화하고 풍속·습관 등의 차원에서 동화를 추진하는 관제 단체인 협화회(協

7_예를 들면, 오사카 시당국은 1924년 간행한 『조선인노동자문제』(朝鮮人勞動者問題)에서 재일 조선인이 "내지인의 풍속·습관을 채용"(內地人の風俗習慣を採用)하고, "충실한 내지인이기에 충분"(忠實なる內地人たるべき)하다고 기술하고 있다.

和会)가 설립되어, 재일 조선인은 이에 강제적으로 편입되었다(樋口雄一 1986).

이런 제국주의적 통합론은 일본제국의 공적 견해로 정착, 이와 궤를 달리하는 견해가 널리 유포되거나 대대적으로 주장되는 일은 없었다. 그리고 내선일체 아래 아시아 신질서를 구축해 가던 총력전 시기에 제국주의적 통합론을 부정하는 것은 일본제국에의 반역 행위로 탄압의 대상이 됨을 의미했고, 이를 주장하는 것은 사실상 불가능했다.

2. 비제국주의적 재일 조선인론

그렇지만 이견을 가지는 이들 또한 존재하고 있었고, 전간기(戰間期)에는 어느 정도 그런 주장을 공적으로 개진할 수 있었다. 우선 국제공산당 일본 지부 격인 일본공산당에 소속되거나 그 영향 아래 있던 공산주의자는 일본제국의 타도와 식민지 피압박 민족의 해방을 주장했다. 동시에 재일 조선인이 직면하고 있던 상황과 관련해 민족 차별의 철폐를 내걸고 민족적, 문화적 권리를 승인하는 태도를 견지했다(岩村登志夫 1972). 실제로 혁명실현 이후의 사회 구상 속에 재일 조선인의 처우의 방향에 대해 구체적으로 기술한 자료는 확인되지 않으나, 공산주의 운동의 전개와 소련의 상황[8]을 떠올려 보면 일본에 거주하는 조선인에게 평등하게 대우받고 독자적인 민족적 문화 권리를 용인하는 것을 지향했던 것으로 보인다. 그러나 공

8_스탈린 체제 아래 소수민족 간부가 탄압당하고 소수민족의 문화는 억압당했지만, 초기에는 민족의 평등, 소수민족의 권리가 승인되고 있었다.

산주의자는 제국하에서 비합법적 존재였고, 따라서 그런 주장이 광범하게 일본인들에게 침투하는 일은 없었다.

이와 더불어 일부 사회민주주의자도 일본 제국주의에 대해 어느 정도는 반대의 입장을 취하고 있었다. 사회민주주의자가 결집한 무산정당의 강령과 선거 정책 등에서 재일 조선인에 대해 논의한 흔적은 확인되지 않는다. 그러나 일본 사회주의의 아버지로 불리며 사민 세력 중에서 가장 탄탄한 조직력을 갖춘 사회민중당(社会民衆黨)·사회대중당(社会大衆黨)의 당수이기도 했던 아베 이소오(安部磯雄)가 1930년에 발표한 저작 『다음 시대』(次の時代)에는, 당시 심화되고 있던 실업 문제와 관련해 조선으로부터 일본으로의 노동력 이동을 언급한 문장이 있다.

여기서 아베는 "이미 우리나라에 입국한 조선인의 수는 30만 명 이상이다. 따라서 매년 이주자는 거의 5만 명에 달"함을 지적, "한편으로 우리나라의 실업 문제는 사실상 조선인 때문에 발생하고 있다고 할 수도 있다"고 진단한다. 다만 아베는 "우리들은 이 때문에 조선인을 배척해야 한다고 생각하는 것은 아니다. 왜냐하면 조선인은 일본 국민의 일부이기 때문이다"라고 언급한 후, 자신의 생각을 다음과 같이 피력하고 있다.

> 내가 예전에 인구문제를 논했을 때 말했던 것처럼, 다른 언어를 쓰고 생활양식이 다른 인종이 잡거한다는 것은, 쌍방에게 있어 바람직한 일이 아니다. 물론 나는 절대로 편협한 사상을 가지고 이런 의견을 발표하는 것은 아니다. 나의 이상은 인류애에 있으므로, 어떤 인종에 대해서도 하등의 차별적인 관념을 가지고 있지는 않다. 그러나 인류가 아직 이런 이상경에 도달하지 못했으므로, 국제 평화를 유지하기 위해서 가능한 한 다른 인종의 잡거를 피하기 바란다. 이런 의미에서 나는 조선인 및 지나인이 우리나라로 이주하는 것을 방지하는 것뿐만 아니라, 구미인에 대해서도 동일한 정책을 취해야 한다고 생각한다. 그와 동시에 우리 자신이 외

국으로 이주하는 것 또한 가능한 한 피해야 한다. 다만 브라질과 같이 우리 국민의 이주를 환영하는 경우는 예외이다. 만일 우리들이 인구문제의 관점에서 조선인의 이주를 방지하게 되면 당연히 중대 문제가 발생하게 된다. 그것은 과연 어떤 것일까? 우리들이 조선인의 이주를 금지하게 되면, 당연히 우리나라 사람들이 조선으로 이주하는 것도 삼가야 한다는 결론에 다다르게 된다. 바꿔 말하면 우리나라는 우선 조선의 자치를 허용하고 결국엔 독립을 허가한다는 결심이 없어서는 안 된다.

요컨대 현 상황에서 다민족이 혼재하는 사회나 국가를 초월한 인구 이동[9]은 바람직한 일이 아니고, 나아가 조선으로부터의 노동력 이동을 불허함으로써 일본인의 조선 이주도 인정할 수 없으며, 조선의 독립을 허용해야 한다는 것이 아베의 의견인 것이다. 이는 일국 일민족(一国一民族)의 단일민족국가가 이상이며, 다민족 제국은 바람직하지 않다는 주장으로 해석할 수 있다.[10]

이와 함께 공산주의, 사회주의의 이념과는 궤를 달리하는 자유주의자들 중에서도 비제국주의, 비군국주의적인 생각을 가지는 이들은 다민족 제국에 대해 부정적이었다. 구체적으로 소일본주의 = 식민지방기론(植民地

9_아베는 조선과 일본을 서로 다른 국가로 인식하고 있다. 원문에서도 '아국(我国) = 우리나라' '아국민(我国民) = 우리 국민'을 일본, 일본인이라는 의미로 사용하고 있고, 조선인의 일본 내지로의 이동을 '入国 = 입국'이라 표기하고 있다.

10_물론 사민계 세력이 이런 주장으로 통일되어 있었던 것은 아니다. 오히려 같은 시기에 사민계 좌파의 일부는 군부에 접근하고 있었고, 더욱이 만주사변이 발발하자 이를 지지하며 만주 이민에도 찬성하게 된다. 일본제국의 계속된 팽창을 요구하는 목소리는 사민계에도 존재했던 것이다. 그러나 원래부터 군국주의적인 사상에 반대해 온 사민계의 활동 양상에 비춰 볼 때, 위의 아베의 발언에서 보이는 생각은 자연스럽게 도출될 수 있는 한 형태였을 것으로 관측된다.

放棄論)을 주장한 이시바시 탄잔(石橋湛山)은 자본과 상품의 이동은 자유화해야 함을 강조하면서도 사람의 이동은 민족적 감정 대립을 초래하여 폐해가 많다고 보고 있다(小熊英二 1995). 그도 다민족 제국이 아닌 일국 일민족을 바람직하다고 생각하고 있었던 것이다. 여기서 도출해 낼 수 있는 것은, 조선인의 일본 내지로의 이동은 최대한 없는 편이 좋고 일본 내지는 일본인으로 구성되어야 한다는 사고이다. 실제로 이시바시 탄잔이 주간을 역임한 잡지 『동양경제신보』(東洋經濟新報)에서 그런 주장이 제기된 것이 확인된다. 즉 총력전 전개에 따른 일본 내지의 노동력 부족을 해결하기 위한 조선인의 대량의 '집단적 이입'(集團的 移入)을 개시하려 했을 때, 이 신문 1939년 5월 27일자 사론(社論)은 진중론을 펼쳤던 것이다.

3. 총력전 아래의 내선일체론과 민중 의식

그러나 이런 단일민족사회 지향론은 총력전이 보다 본격적으로 전개된 시기에는 공공연히 거론되지 않았고, 제국주의적 통합론만이 재일 조선인의 방향성을 제시하고 있었다. 다만 당시 지도적 위치에 있던 일본인들 사이에서도, 재일 조선인 동화 통합의 가능성에 대한 인식의 온도차가 존재했던 것으로 보인다. 유감스럽게도 전시하의 언론통제로 인해 그 전모를 밝히기는 어렵지만, 이런 차이는 아시아주의적인 심정과 일본제국을 중심으로 하여 아시아의 신질서를 구축한다는 전쟁 목적에 공명하고 이를 관철하려는 의욕의 강도, 그리고 일본 내지의 사회질서 유지에 대한 관심의 크기에 기인한다고 볼 수 있다. 즉 그 정도가 강할수록 재일 조선인을 동화·통합해야 할 필요성을 강하게 인식하게 되고, 그렇지 않으면 재일 조선인의 처우에도 그다지 관심을 가지지 않게 되는 것이었다.

이와 더불어, 재일 조선인에 대한 민중 차원의 이른바 '본심'(本音)이라 할 수 있는 감정의 문제에 주의할 필요가 있다. 전전 일본에서 조선인에 대한 차별이 극심했다는 것은 주지의 사실이며, 지도적 위치에 있는 자가 아무리 민족 차별 철폐를 설파해도 일본인 민중이 조선인을 공동체의 일원으로 받아들이지 않았다는 것은 명백하다. 그리고 전시하에 재일 조선인이 증가함에 따라 일본 사회에 있어서 그들의 중요성이 커져 갔던 상황은, 오히려 일본인 민중들의 재일 조선인에 대한 경계와 반감이 고양된 요인이 되었다. 더욱이 전쟁 말기에는 재일 조선인이 사회를 착란시켜 질서를 어지럽히는 존재라는 인식이 일본인 민중들 사이에 확산되었다.

이런 의식은 제국 의회에서조차 등장하고 있었는데, 1944년 2월 1일에 개최된 중의원의 한 위원회에서 조선인 인구 비율이 높은 오사카의 의원인 이마이 요시유키(今井嘉幸)[11]는 다음과 같이 발언하고 있다.

> 이들(일본 내지 재주 조선인)이 어떤 상태인가 하면, 생활 상태는 극도로 원시적인 생활을 하고 있고, 노동력은 아주 강해서 노동자로서 각 방면에서 환영 받는 경우도 있습니다. 또한 일본 노동자는 전혀 경쟁이 안돼요. 예를 들어서 고베 선원의 다리를 보면, 일본인은 쌀 한 가마니도 제대로 못 들어요. 건장한 이들이 전쟁터에 나가 있기 때문이기도 하지만 어쩔 수 없이 조선인 노동자를 고용하면 그 정도는 거뜬히 들어 버려요. 그런데 임금을 20엔 또는 25엔 정도 안 주면 꿈쩍도 안 하는 상황입니다. 어찌됐든 일본 노동자와의 사이에서 문제도 자주 발생하고 있고, 그들은 현재 상당한 재력을 가지고 있어요. (…) 따라서 그들의 사회적 지

11_다이쇼 데모크라시(大正デモクラシー) 시기에 보통선거의 실현에 진력한, 일본인 민중에 밀착하려는 지향성을 지닌 정치가.

위가 점점 나아지고, 경우에 따라서는 우리 일본 내지인을 바보 취급하는 태도를 지니는 이도 있습니다. (…) 경제 위반만 보더라도 예사로 (…) 이따위 통제법이야 멋대로 만든 거니까 나쁘지 않다고 여기는 자가 있는데, 아무렇지도 않게 그리 말하고 있어요.[12]

III. 신생 일본의 구상과 재일 조선인

1. 보수계·사민계 정당에서의 재일 조선인 문제의 결락

1945년 8월 15일의 포츠담선언 수락 발표에 의해 전쟁이 종결되고 조선을 비롯한 식민지가 일본제국으로부터 '분리'되게 되었다. 전쟁 종결 전부터 전후를 전망하며 정치적 활동을 준비하고 있던 세력이 부재한 상황에서 민중은 전쟁 직후 '허탈 상태'였으나, 미군을 중심으로 한 연합국군의 점령과 위로부터의 민주화 정책에 힘입어 기존 정치가들을 포함한 사회 지도자들의 활동이 시작되었다.

다만 이들의 활동이 근본적인 일본의 변혁을 지향한 것은 아니었다. 물론 군국주의를 부정하고 개인의 자유를 옹호하는 것에 초점이 맞춰지긴 했으나, 일본공산당을 제외한 정당은 신생 일본의 방향성을 규정하는 헌법에

12_1944년 2월 1일, 중의원 전시 특수 손해보험 법안 위원회(戦時特殊損害保険法案委員会)에서의 이마이 요시유키 의원의 발언.

대해 기본적으로는 대일본제국 헌법을 수정하는 정도의 내용을 구상하고 있었고, 조선인에게는 억압의 상징에 다름 아닌 천황을 국민 통합의 축으로 규정하는 것을 자명한 사실로 여기고 있었다.

이는 사민 세력도 예외는 아니었다. 전쟁 종결 후 사민계 정치가들은 패전 직후부터 사민계로서의 재결집을 전제로 하고 있던 것도 아닌데다, 보수계 정치가의 움직임에 합류하는 것을 일시적으로 검토하기도 했다. 결국 구 무산정당의 정치가와 노동운동가가 일본사회당으로서 결집하게 되기는 했으나, 1945년 10월 22일에 열린 결당 대회에서 천황 폐하에 대해 만세 삼창을 하는 등 일본제국 시대의 의식이 불식되었다고는 보기 어려운 상황이었다. 그리고 1946년 2월에 발표된 사회당의 헌법 개정 요강안은 "주권은 국가 — 천황을 포함한 국민 공동체 — 에 있다"고 규정한 뒤 통치권의 일부를 천황에게 귀속시키며 제한된 천황대권(天皇大權)을 존속시키는 형식을 취하고 있어, 본격적인 변혁을 제시한 것도 아니었다.

사민계 이외 구 정당의 정치가가 중심이 된 보수계 정당 또한 이와 동일하거나 그 이상으로 미온적인 개혁을 구상하는 것에 그치고 있었다. 각 보수정당은 전간기의 정당정치로 복귀하는 것을 기조로 채택하고 대일본제국 헌법을 수정한 신헌법안을 제시하는 정도에 불과했던 것이다.

이런 일본공산당을 제외한 각 정치 세력의 신헌법안과 정책에는, 민족적 소수자의 문화적 권리에 대해 구체적인 구상이 제시되어 있지 않았다. 요컨대 조선인을 포함하는 공동체로서의 일본을 만들고자 하지는 않았던 것이다.

조선인을 포함하지 않는 신생 일본이 위와 같이 구상되고 있었다는 것은 많은 재일 조선인이 귀국하고 있던 당시로서는 극히 자연스러운 일이었다고도 할 수 있다. 또한 제국주의에 의해 획득된 식민지를 영유하는 일본

제국을 부정한다면 재일 조선인은 존재할 수가 없을 것이고, 그들이 없는 일본이 제국주의가 아닌 일본의 자연스러운 모습이라는 인식 또한 뒷받침되고 있었다고 여겨진다. 앞서 말한 바와 같이 제국주의에 비판적인 태도를 견지하고 있던 사민주의자나 자유주의자는 신생 일본을 단일민족국가로 상정하고 있었고, 일본인만으로 구성된 일본을 문제시하거나 부정적으로 바라보지는 않았던 것이다.

2. 공산주의자의 혁명운동과 그 한계

이와는 반대로 비전향 출옥자들로 지도부를 구성하고 1945년 10월에 재건된 일본공산당은 훨씬 철저한 민주화의 구상을 제시하고 있었다. 그들의 정치 구상, 곧 민주혁명은 일국주의적인 것이 아니라 역사를 감안한 것이었으며, 현실에 엄연히 존재하는 민족적 소수자의 요구를 시야에 넣고 있었다. 1946년 6월에 발표된 일본공산당의 헌법 초안인 '일본인민공화국 헌법(초안)'(日本人民共和国憲法(草案))의 전문은 천황제의 전제 지배 체제에 대한 비판으로 시작하여, 다음으로 이어지고 있다.

> 우리들은 고난의 현실을 통해, 이런 오욕과 고통으로 얼룩진 전제정치를 폐기하고, 인민에게 주권을 두는 민주주의적 제도를 건설하는 것이 급선무라고 확신한다. 전제정치 제도는 일본 민족의 자유와 복지에 결정적으로 상반된다. 동시에 이는 근린 식민지·반식민지 제국의 해방에 있어 최대의 장애였다.
> 이런 방향이야말로 일찍이 천황제하에서 함께 신음해 온 일본의 인민과 근린 제국의 인민의 상호 자유와 번영에 기초한 우애를 결정적으로 강화하는 것이다.

요컨대 일본제국이 일본 인민뿐만 아니라 식민지화되어 침략당한 근린 제국에도 해악을 끼쳤다는 것을 반성하고, 이를 폐절하는 것이 일본 인민과 근린 제국 인민의 행복으로 이어진다는 것을 분명히 했던 것이다. 동시에 '일본인민공화국 헌법안'은 광범위한 권리를 용인하고 있었다. 제6조 "일본인민공화국의 모든 인민은 법률 앞에서 평등하고, 모든 기본적 권리를 향유한다"고 규정하고, 외국인에 대해서도 제39조 "일본인민공화국은 민주주의적 활동, 민족해방운동, 학술적 활동을 이유로 추방당한 외국인에 대해 국내 피난권을 부여한다," 제40조 "일본인민공화국에 거주하는 외국인에게 필요한 권리는 법률에 의해 보장된다"고 기재하고 있다. 또한 일본공산당과 산하 여러 단체가 제창한 행동 강령·요구에는 민족 차별에 반대하는 주장이 담겨 있다.

하지만 공산당을 지지하던 일본인이 민족문제와 식민지 지배에 대한 반성을 얼마나 의식하고 있었는지는 의문이다. 당시 재일 조선인 사이에서는 공산당계 활동가를 포함한 일본인이 민족 차별과 식민지 지배의 역사에 대해 무자각(無自覺)이라는 지적이 있었다. 부연하자면 재일 조선인의 권리 문제가 공산당을 지지하는 일본인들 사이에서 중요한 논점으로 거론된 형적은 확인되지 않는다.

그러나 당시 일본 국내에 계속해서 거주하는 조선인의 권리를 용인하고 과거 식민지 지배의 반성이 확립된 사회를 구축해야 한다고 주장한 정치 세력은 일본공산당뿐이었다. 또한 철저한 민주화와 과거 군국주의에 대한 반성에 기초한 '일본인민공화국'이 탄생하는 것은, 새로이 태어나는 조선 국가의 안전보장의 측면에서도 중요한 조건이었다. 따라서 일본 생활에 필요한 권리를 확보하고 조국인 조선의 독립과 발전을 바라는 많은 재일 조선인들이 일본공산당을 지지하고 공산당 주도의 운동에 참가하게 되었던 것이며, 이는 공산주의에 대해 충분히 판단할 수 있는 정보를 제공받지 못했던 당시의 재일 조선인의 입장에서 보면 순리적인 정치적 판단이었다고 평가할 수 있다.

그리고 일본공산당계 운동은 전쟁 직후의 경제적 궁핍을 배경으로 신장했고, 노동운동 전선에서도 산별 회의(전 일본 산업별 노동조합 회의)가 주도권을 쥐고 있었다. 1946년 가을 이후에는 보수계 요시다 내각 타도를 외치는 운동이 고양되어 마침내 1947년 2월 1일을 기해 총파업이 계획되었다. 그러나 이 2·1 총파업 계획은 점령군 당국의 지시로 부득이하게 중지되어, 일본공산당계 운동도 퇴조를 보이게 된다. 노동조합 내부에서는 일본공산당의 정치적 지도력에 대한 비판이 일었고, 일본공산당의 영향력을 배제하고 노동조합주의에 기초한 운동을 지향하는 세력이 일본 노동운동의 주류가 되어 갔다. 그 사이 합법 정당이 된 일본공산당은 의회에도 진출하게 되지만, 중의원에서 최대 의석을 확보한 1949년에조차 35석에 불과한 소수 정당으로 남게 된다. 게다가 1950년에는 코민포름 비판을 계기로 당 지도부가 분열하고, 극좌 모험주의와 훗날 자기비판을 하게 되는 무장투쟁 노선을 선택해 민중의 지지를 잃게 되었고, 1952년 총선거에서는 의석을 확보하지 못했다. 이리하여 식민지 지배를 반성하고 조선인의 권리를 용인하는 근본적인 민주적 변혁, 곧 일본 혁명의 가능성은 희미해져 갔던 것이다.

3. 동화정착론·동원대상론의 영향의 미약성

일본공산당 이외의 정치 세력이 조선인의 권리를 용인하는 신생 일본을 구상하지 않았다는 사실은 앞서 논한 바와 같으나, 재일 조선인이 계속해서 일본에 거주할 권리를 보유하며 이를 통합해 나가야 한다는 생각이 전후 초기 보수계를 포함한 정치가와 일반 여론 속에서 전무한 것은 아니었다. 이는 일본제국하에서 일본에 정착하고 동화·통합된 조선인이 있다는 사실에 대한 일본인의 책임을 생각할 때 오히려 자연스러운 일이었다.

이런 논조는 예컨대 1945년 12월 조선인의 참정권 정지를 둘러싼 국회 논의에서도 확인할 수 있다. 같은 해 12월 5일의 중의원 의원 선거법 중 개정 법률안 외 1건 위원회에서, 재일 조선인·대만인의 참정권을 정지하는 안에 대해, 히토쓰마쓰 사다요시(一松定吉) 의원(전전에는 입헌민정당(立憲民政黨), 전후에는 일본진보당(日本進步黨) 등에 소속)이 이들 중에는 "어떤 이는 일본에 온 지 수십 년이오, 자식도 많고, 교육도 일본에서 받았소, 아내도 일본인이오, 그리고 가령 독립했다고 해도 돌아갈 수도 없소. 일본에서 오랫동안 신세를 지고 싶다고 희망하는 이들도 많으며, 이런 자들에 대해 무엇을 이유로 일본 국민으로서 제대로 활동할 수 있는 조치를 취하지 않는가"라고 질의하고 있다. 마찬가지로 이미 일본에 동화되어 정착한 소수민족으로서 어떤 식으로든 대책을 강구해야 하며 재류권에 대해 고려해야 한다는 견해를, 1949년 11월 16일 중의원 본회의에서 마쓰이 미찌오(松井道夫) 의원(료쿠후카이(綠風会) 소속)과, 1952년 3월 29일 중의원 외무위원회에서 도카노 사토코(戶叶里子, 일본사회당 소속)가 발언한 사실이 확인된다. 또한 1949년 9월 10일자 『아사히 신문』(朝日新聞)의 사설은 다음과 같이 기술하고 있다.

> 재류 조선인 중에는, 재류한 지 오래됐고, 상당 부분 일본 사회에 동화된 자들이 있다. 어떤 이는 일본인을 아내로 맞이하고, 그동안 태어난 자식들 중에는 모국어

를 이해하지 못하는 이들도 적지 않다. (…) 소수민족 또한 공평하게 대우하는 것이 일본의 민주화로 가는 하나의 길이라면, 60만 재류자들의 생활과 자유에 대해서 특수한 배려가 필요할 것이다.

이렇듯 재일 조선인 중에 일본인에 동화되고 일본에 정착한 이들이 있다는 사실과 그런 상황이 초래된 이유, 더욱이 전시하에 조선인을 일본의 총력전에 동원한 점을 생각하면, 일본인의 책임하에 재일 조선인의 처우에 대한 특별한 고려가 필요하다는 논의가 활발해진다고 해서 이상할 것은 없었다.

그러나 앞서 논한 바와 같이, "동화되고 정착한 재일 조선인을 배려해야 한다"고 한 일본인의 주장 — 여기서는 동화정착론(同化定着論)이라 칭한다 — 은 전후 초기에 일부 확인되지만, 영향력이 확대되는 일은 없었다. 또한 조선인이 전시 동원의 대상이었다는 관점에서 재일 조선인의 특별 처우를 고려해야 한다는 논의도 공적으로는 거의 전개되지 않았다.

이는 말할 것도 없이 당사자인 재일 조선인들 사이에서 그런 주장이 환영받지 못했기 때문이었다. 동화를 강요당하고 — 즉 자신들이 소중히 하던 민족문화를 빼앗기고 — 일본의 침략 전쟁에 강제로 동원된 사실은 바야흐로 독립국가의 국민이 되고자 하는 재일 조선인에게 있어서는 치욕이었으며, 이를 근거로 권리를 요구한다는 것은 생각할 수 없는 일이었을 것이다.

이와 함께 동화 강요와 동원에 대한 책임을 느끼고 나아가 재일 조선인의 처우를 배려하려고 하는 일본인 자체가 그리 많지 않았을 뿐더러, 그들이 전후의 일본, 특히 연합군의 점령하에서 정치적인 영향력을 발휘하는 것이 불가능했다는 사정도 존재한다. 동화 강요와 조선인 전시 동원에 대한 책임을 느끼는 일본인들은 분명 적극적인 인물들이었다. 그들은 아시아주의적 관점을 가지고 미영 중심의 국제 질서에 반발했고, 군국주의에 친화적인 경향을 띤 전후 일본의 민주화 과정에서 배제해야 할 존재로 인식되었으며, 공직 추방의 대상이 되기에 충분한 경력을 가지고 있었기 때문이다.

IV. 전후 일본에 있어서의 조선인 배제의 움직임

1. 일본인 노동운동에 있어서의 재일 조선인과의 대항

이상과 같이 전후의 새로운 일본에서 재일 조선인의 권리를 용인하고 그들의 처우를 배려하여 사회적 통합을 기하려고 하는 움직임과 주장은 확산되기 이전에 좌절되고 말았지만, 무엇보다 이는 성립 자체가 곤란한 문제이기도 했다. 이와 관련해 재일 조선인에 반감을 가지고 그들을 배제하려고 하는 움직임이 여러 방면에서 나타났다. 이 점에 있어서는 사민주의 세력의 대중적인 기반이었던 노동조합의 조직과 활동이 주목되는데, 전후 일본에서 국제 평화와 민주주의·인권 옹호와 관련된 활동의 중심에 노동조합이 있었던 역사에 비추어 이는 의외의 사실로 여겨질 수도 있다.

그러나 원래 보통 사람들은 공산주의자처럼 "노동자에게 국경은 없다"고 전제하지는 않는다. 바꿔 말하면, 인간은 자신이 소속된 공동체의 이익을 우선시하여 생각하고 행동하는 존재일 터이다. 따라서 비공산주의자인 노동조합 활동가와 일본인 사민주의자가 조선인의 존재를 자신이 소속된 공동체의 테두리 밖에 있다고 간주했을 때, 그들을 경계하며 그들에 대항하는 행동을 취하는 것은 이상한 일이 아니다. 그리고 실제로 조선인 노동자가 대거 유입된 탄광의 일본인들은 그렇게 행동했다. 이는 물론 전쟁 중에 탄광 등지에 동원된 조선인 노동자들이 노동과 거주의 공간에서 일본인과 분리되어 같은 노동자로서의 동료 의식이 형성되지 못했던 탓도 있으나, 동시에 식민지 지배에 대한 반성에 입각해 조선인 노동자를 대하는 태도가 일본인 노동자들에게 결여되어 있었던 사실 또한 관계되어 있었다.

그런 양상은 몇몇 개별 노동조합의 단체사에도 기술되어 있다. 예컨대 수은 광산인 홋카이도 이토무카(イトムカ) 광산 노동조합 결성의 경위가 당사자들에 의해 다음과 같이 설명되고 있다.

> 종전 직후 조선인과 중국인이 전시 중의 강한 압박과 심한 노동에서 해방되어, 전쟁에 진 일본인에 대한 우월감과 전시 중의 취급과 대우에 대해 반감과 보복적인 기분을 가지고 횡포를 부리고, 궁핍한 상황하에서 생활 필수 물자 등을 대부분 독점하는 특권적 존재가 되었고, 나아가 종래 감독적 지위에서 자신들을 혹사시킨 자에게 무리를 지어 폭력적 보복 수단을 취하는 등 마침내 폭동화했다. 이에 대해 신변에 위협을 느낀 자는 몰래 가족을 데리고 광산에서 도망치며 안전지대로 대피하는 등 광산의 분위기는 불안하고, 생산은 나날이 줄어 갔다. 모두 "어떻게든 해 보자!" "어떻게라도 해야 돼!"라는 생각이었다. 그리고 대항은 혼자 힘으로는 무리다, 단결하자는 목소리가 불현듯 터져 나왔다.
>
> 당시 삭도를 중심으로 한 선각의 지사들은 낮에는 일터에서 밤에는 기숙사와 사택에서 조직 활동을 밤낮없이 시작하셨다. 그리고 마침내 나이토 요시오(内藤好夫) 씨를 회장으로 하여 고유카이(鑛友会)가 결성되었는데, 이 조직은 동시에 경영자에 맞서 노동조건에 대한 단체교섭권 또한 획득한다는 일석이조의 효과를 노

> 리고 있었다. 이해 11월에 고유카이가 결성되어 회사와 수차례 단체교섭을 행하는 등, 이렇게 조합의 기초가 다져지게 된 것이다(イトムカ鑛山勞動組合 1956, 15-16).

위의 설명은 전후 이 회사에서 탄생한 노동조합이 자본가의 착취나 사업주의 부당한 취급에 대항해서라기보다 조선인과 중국인의 '횡포'에 맞서기 위한 목적을 가지고 출발했다는 것을 암시하고 있다.

다음으로 전쟁 직후에 조반 탄광 유모토 광업소(常磐炭鑛湯本鑛業所)가 놓여 있던 상황에 대해서도 소개하도록 한다. 『우리들의 발자취: 조반 탄광 노동조합 10주년 기념 운동사』(俺らのあゆみ: 常磐炭鑛勞動組合10周年記念運動史, 1956)에 의하면, 이 광업소는 식량 배급량을 늘리기 위한 목적하에 무토 다케오(武藤武雄)를 중심으로 조합 결성이 추진되어, 1945년 12월에 무토를 조합장으로 하는 조반 탄광 유모토광 노동조합이 결성되었다. 이 조직은 회사 노무계 직원 또한 간부로 임명하여 "조국 재건의 의욕"을 가지고 있던 한편, "그 결성과 동시에 (…) 조선인 노동자의 폭동"에 직면해 있었다. 구체적으로는 노무계 서기장 대리가 조선인에게 '납치'되는 사건이 발생하고 해결되기는 했으나, 이후 회사 간부 및 노무계와 조선인 노동자가 대립하게 되었다. 이는 분명 전쟁 중의 조선인에 대한 차별 대우와 학대가 관련된 것으로 보이는데, 일본인 노동조합 간부는 조선인 노동자를 억압하는 입장에 서게 되었다. 즉 『조반 탄광 노동조합 10주년 기념 운동사』의 묘사를 보면, "표적이 된 회사의 간부와 노무계 사람들은, 몰래 몸을 숨기고 신변을 엄중히 경계하고 있었지만, 격분한 선인(조선인)의 수는 유모토광만 해도 2,000명 가까이 있었고, 고리야마(郡山)와 그 외 방면에서도 멋대로 열차를 타고 와서 모여드는 한편 트럭에 식량까지 운반하는

대소동이 연출되었다. 무코다(向田) 창고를 공격하고 각 배급소를 습격해 생활필수품을 약탈하거나, 헛소문을 퍼뜨리고, 유모토 마을은 밤낮없이 목도와 일본도를 든 선인이 무리를 지어 횡행하는 바람에 상점은 문을 닫고 위험해서 입광도 못하는 상태로, 무(無)경찰 상태인 유모토의 마을은 완전히 죽음의 마을이 되어 버렸기 때문에, 조합은 조속히 중앙 위원을 소집했다." 그리고 조선인 단체가 창고와 배급소 등을 습격한 경우 "그것은 우리 생활상의 큰 문제이기 때문에, 유감스럽지만 3,200명의 조합원과 가족이 단결하여 당신들을 적으로 삼아 단호히 투쟁할 수밖에 없다"고 결의하고, "최악의 경우에는 허용 가능한 무기를 들고 모이기로 하고, 특히 무코다 창고와 각 배급소에는 소방과 방화용 호스를 준비하여 물로 응전할 태세를 갖췄다." 또한 경찰에 출동을 요청했지만 효과가 없어서, 무토 조합장은 미군의 출동을 요청했다. 이에 미군이 출동하여 귀국 시까지 취업과 일본인과의 분쟁을 일으키지 않도록 명령한 덕분에 "겨우 진정되어, 그 때부터 귀국할 때까지 그들은 정연하게 작업에 종사했다"고 전해진다.

위의 기술은 일본인 노동자가 같은 작업장에 있던 조선인에 대해서 동료가 아닌 자신들을 위협하는 존재로 인식하며, 오히려 그들에게 대항, 항쟁하여 치안 질서의 유지와 생활 방위를 꾀하려 했다는 것을 보여 준다.

이런 사태는 전시 중에 조선인 노동자가 대량으로 급격히 배치되었던 탄광과 광산에만 국한된 것은 아니었다. 전간기에 이미 다수의 재일 조선인이 거주하고 있던 도시의 노동조합에서도, 생활 방위와 관련하여 재일 조선인의 활동을 문제시하는 움직임이 확인되기 때문이다. 예컨대 오사카부내 지방 도시의 공무원 노동조합(사카이(堺), 후세(布施), 스이타(吹田), 모리구찌(守口) 시청 노동조합)이 임금 개선을 요구하며 당국에 제출한 요구서에는, 이 지역의 "제3국인의 재주 수는 일본 최다라 일컬어지는 오사카시

히가시나리구(東成區)에 이어 무등록(두세 글자 미상)을 포함하면 총인구의 약 10퍼센트에 달할 것으로 사유되고 그 대부분이 (서너 글자 미상) 암시장 물자의 공급에 지대한 역할을 담당함과 동시에 (…) 물가를 의도적으로 올리고 있는 경향"이 있다고 지적하고 있다.[13]

그리고 앞서 말한 2·1 총파업의 좌절을 전기로, 노동 전선의 중심이 "노동자에게 국경은 없다"는 이념을 내건 공산주의계가 아닌, 노동조합주의에 입각해 기업별 노동조합을 모태로 하는 사민주의계로 이동해 있었고, 재일 조선인이 자신들의 이익에 배치된다고 보는 반공주의적 활동가가 하찮은 지위에 있던 것도 아니었다. 1950년 노동조합주의에 입각해 일본공산당의 정치적 지도력을 배제하기 위한 내셔널 센터를 지향하는 총평(日本勞動組合總評議会, 일본 노동조합 총평의회)의 결성 과정에서 조반 탄광 노동조합의 간부와 탄광 노동조합 위원장을 역임한 무토 다케오는 중요한 역할을 했다. 무토는 또한 초대 총평 의장에 취임하기도 했다.

2. 비(非) 아시아주의적 보수 정치가의 재일 조선인 경계

이상에서 논한 바와 같이, 일본인 민중의 생활 방위를 위한 대중운동에 영향력을 행사하는 노동운동에는 재일 조선인에 대해 반감과 대항의 움직임이 전후 초창기부터 존재했다. 이런 소위 아래로부터의 배외주의와 함께, 권력을 가지고 있던 정치 지도자들 사이에도 상층부의 배외주의가 있

13_"堺, 布施, 吹田, 守口四市役所勞動組合聯合会長より內務省地方局長宛, "特別地域指定に就てのお願ひ"(1947년 5월 9일). 이 문서는 히토쓰바시 대학 부속 도서관에 소장되어 있다.

었다. 그리고 그것은 재일 조선인에 대한 억압적인 시책을 낳은 발원이었다.

점령하의 일본에서 장기간 수상을 역임하며 이후 일본의 앞날을 규정하는 정권 운영을 담당한 것이 요시다 시게루라는 점에 대해서는 이견이 없을 것이다. 그는 사상적으로는 자유주의자, 반공주의자로, 영미 중심의 질서에 대항하는 아시아주의에 공명하는 일 또한 없었다. 그리고 전전에는 영미 협조파 외교관이었으며, '대동아전쟁'(大東亞戰爭)을 주도한 군부와는 사이가 좋지 않아 전쟁 말기에는 종전 공작에 관련해 헌병대에 구속당하기도 했다. 요컨대 '내선일체'를 내건 침략 전쟁에 조선인을 동원한 세력과는 무관한 인물로, 그와 관련된 국내 행정에도 관여하지 않았다.

그런 요시다였기 때문에 아마도 전후에 한국·조선을 포함한 아시아 제국과 그 지역의 민중에 대해 배죄 의식이나 특별한 친근감을 가지지 않았을 것이다. 실제로 요시다 시게루는 샌프란시스코 강화회의에서의 수락 연설이나, 이후 국회에서의 시정방침 연설에서 아시아 제국과의 관계에 대해서 거의 언급하고 있지 않다. 1951년 10월 21일 국회 시정방침 연설에서 "몇몇 아시아 제국은, 일본의 전시 중의 잔학 행위, 전재에 의해 발생한 손해에 대한 배상 이행을 운운하고 있습니다"라고 언급한 정도이다. 또 그의 경력을 볼 때, 재일 조선인에 대한 책임이나 배려를 고려해야 할 필요를 느끼지 않고 있었다고 할 수 있다.

이런 배경을 가지는 요시다는 재일 조선인을 일본 국내의 치안을 어지럽히는 성가신 존재로 바라보며, 특히 그들이 공산주의 운동에서 중요한 역할을 담당하고 있던 사실을 경계하고 있었다. 그리고 1940년대 말 이후 동아시아의 냉전에 대응해 점령 당국이 반공주의를 우선시하던 와중에 요시다 내각은 공산주의자와 그 지지자에 대한 탄압을 강화해 갔고, 1949년

9월에는 재일본 조선인 연맹의 해산을 단행했다. 이후에도 좌파계 재일 조선인에 대한 단속을 게을리하지 않았고, 국회에서도 조선인이 치안 착란의 요인이라는 논조의 언설을 반복했을 뿐만 아니라, 재일 조선인이 장래에 일본 정치의 불안 요소가 될 수 있음을 시사하기도 했다. 1950년 7월 29일 참의원 외무위원회에서 요시다 시게루 총리는 다음과 같이 말하고 있다.

> 조선인 문제에 대해서는 지적하신 대로 정부로서도 상당히 골치 아픈 문제입니다. 이들은 치안을 어지럽히거나 밀조와 밀수입을 하는 등 여러 문제가 특히 야마구치 현(山口縣), 후쿠오카(福岡), 큐슈 방면에서 발생하고 있습니다 (…)
> 앞으로 이를 어떻게 처리할 것인가가 문제입니다. 또한 이는 정치적으로도 중대한 문제입니다. 예컨대 다른 나라의 사례를 드는 게 이상할 수도 있겠습니다만, 프랑스의 경우는 제1차 전쟁 이후에 40만인가 50만 명의 폴란드인을 소위 헌병군단(レジオン·デヴアステー)의 회복을 위해 데리고 왔지만, 그들이 토착해서 대부분 공산당이 되었습니다. 혹은 이외에도 소위 프랑스 정계가 불안하고 소당분립(小黨分立)하게 된 것도, 많은 폴란드계 사람들이 토착해서 의회에 진출한 것이 원인이라고 알고 있습니다만 같은 문제가 장래 일본에서도 발생할 수 있다고 생각합니다. 전쟁 중에 탄광 노동자로 일본의 노동 부족을 해결하기 위해 조선에서 돈벌이로 온 이들이 토착한 것이 현재 큐슈 탄광 문제의 하나의 현상이라고 판단하고 있고, 일본해 연안 등지에서도 밀항자가 치안을 어지럽히는 등의 문제가 있으므로, 치안상으로 보면 더욱 멀다고 할까, 가까운 장래에 일본에서, 만일 프랑스의 정치 불안정의 원인과 동일한 것이 일본에서 발생한다면, 중대한 사건이라고 사려되기 때문에, 이들 조선인들을 어떻게 처리할 것인가 (…) 매우 유감스럽습니다만 지금 당장은 어쩔 도리가 없는 상태입니다.

또한 요시다는 이 동안 점령 당국에 대해 재일 조선인 전원의 본국 송환을 바라는 서간을 보내기도 했다(田中宏 1991).

그러나 재일 조선인 전원의 본국 송환을 실행할 수 있는 상황은 존재하지 않았다. 따라서 현실적으로는 치안 탄압 체제의 강화를 위한 입법 조치가 취해지게 된다. 구체적으로 1952년 4월, 요시다 내각하에서 파괴활동방지법안이 국회에 상정되었다. 이는 물론 재일 조선인뿐만 아니라, 당시 무장투쟁을 전개하고 있던 공산주의자와 그 외 반국가적인 활동 또한 단속 대상으로 상정한 것이었다. 하지만 공산당계 운동의 중요 요소이면서 한국전쟁 중에 반미·반기지 운동을 활발히 전개하고 있던 좌파계 재일 조선인의 탄압을 상정한 법안이라는 사실에는 의문의 여지가 없다.

3. 재일 조선인의 고립과 전후 민주주의에 있어서의 배제

파방법의 제정과 치안 단속의 강화 태세에 대해서는, 좌파계 재일 조선인과 일본공산당뿐만 아니라 노동조합 내에서도 불안이 확산되어 반대 운동이 전개되었다. 그러나 이런 현상이 노동조합을 기반으로 하는 사민계 세력과 일본공산당·좌파계 재일 조선인의 밀접한 관계를 촉진하는 것은 아니었다. 오히려 사민계 세력은 이 시점에서 좌파계 재일 조선인에 대한 비판을 강화해 갔다.

이는 일본 국적을 보유하지 않은 — 1952년 4월 28일 샌프란시스코강화조약이 발효됨에 따라 일본 국적을 상실한 — 재일 조선인이 일본에서 과격한 정치투쟁을 전개하는 것은, 더군다나 그것이 조선민주주의인민공화국과 연계되어 있다는 사실이 일본의 보수 정권에 의한 탄압 체제 강화의 좋은 구실이 되어, 파쇼화로 이어지거나 일본의 평화와 민주주의를 위협할 것이라는 인식에 기반하고 있었다. 조선인을 둘러싼 치안 문제 특집을 다룬 『일본평론』(日本評論) 1952년 7월 5일호에 게재된 좌파 사회당과 우파 사회당의 견해는, 모두 좌파계 재일 조선인에 대해 비판적이었다. 우파 사회당의 소네 에키(曾根益)는 조선인이 일본에 살게 된 역사적 경위를 생각할 때 강제 퇴거의 적용 대상에서 제외된다고 인정하면서도, "외국인인 이상, 일본에서 정치 활동을 전개하는 것은 용인할 수 없다." "국제 공산당 진영의 제오열(第五列)적인 역할을 담당하며 일본에서 폭력혁명이라는 적확한 사명을 수행하려고 하는 불량분자에 대해서는, 전혀 주저할 이유가 없다"고 주장하고 있다(曾根益 1952). 또한 좌파 사회당의 가네코 요분(金子洋文)도 좌파계 조선인의 활동을 "일본에서 폭력혁명을 기도하고 (…) 그것은 또한 조선 동란과 불가분의 관계에 있다"고 판단하며, "모국의 독립과 행복을 염원하는 북선인 (…)의 분노와 원한을 화염병에 담아서 경관대와 싸운다고 해서 모국의 불행이 조금도 개선되는 것은 아니다. 오히려 외국 군대의 일본 주류와 일본의 재군비에 구실을 제공하게 되어, 파쇼의 대두를 부추기고, 일본에 재주하는 조선인 전반에 화근을 초래하게 되는 결과를 가져올 것"이라고 논하고 있다(金子洋文 1952). 조선 민족이 경험하고 있는 '불행'에는 동정을 표하고 있으나, 공산당과 일체가 된 좌파계 조선인의 운동은 비판의 대상이며, 자신들이 구상하는 일본의 평화에 장해가 된다고 간주하고 있는 것이다.

이 문제에 대해 반공 보수계 정치가들은 "만일 조선인이 우리나라의 제도에 불만을 가진다면, 떳떳이 일본을 떠나야 할 것"이며 "폭력에 의해 치안을 어지럽히는 행위는, 우리들이 용납할 수 없는 일"이므로, 정부의 적극적인 송환 대책을 요구하고 있었다.[14] 이에 대해 일본공산당의 하야시 하쿠로(林百郎) 중의원은 "요시다 정부와 경찰이야말로 폭도"이며 "일본 국민은 조국의 통일과 독립을 위해 조선 인민의 투쟁에 대해 오히려 깊은 경의를 가지고 있다. (…) 오늘날 아직 반동적인 지배자 때문에 갈팡질팡하는 사람들이 있지만, 일본 국민은 자유와 독립을 위한 투쟁의 경험을 통해, 내일은 모두가 입을 모아 외칠 것이다. '조선인 문제를 해결하기 위해서는, 요시다 정부를 타도하고, 일본에서 아메리카 군대를 신속히 철퇴시키지 않으면 안 된다'"라는 글을 싣고 있으나(林百郎 1952), 일본공산당과 좌파계 재일 조선인의 활동을 지지하는 일본인은 실제로는 소수에 지나지 않았다.

이미 논한 바와 같이, 반공 보수계 정치 세력과 사민계 정치 세력은 모두 재일 조선인을 일본의 외부적 존재로 바라보며, 그들의 정치 활동을 허용하지 않았던 것이다. 이런 양자를 축으로 전후 일본의 민주주의가 정착해 가게 된다. 달리 말하면 일본의 전후 민주주의 확립의 과정에서 재일 조선인은 배제되었던 것이다. 이는 1955년에 일본공산당이 무장투쟁 노선을 비리고 일본국의 헌법 질서에 준한 활동을 선택하고, 좌파계 재일 조선인이 내정 불간섭을 선언하게 되는 것으로 완성되었다고 할 수 있다.

V. 결론과 과제

본 장에서는 일본제국 붕괴 후의 신생 일본에서 재일 조선인이 무엇을

14_개진당(改進黨) 중의원 나카무라 도라타(中村寅太)는 "북선계 파괴 분자의 활동 문제에 대해서는, 본 문제의 본질적 성격을 볼 때 방지, 진압, 처분 등의 국내 대책에 관한 (…) 방도를 강구함과 동시에, 당분간 국적 및 강제송환 등의 문제에 대해 조선 측 정권과 신속히 협정을 맺어 발본적 해결을 꾀"해야 한다(자유당(自由黨) 중의원 스기하라 아라타(杉原荒太)고 주장했다.

이유로 배제되어 왔는가를 여러 정치 세력의 인식과 활동을 통해 고찰해 보았다. 이를 정리하자면 다음과 같다.

우선 재일 조선인의 사회적 통합과 권리의 승인 및 일정한 처우에 대한 배려를 구상하는 세력은 미약했고 영향력을 갖지 못했다. 일본 혁명을 통해 소수민족으로서의 재일 조선인의 권리를 보증하려고 한 공산주의자의 활동은 전후 초기에는 고양되었으나, 2·1 총파업의 중지와 냉전하의 일본 내에 반공주의가 대두함에 따라 다수파의 자리를 차지하지 못했다. 전전·전시 중에 행해진 조선인에 대한 동화 강요와 동원에 대한 책임을 처우에 대한 배려로 다해야 한다는 주장은, 재일 조선인 스스로에 의해 지지될 가능성도, 이를 짊어져야 할 일본인의 정치적 영향력으로 연결될 여지도 없었다.

이에 반해 일국주의적인 발상을 가지고 자기 생활 방위를 우선시하는 일본인 사회민주주의 세력으로부터, 소위 아래로부터의 배외주의적 요소가 존재하고 있었다. 그리고 점령기 정권의 중추를 담당하고 있던 반공주의 보수 정치가들은 조선인이 치안 착란의 요인이라는 인식을 가지고 그들에 대한 강한 경계감을 가지고 있었다. 또한 반공 보수 세력과 사민 세력은 한국전쟁하에서, 또한 강화조약의 발효로 일본 국적을 상실한 좌파계 조선인의 활동을 문제시했고, 그렇게 재일 조선인은 전후 일본의 민주주의 체제로부터 배제되어 갔다.

사실 개별적인 일본인과 조선인의 관계를 보면, 보수 정치가이건 사민계 노동조합 지도자이건, 보다 다양한 측면이 존재한다. 또한 이는 전전 이래의 경험과 기억이 영향을 미치는 것이라고 생각한다. 차후 그런 사례를 많이 발굴하여, 전후 일본에서 일본인과 조선인이 관계를 구축할 수 있었던 가능성과 그 좌절의 배경을 분석하고, 역사를 더욱 풍부히 할 것이 요구된다.

참고문헌

1장

나가사와 유코. 2007. “일본의 조선 주권 보유론과 미국의 대한 정책.” 고려대학교 정치외교학과 박사학위논문.

서중석. 1991. 『한국 현대 민족운동 연구: 해방 후 민족국가 건설 운동과 통일전선』. 역사비평사.

어니스트 프랑켈. 1988. “주한 미군정의 구조.” 가지무라 히데키(梶村秀樹) 외 저(김동춘 편). 『한국 현대사 연구 1』. 이상과 현실사.

유진오. 1993. 『한일회담 – 第1次 會談을 回顧하면서』. 외교안보연구원.*

정용석. 1984. 『미국의 대한 정책 1845-1980』. 일조각.

정용욱. 2003. 『해방 전후 미국의 대한 정책』. 서울대학교출판부.

한국 국회회의록

『國會速記錄 第1回 第121号』(1948/12/04).

『國會速記錄 第1回 第125号』(1948/12/09).

『國會速記錄 第2回 第18号』(1949/01/31.).

한국 신문·잡지

『民主新報』 1951/07/23(『자료대한민국사』, 국사편찬위원회 한국사데이터베이스).

서울신문사. 1949. 『新天地』 2월호.

家永三郎. 1967. “十五年戦争とパール判決書.” 『みすず』 第102号. 東京: みすず書房.

藤城和美. 1992. 『朝鮮分割: 日本とアメリカ』. 京都: 法律文化社.

鈴木義男. 1956. “潜在主権－沖縄問題について.” 『判例時報』 第79号. 東京: 判例時報刊行会.*

鹿島平和研究所 編. 1985. 『日本外交主要文書·年表(1) 1941-1960』. 東京: 原書房.

賠償庁賠償部. 1951. “対日賠償にかんする極東委員会構成各国の動向 1945-1950.” 経済団体連合会. 『経済資料』 第85号.*

森宣雄. 2006. "潜在主権と軍事占領－思想課題としての沖縄戦." 倉沢愛子・テッサ・モーリス・鈴木・油井大三郎他 編.『帝国の戦争経験』. 東京岩波書店.*
星野安三郎. 1968. "憲法適用と残存主権."『法律時報』第40号 第1巻. 東京: 日本評論社.*
長澤裕子. 2006. "ポツダム宣言と朝鮮の主権."『現代韓国朝鮮研究』第6号. 東京: 現代韓国朝鮮學会.
_______. 2011. "戦後日本のポツダム宣言解釋と朝鮮の主權." 李鍾元・木宮正史・浅野豊美 編.『歴史としての日韓国交正常化II脫植民地化編』. 東京: 法政大學出版局.
天川晃. 1999. "敗戦後の帝国議会-第八八回帝国議会-第九二回帝国議会."『日本議会史錄 4』. 東京: 第一法規出版株式会社.
横田喜三郎. 1955. "沖縄と日本の主權." 国際法學会 編.『国際法外交雑誌』第54号 第113合併号. 東京: 有斐閣.
______. 1956. "獨立の記錄."『法曹時報』第8巻 第2号. 東京: 法曹会.
玄大松. 2006.『領土ナショナリズムの誕生』. 京都 : ミネルヴァ.
戸谷由麻. 2009.『東京裁判－第二次大戦後の法と正義の追求』. 東京: みすず書房.

일본 국회회의록
『第12回 国会參議院平和条約及び日米安全保障条約特別委員会会議録 第10号』(1951/11/05).
『第12回 国会衆議院平和条約及び日米安全保障条約特別委員会会議録 第5号』(1951/10/20).

일본 신문
『朝日新聞』1946/01/17

일본 정부 공개 외교문서
阿部信行旧藏. 1945. "終戦前後ニ於ケル朝鮮事情概要－終戦時竝ニ終戦後朝鮮總督府ノ採リタル措置."『阿部信行關係文書』(Microfilm). 일본국회도서관 헌정실 소장.
外務省. 1945. "龜山參事官京城出張ニ便宜供与ノ件(CLO電報12BC, 連合国司令部往信綴)"(日本外務省 第1回 公開, A.1.0.0.2-2). 일본외교사료관 소장.
______. 1950. "米国の対日平和條約案の構想"(日本外務省 第7回 公開 B'4.0.0.2). 일본외교자료관 소장.
外務省 作者不詳. 1950a[1950年file]. "平和條約と日本の領土"(日本外務省 第6回 公開, B'4.0.0.1). 일본외교사료관 소장.
______. 1950b. "対日講話問題に關する情勢判斷"(日本外務省 第7回 公開 B'4.0.0.2). 일본외교사료관 소장.
______. 1950c. "米国の対日平和條約案の構想に対するわが方要望方針(案)"(日本外務省 第7回 公開 B'4.0.0.2). 일본외교사료관 소장.

______. 1951. "平和條約案に対するオブザヴェーション"(日本外務省 第7回 公開 B'4.0.0.6). 일본외교사료관 소장.
外務省条約局. 1945. "平和條約締結ノ方式及締結時期ニ關スル考察"(日本外務省 第7回 公開 B'4.1.0). 일본외교사료관 소장.
外務省条約局 編. 1952. "外地關係法令整理に關する善後措置に關する意見." 外務省条約局 編. 1991.『外地法制誌』第1卷. 東京: 文生書院.
外務省条約局第四課. 1952. "外地關係法令整理に關する善後措置についての擬問擬答." 外務省条約局 編. 1991.『外地法制誌 第1卷』. 東京: 文生書院.
外務省政務局特別資料課. 1949. "講和條約と極東委員会の權限"(日本外務省 第7回 公開 B'4.1.0.11). 일본외교사료관 소장.
外務省調査局第五課. 1948. "戦後における朝鮮の政治情勢." 일본국회도서관 소장.
外務省調査局總務室 編. 1951.『講話への步み』.
外務省特別資料部. 1949. "日本占領及び管理重要文書集第1卷基本篇"(日本外務省 第3回 公開A'1.0.0.2-4). 일본외교사료관 소장.
横田喜三郎. 1945. "'ポツダム'宣言及降伏文書ノ法的性質・'ポツダム'宣言及降伏文書ト主權." 外務省報告.『芳賀四郎關係文書』(Microfilm). 일본국회도서관 헌정실 소장.
平和條約問題研究幹事会. 1947. "対日平和條約想定と右にたいする我方の希望條項大綱(第二稿)"(日本外務省 第7回 公開 B'4.1.0.11). 일본외교사료관 소장.
Draft Japanese Peace Treaty. July, 3, 1951(日本外務省 第7回 公開 B'4.0.0.6). 일본외교사료관 소장.

일본 정부 공개 한일회담 외교문서
外務省. "日韓国交正常化交渉の記錄總說三"(日韓会談 日本 公開 文書 6-1176-1915).
外務省北東アジア課. 1970. "日韓会談時における韓国獨立の時期についての論議"(日韓会談 日本 公開 文書 6-1186-1858).

Shotaro Yachi. 1988. "The Role of The Treaties Bureau of The Ministry of Foreign Affairs in Japan's Foreign Policy Decision-Making Process." *The Japanese Annual of International Law*, No.31. Tokyo: International Law Association, Japan Branch.
"The World and Japan" Database Project. 1951a. Database of Japanese Politics and International Relations, Institute of Oriental Culture, University of Tokyo. "John Foster Dulles's Speech at the San Francisco Peace Conference, 1951, Sep 9."

http://www.ioc.u-tokyo.ac.jp/~worldjpn/documents/indices/JPUS/index-sf.html(검색일: 2012.12.10).

_________. 1951b, September 8, 1951, "Treaty of Peace with Japan." http://www.ioc.u-tokyo.ac.jp/~worldjpn/documents/texts/docs/19510908.T1E.html(검색일: 2013.4.14).*

_________. September 2, 1945, "Instrument of Surrender, September 2, 1945." http://www.ioc.u-tokyo.ac.jp/~worldjpn/documents/texts/docs/19450902.O1E.html(검색일: 2013.4.12.).*

미국 정부 공개 외교문서

Frankel, Ernst. 1988. "Structure of United States Army Military Government in Korea." RG 554, Box 23, NARA.

Hackworth, Green Haywood. 1940. "Legal Adviser of the Department of State." *Digest of International Law*. Department of State, Government Printing Office.

Radiograms: 1945.6-1951.4. RG 9, MacArther Memorial Archives.

(Secret)"Transfer of Title to Korea." 1945. *Records of the Office of Assistant Secretary and Under Secretary of State, Dean Acheson, 1941-48*. 50, RG 59, National Archives and Records Administration(NARA).

Records of General Headquarters Supreme Commander for the Allied Powers. RG 331, NARA.

(Top Secret)"Status Summary, 3a-1." December 12, 1945. RG 331, Box 1, NARA.

Records of the Far East Command, Office of the Chief of Staff. RG 554, NARA.

2장

대한민국정부. 1965.『대한민국과 일본국 간의 조약 및 협정 해설』.

오오타 오사무. 2012. "두 개의 강화조약에서의 식민지주의와 일한 '청구권' 문제." 한일협정 50년사의 재조명 국제학술회의.『한일협정 체제와 식민지 책임의 재조명』. 동북아역사재단.

이원덕. 1996.『한일 과거사 처리의 원점』. 서울: 서울대학교출판부.

장박진. 2008. "한일회담에서의 기본관계조약 형성 과정의 분석: 제2조 〈구조약 무효 조항〉 및 제3조 〈유일합법성 조항〉을 중심으로."『국제지역연구』 17권 2호.

한국 외교부 공개 문서
『한일회담 예비회담(1951.10.20-12.4) 자료집: 대일강화조약에 관한 기본 태도와 그 법적 근거, 1950』

高橋進. 1995. "イタリアにおける戦後処理."『季刊戦争責任研究』7호.
宮本正明. 2006. "敗戦直後における日本政府·朝鮮関係者の植民地統治認識の形成ー『日本人の海外活動に関する歴史的調査』成立の歴史的前提."『世界人権センター研究紀要』11호.
吉澤文寿. 2005.『戦後日韓関係ー国交正常化交渉をめぐって』. 東京: クレイン.
______. 2006a. "日韓会談研究の現状と課題."『歴史学研究』813호.
______. 2006b. "植民地支配の"清算"とは何かー朝鮮を事例としてー."『歴史評論』677호.
金民樹. 2000. "対日講和条約と韓国参加問題." 東京大学大学院総合文化研究科.
大韓民国外務部政務局. 1949?(발행 연도 불명).『対日賠償要求調書』.
鈴木武雄. 1946a. "朝鮮統治への反省."『世界』5.
______. 1946b. "朝鮮産業経済の発展と在鮮日本系事業"("友邦文庫" 333−15, 学習院大学東洋文化研究所所蔵).
______. 1951. "朝鮮統治の性格と実績ー反省と反批判ー." 大蔵省管理局.『日本人の海外活動に関する歴史的調査』 通巻 第11冊 朝鮮篇 第10分冊(小林英夫監修. 2000.『日本人の海外活動に関する歴史的調査 第5巻 朝鮮篇 4』. 東京: ゆまに書房).
並木真人. 1997a. ""日本人の海外活動に関する歴史的調査" 朝鮮篇." 井村哲郎 編.『1940年代の東アジア 文献解題』. 東京: アジア経済研究所.
______. 1997b. ""日本人の海外活動に関する歴史的調査" 朝鮮篇 補論ー "日本人の海外発展に関する歴史的調査" および "日本人の海外活動に関する研究調査" を中心にー." 井村哲郎 編.『1940年代の東アジア 文献解題』. 東京: アジア経済研究所.
北原敦 編. 2008.『新版 世界各国史一五 イタリア史』. 東京: 山川出版社.
石田憲. 2008.『敗戦から憲法へー日独伊 憲法制定の比較政治学』. 東京: 岩波書店.
笹川紀勝·李泰鎮 編. 2008.『国際共同研究 韓国併合と現代ー歴史と国際法からの再検討』. 東京: 明石書店.
日本国. 1952.『官報』. 東京.
日本国 外務省. 1965.『日韓諸条約につて』. 東京.
日本国 外務省条約局 譯. 1947.『イタリア平和條約』. 東京: 文友社.
日本国 外務省 編. 2006.『日本外交文書ーサンフランシスコ平和条約準備対策』. 東京.
日本国 外務省 編. 2007.『日本外交文書ーサンフランシスコ平和条約対米交渉』. 東京.

佐々木隆爾. 1993. "いまこそ日韓条約の見直しを."『世界』4.

竹前栄治 監修. 1993a.『GHQ指令総集成第12巻SCAPIN1745-1800』. 東京: エムティ出版.

竹前栄治 監修. 1993b.『GHQ指令総集成第13巻SCAPIN1801-1950』. 東京: エムティ出版.

塚本孝. 1992. "韓国の対日平和条約署名問題－日朝交渉, 戦後補償問題に関連して－."『レファランス』494호.

太田修. 2003.『日韓交渉－請求権問題の研究』. 東京: クレイン.

______. 2008. "財産請求権問題の再考－脱植民地主義の視角から." 笹川紀勝·李泰鎮 編.『国際共同研究 韓国併合と現代－歴史と国際法からの再検討』. 東京: 明石書店.

______. 2011. "二つの講和條約と初期日韓交渉における植民地主義." 李鍾元·木宮正史·浅野豊美 編.『歴史としての日韓国交正常化II 脱植民地化 編』. 東京: 法政大學出版局.

海野福寿. 2000.『韓国併合史の研究』. 東京: 岩波書店.

浅野豊美. 2004. "折りたたまれた帝国－戦後日本における"引揚"の記憶と戦後的価値－." 細谷千博·入江昭·大芝亮 編.『記憶としてのパールハーバー』. 東京:ミネルヴァ書房.

______. 2008.『帝国日本の植民地法制－地域統合と帝国秩序－』. 名古屋: 名古屋大学出版会.

藤崎万里 譯. ジョン·フォスター·ダレス. 1950.『戦争か平和か』. 東京: 河出書房.

일본 외무성 공개 문서

条約局. 1945. "連合国ノ対日要求ノ内容ト其ノ限界(研究素材)(昭, 20, 10, 29)."『ポツダム宣言受諾関係一件 善後措置および各地状況関係(一般及び雑件) 第1巻』(日本外務省 第3回 公開). 외교 사료관 소장.

Dulles, John Foster. 1950. "Treaty of Peace with Italy(1947)." *War or Peace*. New York: the Macmillan Company.

Department of State. 1972. *Foreign Relations of the United States* (FRUS) 1947, Vol.III. Washington: Government Printing Office.

______. 1976. *Foreign Relations of the United States* (FRUS) 1949, Vol.VII. Washington: Government Printing Office.

3장

청구인(이용수 외 108명). 2006.7. "헌법소원심판청구서."

피청구인(외교통상부장관). 2009.3.5. "변론요지서."

헌법재판소 2011.8.30 선고 2006헌마788 결정.

헌법재판소 2011.8.30 선고 2008헌마648 결정.

대법원 2012.5.24. 선고 2009다22549 판결.

대법원 2012.5.24. 선고 2009다68620 판결.

부산 지방법원 2007.2.2. 선고 2000가합7960 판결.

부산 고등법원 2009.2.3 선고 2007나4288 판결.

"아베 '새 담화 2015년 종전 70주년에 발표'."『연합뉴스』(2013/01/11).

高麗大學校 亞細亞問題硏究所 日本硏究室 編. 1976.『韓日關係資料集〈第一輯〉』. 서울: 高麗大學校出版部.

국무조정실. 2005. "보도자료 한일회담 문서 공개 후속 대책 관련 민관공동위원회 개최."

김창록. 1998. "1948년 헌법 제100조 : 4·3 계엄령을 통해 본 일제 법령의 효력."『법학연구』(부산대) 39권 1호.

______. 1999. "한일 관계와 과거 청산: '한일 신파트너십'을 실마리로."『국제지역문제연구』(부산대) 17권 1호.

______. 2002. "제령에 관한 연구."『법사학연구』 26호.

______. 2007. "일본에서의 대일 과거 청산 소송 : 한국인들에 의한 소송을 중심으로."『법사학연구』 35호.

______. 2009. "일본군 '위안부' 헌법소원."『법학논고』(경북대) 31호.

______. 2010a. "1910년 한일조약에 대한 법사학적 재검토."『동북아역사논총』 29호.

______. 2010b. "일본군 '위안부' 문제에 관한 법적 검토 재고."『법제연구』 39호.

대한민국정부. 1965a.『한일회담백서』. 서울.

______. 1965b.『대한민국과 일본국 간의 조약 및 협정 해설』. 서울.

______. 1965c. "기본 관계 문서 실무자 회의 토의 요약"(1965.2.18).『제7차 한일회담 기본관계위원회 회의록 및 훈령, 1964.12-65.2』

아사노 토요미. 2010. "식민지의 물리적 청산과 심리적 청산 : 청구권의 법적 문맥과 정치적 해결." 국민대학교 일본학연구소 편.『한일회담과 국제사회』(외교문서 공개와 한일회담의 재조명 1). 서울: 선인.

외교통상부 동북아1과. 2012. "일본군 위안부 피해자 문제 현황 자료"(2012.11.23).

이원덕. 1996.『한일 과거사 처리의 원점 : 일본의 전후 처리 외교와 한일회담』. 서울: 서울대학교출판부.

장박진. 2009.『식민지 관계 청산은 왜 이루어질 수 없었는가: 한일회담이라는 역설』. 서울: 논형.

조시현. 2012. "일본군 '위안부' 문제와 한·일 청구권협정에서의 중재 절차." 『민주법학』 48호.

谷田正躬·辰巳信夫·武智敏夫 編. 1966. 『日韓條約と国内法の解説』(『時の法令』 別冊). 東京: 大藏省印刷局.
大沼保昭·下村満子·和田春樹. 1998. 『"慰安婦" 問題とアジア女性基金』. 東京: 東信堂.
"日韓共同宣言 - 21世紀に向けた新たな日韓パートナーシップ-"(1998.10.8). http://www.mofa.go.jp/mofaj/kaidan/yojin/arc_98/k_sengen.html.
"日朝平壌宣言"(2002.9.17). http://www.mofa.go.jp/mofaj/kaidan/s_koi/n_korea_02/sengen.html.
"デジタル記念館 慰安婦問題とアジア女性基金." http://www.awf.or.jp/.
"慰安婦関係調査結果発表に関する内閣官房長官談話"(1993.8.4). http://www.awf.or.jp/6/statement-02.html.
"元慰安婦の方々への内閣総理大臣のおわびの手紙." http://www.awf.or.jp/6/statement-12.html).
李鍾元. 1993. "戦後米国の極東政策と韓国の脱植民地化." 大江志乃夫他 編. 『アジアの冷戦と脱植民地化』(岩波講座 近代日本と植民地). 東京: 岩波書店.
"戦後50周年の終戦記念日にあたって"(1995.8.15). http://www.mofa.go.jp/mofaj/press/danwa/07/dmu_0815.html.

일본 국회 회의록
『第50回 国会衆議院日本国と大韓民国との間の條約及び協定等に關する特別委員会議録 第10号』(1965.11.5).
『第50回 国会参議院会議録 第8号』(1965.11.19).
『第134回 国会参議院会議録 第4号』(1995.10.5).
『第134回 国会参議院豫算委員会会議録 第3号』(1995.10.17).
『第180回 国会参議院豫算委員会会議録 第25号』(2012.8.27).

4장

國史編纂委員會. 1968. 『資料 大韓民國史 1』.
______. 1969. 『資料 大韓民國史 2』.
______. 1972. 『資料 大韓民國史 5』.

______. 1999.『資料 大韓民國史 11』.
______. 1999.『資料 大韓民國史 12』.
______. 1996.『大韓民國史資料集 28(李承晩關係書翰資料集)〈1944-1948〉』.
國會圖書館立法調査局. 1976.『韓國外交關係資料集〈立法參考資料 第193号〉』. 서울: 國會圖書館.
金南瑢. 1948. "対日賠償問題와 當行."『무궁』 2월호.
대한민국정부. 1949a.『對日賠償要求調書 第1部: 現物返還要求』.
______. 1949b.『對日賠償要求調書(續)』.
______. 1954.『對日賠償要求調書』.
박진희. 2008.『한일회담 제1공화국의 대일 정책과 한일회담 전개 과정』. 서울: 선인.
李相德. 1948. "對日賠償要求의 正當性."『新天地』 1월호.
임병직. 1964.『任炳稷回顧錄』. 서울: 女苑社.
장박진. 2008. "한일회담에서의 피해 보상 교섭의 변화 과정 분석: 식민지 관계 청산에 대한 '배상,' '청구권,' '경제협력' 방식의 '연속성'을 중심으로."『정신문화연구』 제31권 1호.
______. 2011. "대일평화조약 제4조의 형성 과정 분석: 한일 간 피해 보상 문제에 대한 '배상,' '청구권'의 이동(異同)."『국제지역연구』 (서울대)제20권 3호.

岡野鑑記. 1958.『日本賠償論』. 東京: 東洋経済新報社.
大蔵省財政室 編. 1982.『昭和財政史ー終戦から講和までー』 第20巻(英文資料). 東京: 東洋経済新報社.
神谷不二. 1978.『朝鮮問題戦後資料』 第1巻. 東京: 日本国際問題研究所.
外務省. 2006. "ドレーパー使節団と日本側関係者の会談について(1948年4月)."『日本外交文書:サンフランシスコ平和条約準備対策』.
外務省日韓会談公開文書. 1953. "請求権関係部会第一回会議状況." 文書番号 693.
長澤裕子. 2011. "戦後日本のポツダム宣言解釈と朝鮮の主権." 李鍾元·木宮正史·浅野豊美 編.『歴史としての日韓国交正常化(II)脱植民地化編』. 東京: 法政大学出版局.
太田修. 2003.『日韓交渉 請求権問題の研究』. 東京: クレイン.
戦後補償問題研究会 編. 1993.『戦後補償問題資料集第8集: GHQ関連文書集』. 戦後補償問題発行.

"Peace Treaty with Japan." 1946. Drafts of Treaty(Ruth Bacon), YF-A10, Box 1; Folder 15, R.01(일본 국회도서관 헌정자료실 소장).
Department of State. 1971a. *Foreign Relations of the United States 1946*, vol.Ⅷ. The

Far East.
______. 1971b. *Foreign Relations of the United States 1947*, vol.VI. The Far East.

5장

林炳稷. 1964.『임병직 회고록: 근대 한국 외교의 裏面史』. 서울: 女苑社.
아사노 토요미. 2010. "제국 청산 과정으로서의 한일교섭." 국민대학교 일본연구소 편.『외교문서 공개와 한일회담의 재조명』. 서울: 선인.

한일회담 관련 한국 외교부 공개 문서

대한민국 주일대표부 법률고문 유진오. "일본 출장 보고서"(1951年9月10日). 등록번호 77.『한일회담 예비회담(1951.10.20-12.4) 본회의 회의록, 제1-10차, 1951』.
대한민국 주일대표부 공사 김용식. "제2차 청구권 위원회 경과보고"(1952년 2월 23일). 등록번호 86.『제1차 한일회담(1952.2.15-4.21) 청구권 분과위원회 회의록, 제1-8차, 1952.2.20-4.1』.

吉澤文壽. 2005.『戦後日韓關係−国交正常化交渉をめぐって』. 東京: クレイン.
李東俊. 2009. "日韓『船舶』請求權交渉の展開, 一九四五−一九六五年."『中京企業研究』第31号.
李鍾元. 2009. "日韓の新公開外交文書に見る日韓会談とアメリカ(二)."『立教法學』第77号.
李鍾元·木宮正史·浅野豊美 編. 2011.『歴史としての日韓国交正常化−東アジア冷戦編』. 東京: 法政大学出版局.
______. 2011.『歴史としての日韓国交正常化−脱植民地化編』. 東京: 法政大学出版局.
北条秀一·城戸忠愛. 1971.『私有財産論−在外財産補償要求運動史』. 東京: 構造社.
山下康雄. 1953. "在韓日本資産に対する請求權."『国際法外交雜誌』第51卷 5号.
外務省. 1962.『外交青書』第6号. 東京: 外務省.
______. 2002a.『日本外交文書 平和条約の締結に関する調書 第二冊』.
______. 2002b.『日本外交文書 平和条約の締結に関する調書 第三冊』.
入江啓四郎. 1951.『日本講和條約の研究』. 東京: 板垣書店.
浅野豊美(研究代表者). 2007.『脱植民地化プロセスとしての戦後日本の対アジア外交の展開と国内制約要因』(2003~2005年度, 日本学術振興会科学研究費補助金, 基盤研究(b)報告書, 課題番号 15330035), 5月31日.

______. 2010. "ポーレー・ミッション―賠償問題と帝国の地域的再編." 小林道彦・中西寛 編. 『歴史の桎梏を越えて－２０世紀日中關係への新視点』. 東京: 千倉書房.
太田修. 2003. 『日韓交渉－請求權問題の硏究』. 東京: クレイン.
国際協力銀行. 2004. 『日本輸出入銀行史』. 東京: 国際協力銀行.
浅野豊美・吉澤文寿・李東俊 編. 2010a. 『日韓国交正常化問題資料 基礎資料編』 第1-5卷. 東京: 現代史料出版.
______. 2010b. 『日韓国交正常化問題資料 第一期』 第1-9巻. 東京: 現代史料出版.
______. 2011. 『日韓国交正常化問題資料 基礎資料編』 第6-11巻. 東京: 現代史料出版(森田芳夫에 의한 記録, 条約正文 등).
総理府大臣官房管理室. 1973. 『在外財産問題の処理記録－引揚者特別交付金の支給』. 東京: 内閣総理大臣官房管理室.

일본 외무성 공개 문서

"ダレス使節団との会談経過 一九五一年四月二五日." 공개결정번호 1166-문서번호 1861.
"対日講和問題の推移と韓国." 『朝鮮銀行調査月報』 1950년 2월호(1952년 1월 17일에 아시아국 2과에서 야마구치 씨한테서 접수). 186-1836.
"日韓国交正常化の記錄(平和條約發行前の日韓關係と日韓会談予備会談)." 1909-1124.
Yu Chin O. "A korean looks on the Japanese Peace Treaty(Korea. Sept. 51)." 1186-1836.
"[一九五一年]四月二十三日午前十時半ないし正午 吉田ダレス会談記錄"(三井本館にて總理, 井口, 西村, ダレス, シーボルト, ジョンソン, バブコッフ, フェアリー, スピンクス). 1166-1861.
"一九五一年四月二三日夕吉田ダレス会談で先方に交付した(イ)対比賠償問題および(ロ)韓国政府の平和條約署名問題に關する補足陳述." 1166-1861.
"ダレス使節団との会談経過 一九五一年四月二五日." 1166-1861.
"日韓国交正常化の記錄(平和條約發効前の日韓關係と日韓会談予備会談)." 1909-1124.
"条約局長に対する依頼事項(亞二)割譲地との間の財産請求權處理方式につき, ダレス大使宛意見書とその反響." 1166-1861.
"日韓会談問題別経緯(4)(一般請求權問題)昭和37. 7.1." 제3차 공개, 문서번호 533.
"日韓会談第六回請求権委員会議事要録 一九五二年三月一〇日." 1022-1183.
"一三. 在外資産の賠償處理に關する件 調査課 管経 昭和二二, 七, 五日." 『占領下の対日賠償關係一件 調書類(第一卷)』. 전후외교기록, B0003.

"Japanese Property and Claims Questions, June 19, 1950." Box 1, Folder; Briefing papers for Dulles, 1950(Japanese Peace Treaty). RG 59, E 1228, Lot 56D225, National Archives II in College Park, Maryland, U. S. A.

Toyomi Asano. 2010. "Between the Collapse of the Japanese Empire and the Normalization of the Relations with South Korea." Kimitaka Matsuzato ed. *Comparative Imperiology* I. Sapporo: Slavic Research Center of Hokkaido University.

6장

김동조. 1986.『回想 30年 韓日會談』. 서울: 중앙일보사.

김용식. 1987.『希望과 挑戰: 金溶植 外交 회고록』. 서울: 동아일보사.

김창록. 2005. "한일기본조약 및 청구권협정의 내용과 성격: 법적 관점에서의 접근." 한일관계사연구논집편찬위원회 편.『해방 후 한일 관계의 쟁점과 전망』(한일관계사연구논집 10). 서울: 경인문화사.

______. 2010. "1910년 한일조약에 대한 법사학적 재검토."『동북아역사논총』 제29호.

대한민국정부. 1954.『對日賠償要求調書』.

______. 1965.『한일회담백서』.

도츠카 에츠로우. 2010. "한국 강제 병합 과정에 대한 재조명: 한일 구조약의 불법·무효성에 관한 법학적 연구."『동북아역사논총』 제29호.

박배근. 2006. "국제법상의 국가의 동일성과 계속성."『저스티스』 통권 제90호.

______. 2004. "대한민국임시정부의 국제법적 지위와 대한민국의 국가적 동일성(하)." 연세대 법학연구소.『법학연구』 제13권 4호.

______.2009. "시제법적 관점에서 본 한국 병합 관련 '조약'의 효력: 조약 체결의 형식과 절차를 중심으로."『국제법학회논총』 제54권 2호.

배재식. 1970. "한일기본조약연구: 제2, 3조를 규정 내용을 중심으로."『국제법학회논총』 제15권 1호.

백충현. 1996. "國際法으로 본 1900년대 韓日條約들의 문제점."『한국사 시민강좌』 19. 서울: 일조각.

사사가와 노리카츠(笹川紀勝). 2001. "일한의 법적 "대화"를 목표하여: '제2차 일한협약' 강제 문제를 보는 관점." 이태진 편저.『한국 병합, 성립하지 않았다』. 서울: 태학사.

오오타 오사무. 송병권·박상현·오미정 옮김. 2008.『한일교섭: 청구권 문제 연구』. 서울: 도서출판 선인.

유진오. 1966.『구름 위의 慢想』. 서울: 일조각,.

______.1978. 『未來로 向한 窓』. 서울: 일조각.
______. 1993. 『韓日會談 – 第1次 會談을 回顧하면서』. 서울: 외교안보연구원.
윤대원. 2010. "임시정부 법통론의 역사적 연원과 의미." 고정휴 외. 『대한민국임시정부의 현대사적 성찰』. 서울: 나남.
이근관. 2003. "국제조약법상 강박이론의 재검토: 일본의 한국 병합과 관련하여." 이태진 외. 『한국 병합의 불법성 연구』. 서울: 서울대학교출판부.
이원덕. 1996. 『한일 과거사 처리의 원점』. 서울: 서울대학교 출판부.
이장희. 1996. "1965년 韓日基本條約 재검토." 이장희 편. 『韓日基本條約의 再檢討와 東北亞秩序』. 서울: 아사연.
이종원. 2011. "한일협정과 향후 과제." 동북아역사재단 주최 『한일협정의 국제법적 문제점에 대한 재조명』 학술회의(2011년 8월 12일, 동북아역사재단 대회의실) 발표문.
양호민. 1965. "基本關係條約: 그 政治的 盲點을 批判한다." 『思想界』 7월호(긴급 증간호).
장박진. 2009. "한일회담 개시 전 한국 정부의 재일 한국인 문제에 대한 대응 분석: 대한민국의 국가 정체성과 '재일성'(在日性)의 기원." 『아세아연구』 제52권 1호.
______. 2009a. 『식민지 관계 청산은 왜 이루어질 수 없었는가 – 한일회담이라는 역설』. 서울: 논형.
______. 2008a. "한일회담에서의 기본조약 형성 과정의 분석." 『국제지역연구』 제17권 2호.
______. 2008b. "한일회담에서의 피해 보상 교섭의 변화 과정 분석." 『정신문화연구』 제31권 1호.
______. 2007. "한일회담에서의 식민지 관계 청산 연구: 청산 소멸의 정치 논리를 중심으로." 한국외국어대학교 박사학위논문.
한국인문사회연구원. 2007. 『知性의 길: 玄民 兪鎭午 선생 탄신 100주년 기념 학술논집』.
한상범. 1995. "한일기본조약." 민족문제연구소 편. 『한일협정을 다시 본다』. 서울: 아세아문화사.

한국 정부 공개 한일회담 외교문서
『대일강화조약에 관한 기본 태도와 그 법적 근거』. 등록번호 76.
『제1차 한일회담(1952.2.15-4.21) 본회의 회의록, 제1차-5차, 1952.2.15-4.21』. 82.
『제1차 한일회담 기본관계위원회 회의록, 제1차-8차, 1952.2.22-4.2』. 80.
『제1차 한일회담 청구권 분과위원회 회의록, 1-8차, 1952.2.20-4.1』. 86.
『제2차 한일회담(1953.4.15-7.23) 청구권위원회 회의록, 1-3차, 1953.5.11-6.15』. 92.

한국 국회 회의록
『제1회 제118차 국회 본회의 회의록』. 1948.

高崎宗司. 1996. 『検証 日韓会談』. 東京: 岩波書店.

谷田正躬·辰巳信夫·武智敏夫 編. 1966.『日韓条約と国内法の解説』(『時の法令』 別冊). 東京 : 大蔵省印刷局.
吉澤文寿. 2005.『日韓関係: 国交正常化交渉をめぐって』. 東京: クレイン.
外務省特別資料部 編. 1989.『日本占領重要文書』 第2巻. 東京: 日本図書センター.
李鍾元. 2009a. "日韓の親公開外交文書に見る日韓会談とアメリカ:朴正煕軍事政権の成立から大平·金メモまで(1)."『立教法学』 第76号.
______. 2009b. "日韓の親公開外交文書に見る日韓会談とアメリカ:朴正煕軍事政権の成立から大平·金メモまで(2)."『立教法学』 第77号.
______. 2010. "日韓の親公開外交文書に見る日韓会談とアメリカ:朴正煕軍事政権の成立から大平·金メモまで(3)."『立教法学』 第78号.
塚元孝. 1992. "韓国の対日平和条約署名問題."『レファレンス』 no. 494.
太田修. 2003.『日韓交渉 請求権問題の研究』. 東京: クレイン.
______. 2011. "二つの講和条約と初期日韓国交正常化交渉における植民地主義." 李鍾元·木宮正史·浅野豊美 編.『歴史としての日韓国交正常化』 第2巻. 東京: 法政大学出版局.
坂本茂樹. 2004.『条約法の理論と実際』. 東京: 東信堂.

일본 정부 공개 한일회담 외교문서
『日韓会談 第二回 基本関係委員会議事録』(1952.2.27). 文書番号 974.
『日韓会談 第五回 基本関係委員会議事録』(1952.3.12). 文書番号 977.
『日韓会談 第六回 基本関係委員会議事録』(1952.3.22). 文書番号 978.
『日韓会談 第七回 基本関係委員会議事録』(1952.3.26). 文書番号 979.
『日韓会談 第七回 基本関係委員会議事録』(1952.4.2). 文書番号 980.
『日韓国交正常化交渉の記録』 総説 3.
『日韓国交正常化交渉の記録』 総説 11, 1127.

일본 국회 회의록
『第134回 国会参議院会議録 第四号』(1995.10.5).
『第134回 国会参議院予算委員会会議録 第三号』(1952.10.17).

Cheong, Sung-Hwa. 1991. *The Politics of Anti-Japanese Sentiment in Korea: Japanese-South Korean Relations under American Occupation, 1945-1952*. New York: Greenwood Press.

7장

박진희. 2008. 『한일회담 제1공화국의 對日정책과 한일회담 전개 과정』. 서울: 선인.

서영희. 2006. "1960년대 한국 정부의 재일 동포에 대한 입장 연구: 한일회담 과정에서 제기된 논점을 중심으로." 서울대학교 석사학위논문.

외무부. 발행 연도 불명. 『SCAP 覺書 및 大韓民國 政府 見解 在日 韓國人의 法的 地位에 關한 交換 文書』.

______. 1958. 『한일 관계 참고 문서집』.

외무부 정무국. 1960. 『韓日會談略記』.

유진오. 1966. "韓日會談이 열리기까지(下) – 前 韓國 首席代表가 밝히는 十四年 前의 곡절." 『思想界』 3월호.

장박진. 2009a. "초기 한일회담(예비~제3차)에서의 재일 한국인 문제의 교섭 과정 분석: 한일 양국의 교섭 목표와 전후 '재일성'(在日性) 형성의 논리." 『국제지역연구』 제18권 2호.

______. 2009b. 『식민지 관계 청산은 왜 이루어질 수 없었는가: 한일회담이라는 역설』. 서울: 논형.

정인섭. 1996. 『재일 교포의 법적 지위』. 서울: 서울대학교출판부.

한국 정부 공개 외교문서

『한일회담 예비회담(1951.10.20-12.4) 자료집, 대일강화조약에 관한 기본 태도와 그 법적 근거, 1950』.

『한일회담예비회담(1951.10.20-12.4), 재일 한인의 법적 지위 문제 사전 교섭, 1951.5-9』.

『한일회담 예비회담(1951.10.20-12.4), 본회의 회의록, 제1차-10차, 1951』.

『제1차 한일회담(1952.2.15-4.21) 재일 한인의 법적 지위 위원회 회의록, 제1-36차, 1951.10.30- 1952.4.1』.

"제헌국회 제1국회 본회의 국적법안 제1독해." 제118호(1948.12.1).

宮崎章. 1985. "占領初期における米国の在日朝鮮人政策: 日本政府の政策とともに." 『思想』 No. 734.

金太基. 1997. 『戦後日本政治と在日朝鮮人問題–SCAPの対在日朝鮮人政策1945-1952–』. 東京: 勁草書房.

大沼保昭. 1993[1978]. "出入国管理法制の成立過程–一九五二年体制の前史–." 『新版単一民族社会の神話を越えて–在日韓国·朝鮮人と出入国管理体制』. 東京: 東信堂.

大蔵省財政室 編. 1982. 『昭和財政史ー終戦から講和までー』 第20巻(英文資料). 東京: 東洋経済新報社.

法務研究所 編. 1990. 『在日朝鮮人処遇の推移と現状』. 『現代日本·朝鮮関係史資料集1』

第3輯. 서울: 高麗書林(東京: 湖北社에서 1975년에 출판된 것을 재수록).
西村熊雄. 1971.『日本外交史 27 サンフランシスコ平和条約』. 東京: 鹿島研究所出版会.
小林知子. 1994. "GHQの在日朝鮮人認識に関する一考察 G-II民間諜報局定期報告書を中心に."『朝鮮史研究会論文集』No. 32.
松本邦彦. 1988. "在日朝鮮人の日本国籍剥奪ー日本政府による平和条約対策研究の検討."『法学』第52巻 4号.
袖井林二郎 編. 2000.『吉田茂 = マッカーサー往復書簡集 1945ー1951』. 東京: 法政大学出版局.
外務省特別資料課. 1978[1950].『在日朝鮮人管理重要文書集』. 東京: 湖北社.
外務省特別資料課. 1981[1950]. "日本占領及管理重要文書集ー朝鮮人·台湾人·琉球人関係解説."『在日朝鮮人史研究』第9号(12月).
外務省特別資料部 編. 1989.『日本占領重要文書』第2巻. 東京: 日本図書センター.
荒敬 編. 1991a.『日本占領·外交関係資料集-終戦連絡中央事務局·連絡調整中央事務局資料ー』第6巻. 東京: 柏書房.
______. 1991b.『日本占領·外交関係資料集-終戦連絡中央事務局·連絡調整中央事務局資料ー』第10巻. 東京: 柏書房.
ロバート·リケット. 1995. "在日朝鮮人の民族的自主権の破壊過程(1948年~49年を中心に)"(ロバート·リケット他. "共同研究占領下に於ける対在日朝鮮人管理政策形成過程の研究(1)"의 일부).『青丘学術論集』第6集.

일본 국회 회의록
国会会議録. 1951.『衆議院 平和条約及び日米安全保障条約特別委員会 第5号』10月20日.

Etzold, T. H. and J. L. Gaddis ed. 1978. *Containment: Document on American Policy and Strategy*. New York: Columbia University Press.
Wagner, Edward W. 1951. 外務省アジア局北東アジア課 역. 1990(추정).『日本における少数民族 1904~1950』. [『現代日本·朝鮮関係史資料集1』第1輯. 서울: 高麗書林(재수록)]. (※상기 연대에 표기에 달린 '(추정)'은 인용 문헌에 직접적인 표기가 없어, 다른 문헌을 통해 저자가 추정했음을 의미함)

8장

金子洋文. 1952. "火焰ビンで朝鮮の不幸は改善されぬ."『日本評論』7月25日.
朴慶植. 1989.『解放後在日朝鮮人運動史』. 東京: 三一書房.
常磐炭鑛勞動組合. 1956.『俺らのあゆみ: 常磐炭鑛勞動組合10周年記念運動史』.
小熊英二. 1995.『單一民族神話の起源 "日本人の自畵像" の系譜』. 東京: 新曜社.
安部磯雄. 1930.『次の時代』. 東京: 岡倉書房.
岩村登志夫. 1972.『在日朝鮮人と日本勞動者階級』. 東京: 校倉書房.
林百郎. 1952. "吉田政府と警察こそ暴徒."『日本評論』7月25日.
田中宏. 1991.『在日外国人 法の壁心の溝』. 東京: 岩波書店.
曾根益. 1952. "政治活動をするは言語道斷."『日本評論』7月25日.
樋口雄一. 1986.『協和会 戦時下朝鮮人統制組織の硏究』. 東京: 社会評論社.
イトムカ鑛山勞動組合. 1956.『イトムカ鑛山勞動組合10年の步み』.

일본사회당 헌법 개정 요강안(1946.2).
일본 중의원 전시 특수 손해보험 법안 위원회(戰時特殊損害保險法案委員會)에서의 이마이 요시유키 의원의 발언(1944.2.1).
일본 참의원 외무위원회에서의 요시다 시게루 총리의 발언(1950.7.29).
일본공산당 헌법 초안("日本人民共和国憲法"(草案), 1946.6).
"堺, 布施, 吹田, 守口四市役所勞動組合聯合会長より內務省地方局長宛. "特別地域指定に就てのお願ひ"(1947.5.9). 히토쓰바시대학 부속 도서관 소장.
『東洋經濟新報』(1939/05/27).
『每日新聞』(1952/08/01).
『朝日新聞』(1949/09/10).

찾아보기

ARI Monograph Series 11
Incomplete Liberation: The Origin and Development of Postwar Korea-Japan Relations

First Published 2013
by The Asiatic Research Institute at Korea University
5 Ga Anam-dong, Seongbuk-gu, Seoul 136-701, Korea
www.asiaticresearch.org

아연동북아총서 11
미완의 해방: 전후 한일관계의 기원과 전개

1판1쇄 | 2013년 8월 30일

편저 | 이동준·장박진
펴낸이 | 이종화
펴낸 곳 | 아연출판부
등록 | 2000년 5월 24일 제6-376호
주소 | 서울시 성북구 안암동 5가 고려대학교 아세아문제연구소(136-701)
전화 | 02-3290-1600 팩스 | 02-923-4661
홈페이지 | www.asiaticresearch.org

값 14,000원

ISBN 978-89-90769-44-2 94300
978-89-90769-29-9 (세트)

이 도서의 국립중앙도서관 출판시도서목록(CIP)은 e-CIP 홈페이지(http://www.nl.go.kr/ecip)에서 이용하실 수 있습니다(CIP제어번호: CIP2013015997).